李 湛 邹 欣 尧艳珍
著

逻辑与范式

宏观经济分析方法论

东方出版中心

图书在版编目（CIP）数据

逻辑与范式：宏观经济分析方法论 / 李湛等著. –
上海：东方出版中心, 2022.7
ISBN 978- 7- 5473- 2010- 5

Ⅰ. ①逻… Ⅱ. ①李… Ⅲ ①宏观经济分析 – 分析方法 Ⅳ. ①F015- 34

中国版本图书馆CIP数据核字（2022）第100134号

逻辑与范式：宏观经济分析方法论

著　　者　李　湛　邹　欣　尧艳珍
策划编辑　李　琳
责任编辑　杨　帆　韦晨晔
封面设计　钟　颖

出版发行　东方出版中心有限公司
地　　址　上海市仙霞路345号
邮政编码　200336
电　　话　021- 62417400
印 刷 者　上海盛通时代印刷有限公司

开　　本　890mm × 1240mm　1/32
印　　张　12.375
字　　数　228千字
版　　次　2022年12月第1版
印　　次　2022年12月第1次印刷
定　　价　78.00元

本书出版受2020年广东普通高校创新团队项目“区块链和科技金融研究团队”（项目编号：2019WTSCX080）、2020年广东省哲学社会科学规划项目一般项目“我国债券市场的风险传染与危机处理机制研究”（项目编号：GD20CYJ35）、东莞理工学院“科技金融重点实验室项目”（合同编号：KCYXM2019001）、2020年东莞理工学院特色学科建设“应用经济学”（经费编号：2061008014）的资助。

前　言

2018年以来，经历了中美贸易摩擦、美国总统换届、新冠肺炎疫情冲击后，全球政治、经济、社会、文化、地缘政治等正面临百年未有之大变局。从中美关系来看，拜登上台后，中美关系并没有如预期那样恢复到奥巴马时期的关系，拜登政府延续了特朗普政府对中国的关税制裁、实体清单、人权指责、外国公司问责法等。同时，拜登政府从意识形态和价值观层面联合盟友共同发起对中国人权和民主问题的指责，重操旧业试图占据舆论高地“污名化”中国政府。但效果相较于特朗普上台之前，大打折扣，毕竟美国2020年的总统换届选举和特朗普政府防疫不力，让世界充分认识到美式民主的表里不一。

2021年全球经济的主题是复苏。随着新冠疫苗接种的铺开以及美国推出的一系列财政刺激政策，国际知名机构［如国际货币基金组织（IMF）、经济合作与发展组织（OECD）、美联储等］纷纷上调了2021年美国和全球的经济增速。但与之相伴的是大规模刺激政策所带来的结构性问题以及可能引发的金融风险。

一是美元流动性泛滥，推高资产价格。2020 年美联储扩表 3 万亿美元，美国共推出 3.38 万亿美元财政刺激计划；2021 年美国通过 1.9 万亿美元纾困计划，并提出 2.25 万亿美元的基础设施建设计划。美联储主席鲍威尔表示至少到 2023 年前都将保持零利率。美元流动性泛滥是目前美股处于高位的基础，并刺激了美国房地产市场的热度。非美国家为保持汇率稳定，采取了跟随美联储的宽松货币政策，在不同程度上推高了本国的资产价格。

二是美债收益率上升，引发资产价格调整以及全球资本回流风险。随着美国经济复苏预期走强，避险情绪好转，而且为筹集美国财政计划所需资金，美国国债发行规模较大，10 年期美债收益率从 2021 年 1 月以来明显走高，3 月已经突破 1.7%。作为无风险利率的锚，10 年期美债收益率上升会引发一系列的连锁反应，包括资产价格杀估值、资本回流美国本土、新兴国家资本市场受到冲击等。土耳其、巴西、俄罗斯已经主动加息，其中，土耳其的股市、债市、汇市出现暴跌。

三是通胀预期上升，推高大宗商品价格。美国经济复苏、美元流动性泛滥以及美国产出缺口的存在，令通胀预期走强。通胀预期走强，使得大宗商品的金融属性凸显，导致大宗商品价格暴涨，但这种暴涨脱离了供需关系。同时，生产价格指数（PPI）和消费者物价指数（CPI）的走势不同步，说明上游原材料价格上涨向下游产品价格传导不畅，中下游企业利润承压。

对中国而言，中国在全球范围内率先控制住疫情和实现经济复苏，为面对未来可能出现的输入型通胀、外资流出以及资产价格调整，赢得了较多的政策操作空间。同时，在海外形势复杂多变的前提下，中国主动推动国际多边合作、人民币国际化、资本市场改革、海南自贸港、碳达峰碳中和、乡村振兴等国家战略，为中国实现中华民族伟大复兴、经济结构转型升级以及人类命运共同体奠定良好基础。

在此背景之下，宏观研究的重要性凸显。虽然国内外形势瞬息万变、影响错综复杂，但只要掌握了宏观分析的基本框架和逻辑脉络，我们就可以探寻这些表象背后深层次的原因和规律。本书试图揭示宏观研究的整体框架和逻辑，以及当前宏观经济对资本市场的影响。同时，我们挑选了一些国内外的热点事件进行解读和评论，诠释外部冲击可能对经济运行机制以及资本市场走势的影响。本书分为五个部分，共十八章，主要研究内容如下：

第一部分介绍宏观经济分析的基本逻辑框架，包括第一章。该部分以 2019 年以来宏观经济形势和资本市场走势为例，深入分析了 2019 年以来国内外宏观经济形势的基本面、政策逻辑、主要的风险点，以及资本市场的走势。

第二部分是国际宏观经济形势分析，包括第二章至第四章。该部分对 2020 年美国和欧洲的国内经济和政治现状进行分析，并对 2021 年海外经济形势进行预判。同时，我们分析了原油和黄金的主要影响因素。我们对 1.9 万亿美元刺激计划、中欧投资协定签署、RCEP 签署、原油市场动荡、美联储无限量 QE、美股熔断、欧央行重启 QE 并降息等国际热点事件进行解读和评论。

第三部分是国内宏观经济形势分析，包括第五章至第十章。该部分对固定资产投资、贸易、人民币汇率和财政收支现状进行深入分析，揭示其走势背后的经济逻辑。同时，我们对国内重要会议、政策、热议话题等进行了解读和评论。

第四部分是中国资本市场发展形势分析，包括第十一章至第十五章。该部分分别分析了 2020 年资本市场走势和 2021 年资本市场走势预判、两融现状、通胀预期攀升对资本市场的影响以及碳中和的投资机会。

第五部分是债券市场违约风险传导与防范化解研究，包括第十六章至第十八章。该部分对国内债券市场违约风险总体概况及脉络、债券市场违约风险对系统性金融风险的影响进行深入分析，并从宏观经济政策、债券市场监管层以及债券市场参与者三个角度提出防范化解违约风险的建议。

整体来看，我们的研究可能因为完成时间节点的限制以及一些重大“黑天鹅”事件的发生，预测的具体数值与现实常常存在一定的偏离，但从趋势判断而言，基本符合现状。这也说明宏观研究对于洞悉经济的趋势性规律有着重要意义。同时，宏观研究又是行业研究、策略研究、固定收益研究等多数研究的基础。如果对经济前景的判断出现了方向性的错误，那么，基于此的其他所有研究和操作都可能会导致重大误判和经济损失。

感谢曹萍副教授、阳建辉博士、张泽华博士、尧艳珍博士、刘波、郑汉林、梁伦博、蔡娜、张雪杰对本书的贡献，感谢汤怀林博士对本书的校对工作。

目　录

PART 5 | 债券市场违约风险传导与防范化解研究

PART 1

宏观经济分析的基本逻辑框架

第一章　把握宏观经济脉搏[①]

2018 年以来，国内外经济形势错综复杂，世界正处于百年未有之大变局，“黑天鹅”事件频发，资本市场走势跌宕起伏。在防风险、调结构和稳增长的艰难抉择之下，宏观政策操作空间掣肘较多，更需要灵活应对、精准调控。我们的主要观点如下：

外部环境方面，拜登上台后频频通过人权问题干涉中国内政，利用意识形态和价值观联合盟友围堵中国，中国面临的国际政治格局愈发复杂多变。但新冠肺炎疫情给欧美主要经济体造成了巨大的经济损失，欧美主要经济体在从新冠肺炎疫情对经济造成的冲击中恢复过来之前很难与中国经济彻底脱钩，这使得中国在应对以美国为中心的西方世界的围堵过程中，具有见招拆招甚至主动出击的实

① 该部分内容第一节至第三节来源于李湛、邹欣、阳建辉、张雪杰的 2019 年中国证券业协会专题课题研究报告：《2019 年下半年国际国内经济形势分析及对资本市场影响》（2019 年 11 月 21 日），前言和第四节为 2021 年 4 月 7 日新增内容。

力。中美之间重启对话机制，虽然很难有实质性进展，但有利于管控分歧。另外，美国在新冠肺炎疫情时期无节制地印钞、刺激需求，虽然对产能最先恢复的国家有一定的外溢作用，但也助推了全球风险资产价格的上涨和通胀预期，正在孕育一场新的危机。一旦美联储收紧流动性，全球资本回流美国，新兴市场的汇率、股市、债市、房地产等将最先面临考验。

国内经济方面，近些年的中美贸易摩擦和新冠肺炎疫情可以看作对中国经济的压力测试。整体来看，中国经济由于基数较大、市场广阔、产业链相对完整，韧性十足。但我们也必须认识到，疫情后经济复苏的基础并不牢靠，政府投资和外需是主要支撑力量，制造业投资和消费的修复还需要较长一段时间。由于猪周期和工业周期不同步，CPI 和 PPI 的走势出现分化，2021 年 PPI 在年中可能会突破 5.5%。货币政策相对而言依然较为克制，但难以避免部分货币流入房地产市场，推高部分热点地区的房价。随着新冠疫苗接种的普及以及海外经济的复苏，预计国内货币政策在 2021 年下半年边际收紧的概率偏高。

从可能的风险来看，2021 年我们需要警惕新冠疫苗接种效果不及预期、海外经济复苏受阻、中美大国之间博弈擦枪走火，以及海外资本市场调整和外资流出对全球的联动效应的风险。

第一节 疫情前国际形势分析

一、中美贸易摩擦发展现状及展望

自2018年4月中美贸易摩擦正式拉开帷幕以来，中美之间的摩擦已经由贸易领域拓展至科技领域、汇率领域、地缘政治领域、外交领域等，双方的交锋经历了多轮谈判、升级、暂停的过程。在2019年10月的第13轮中美高级别经贸磋商后，中美有望达成第一阶段贸易协议，但是近期美方对中国分阶段取消关税的要求没有给出肯定回复，为中美谈判前景又增加了一定的不确定性。但从目前的演变进程来看，事态发展对中方而言，至少在三个方面是好于预期的：

第一，美方对华为的制裁并未使得华为立即陷入瘫痪，这大幅增强了国内投资者对中国科技水平的自信心，也向国际投资者表明中国在5G领域具备国际领先水平。在美国对中兴发动制裁的时候，中兴几乎瘫痪，被迫接受了美国较为苛刻的条件，当时引发了国内投资者一定的恐慌情绪。但2019年5月美国对华为发动制裁后，华为的美国供货商纷纷联名向白宫写信反对美方对华为的制裁；7月，部分美企（如美光、英特尔）由对华为断供转为恢复部分断供产品。并且，在被美国列入实体清单后，华为2019年前三季度销售收入依然同比增长24.4%，净利润率达到8.7%。美国对华为的制裁没有让华为立即陷入瘫痪状态，这大幅提高了中国投资者对中国科技水平的自信心，也向国际投资者表明中国在5G领域已经达到国际领先水平，美国免费为华为做了一次“国际推广”。

第二，在美国对中国关税制裁不断加码的过程中，中国经济虽然面临较大下行压力，但并未出现失速下滑的情况，而且资本市场对美方关税制裁的反应逐渐趋于钝化。虽然美国对中国的贸易制裁范围已经由最早的500亿美元商品逐步扩大至全部的5 500亿美元商品，而且7月底召开的中共中央政治局会议也明确指出，经济下行压力加大，但中国目前的GDP增速依然处于既定轨道（6%~6.5%），今年第三季度的经济增速在全球范围内依然表现亮眼，并未出现失速下滑的情况。同时，在逆周期调节政策不断加码稳增长的背景下，经济失速的概率较低。另外，从今年资本市场的表现来看，美方宣布加征关税对中国资本市场的影响（以波动幅度来看）明显低于去年。一方面，可能是美国制裁对中国贸易领域的负面影响已充分反映在证券价格之中；另一方面，政府通过发布促改革和对外开放的利好政策和消息，稳定了市场情绪和投资者预期，应对措施较为即时、有效。

第三，中美贸易摩擦的影响并不是单方面的，美国经济增长受中美贸易摩擦加剧的影响，步入下行轨道，美国经济数据、货币政策和资本市场走势均显示美国经济有走弱迹象。2018年，美国经济一枝独秀，这也是特朗普发动对中国贸易摩擦，乃至全球贸易摩擦的最大底气。但从2019年美国经济的表现来看，美国经济已经出现下滑趋势，美国GDP同比增速由2018年二季度的3.2%高点降至

2019年三季度的2.03%，步入下行轨道。并且，多家国际知名机构（标普、惠誉、IMF、美联储等）下调了美国2019年的经济增速预期。同时，截至2019年11月21日，美联储已在2019年内降息3次，并从10月15日开始，每月购买600亿美元的短期债券并至少持续到2020年第二季度。在美联储降息的会议纪要中更是明确指出，降息是为了应对制造业投资下滑和全球经济下行对经济潜在的不利影响，中美贸易摩擦的影响正在显现。另外，美国股市正处于高位，极易受到美国经济指标不及预期以及中美关系恶化的影响。

上述分析表明，以目前中美贸易摩擦的进展来看，中国经济具有较强韧性、没有想象中那么弱，美国经济也不是坚如磐石、没有想象中那么强，这也为中美之间的博弈前景带来了较多的不确定性。

但我们应清醒地认识到，中美之间的矛盾并不是单纯的贸易逆差、政府补贴的问题，这牵扯到意识形态、守成大国和追赶大国间的竞争、国际治理话语权等深层次的问题。因此，中美之间的矛盾很难在短期内解决，即使出现阶段性缓和，也不能抱有侥幸心态，须时刻保持警惕，加快对内的实质性、结构性改革和对外开放，以应对可能出现的风险。

二、世界主要经济体基本面分析

2018年，美国经济一枝独秀，但从2019年开始，受贸易保护主义盛行导致需求疲软的影响，全球经济下行压力加大，多个国家和地区央行竞争性降息，部分国家和地区已经进入负利率时代。根据联合国公布的《2019年贸易和发展报告》，2019年全球经济增长率预计可能由2018年的3%降至2.3%，2019年贸易增速预计可能由2018年的2.8%降至2%；部分发达国家（如德国、英国）离衰退仅一步之遥。

2019年以来，全球"黑天鹅"事件频发，国际局势不确定性较多，在新一轮科技革命还未到来之前，各经济体之间的博弈和竞争日趋激烈，预计这种局面至少在近1—2年内不会有明显改善，未来国际秩序可能由现有的局面走向新的均衡，危机与机遇并存。

（一）美国：经济预警信号频现

如图1-1所示，受中美贸易摩擦以及贸易保护主义政策影响，2019年以来，虽然美国国内个人消费和政府投资依然非常强劲，失

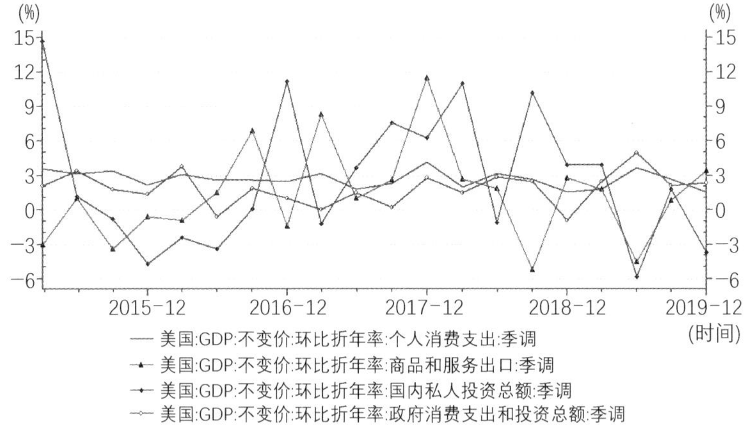

图1-1　美国消费、投资和出口环比增速

资料来源：Wind数据库。

业率处于历史低位（2019 年 10 月为 3.6%），但是私人投资以及商品和服务出口增速处于低位，中长期来看，限制美国经济未来的增长空间。2019 年 10 月中美贸易摩擦阶段性缓和，投资和出口增速小幅反弹，但 2019 年以来消费增速首次出现回落。物价方面，2019 年以来，上半年美国的国内物价指数 CPI 和 PPI 同比均呈回落趋势（见图 1－2），促使美联储提前结束加息周期，采用降息措施，10 月 CPI 增速趋稳，但 PPI 增速仍处于下行通道。总体而言，美国经济短期内应该没有太大问题。

图 1－2　美国 CPI 和 PPI 同比增速

资料来源：Wind 数据库。

但是，多个经济先行景气程度指标不太乐观，美国经济在未来 1—2 年内陷入衰退的概率增加。一是最新的 10 月制造业采购经理指数（PMI）连续 3 个月位于枯荣线下方，非制造业 PMI 也处于下行区间，显示生产商对经济前景的预期较为谨慎。10 月美国供应管理协会（ISM）制造业 PMI 为 48.3%，连续 3 个月处于收缩区间；10 月 ISM 非制造业 PMI 为 54.7%，较去年同期减少 5.6 个百分点。二是 2019 年 6 月至 9 月，1 个月期和 10 年期美国国债收益率一直处于倒挂状态，说明投资者避险需求明显增加。同时从历史经验来看，这个指标是较为准确预测美国经济衰退的先行指标。当前美债收益率持续倒挂，从大概率来分析，美国经济距离衰退较近。虽然 7—10 月美联储的三次连续降息导致美债收益率曲线倒挂消失，但是过于宽松的货币环境可能会滋生套利行为，形成新的金融风险。三是密歇根大学消费者信心指数从 6 月以来基本上呈下降趋势，8 月更是跌至 89.8%～90%（前次跌破 90%是在 2016 年 10 月），9 月以来出现反弹，但反弹幅度较弱，这也反映出美国国内居民对消费前景的担忧。

（二）欧元区：火车头疲软

欧元区经济在 2016 年开始有复苏迹象，但随着特朗普上台后贸易政策转向，欧元区经济增长疲软。受到中美贸易摩擦、美国对欧盟 75 亿美元商品的关税制裁、美国对欧盟汽车征税威胁、意大利债务危机、德国和法国民粹主义盛行等因素的影响，欧元区经济增速明显放缓。2019 年二季度欧元区 GDP 同比增速为 1%，较 2017 年三季度的 2.7%高点减少 1.7 个百分点。

而从欧元区经济火车头——德国经济的表现来看，其距离经济衰退仅一步之遥。德国在欧盟 28 国中 GDP 增加值规模排名第一，2018 年德国 GDP 占欧元区 GDP 的 28%。如图 1－3 所示，2019 年二季度德国 GDP 同比增速为-0.1%，创 2013 年二季度以来的新低，但三季度 GDP 同比反弹至 1%，距离衰退仅一步之遥。从 GDP 组成的分项数据来看，德国国内消费较为稳定，但是投资和净出口大幅下滑，说明外部环境不景气对德国经济的冲击较大。

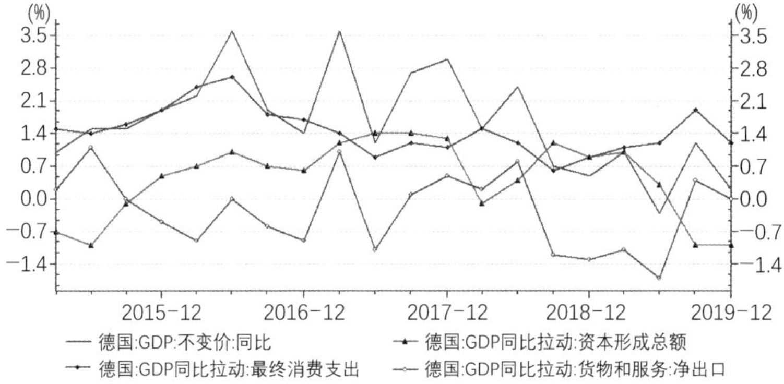

图 1-3　德国 GDP 增速

资料来源：Wind 数据库。

此外，欧盟另外 2 个重要经济体法国和英国的经济增速均呈现回落迹象。法国三季度 GDP 环比折年率为 1%，较二季度减少 0.4 个百分点，较去年同期减少 0.4 个百分点；英国二季度 GDP 环比折年率为 1.2%，较二季度增加 2.1 个百分点，较去年同期减少 1.3 个百分点。在全球经济下行压力加大、外需不足以及贸易保护主义盛行的背景下，法国和英国也难以幸免。另外，英国国内政治变局较多，经济存在剧变风险。

为应对欧元区经济下行压力，欧央行采取“降息+量化宽松+

负利率”政策，但是自2008年金融危机以来，欧洲的货币政策本就持续宽松，现在更为宽松的货币政策对提振经济的效果令人质疑。2019年9月12日，欧央行将隔夜存款利率由-0.4%下调10基点（bp）至-0.5%，并于11月1日开始重启量化宽松（QE），每月购买200亿欧元的资产。欧元区长期超低的利率环境，助长了投机和套利行为，但使银行盈利能力恶化，低利率能否传导至实体经济存疑。同时，持续的宽松政策其实是限制了货币政策的操作空间，导致货币政策的效果大打折扣。

（三）日本：经济下行压力明显

如图1-4所示，日本GDP增速在2018年三季度至2019年三季度期间呈上升趋势，主要靠消费和投资拉动，净出口则呈倒U形。日本经济增长目前主要靠国内部门支撑，但考虑到日本的国土

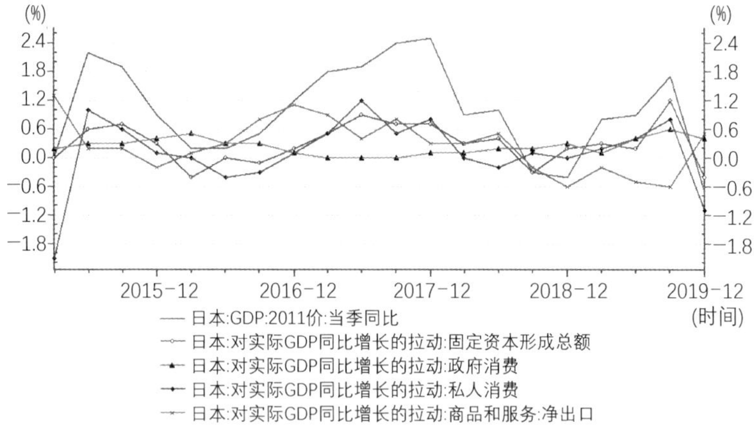

图1-4　日本GDP增速

资料来源：Wind数据库。

面积和人口规模，持续疲软的出口可能对日本经济的后续增长空间形成制约。

考虑到中美贸易摩擦、全球需求不足、日本老龄化较为严重、美国对日加征汽车关税威胁、自然灾害频发等因素影响，日本经济增速未来可能还会持续回落。另外，日本央行继续维持-0.1%的基准利率不变，计划当前超低利率至少会持续至2020年春季，并没有跟随全球降息浪潮。这主要是因为日本的货币政策已经非常宽松，进一步加码对经济的促进作用有限。财政政策可能更有效，日本在2019年10月1日将消费税税率由8%提升至10%，同时减免学前教育费用以鼓励生育。

三、2019年四季度中国面临外部环境的主要风险点

2019年全球经济虽然下行压力明显，但总体来看现有风险依然在可控范围内。不过，我们仍须警惕可能发生的“黑天鹅”事件。到2019年年底，外部环境对中国可能产生较大影响的风险点主要有：

一是虽然目前中美贸易摩擦有缓和趋势，且特朗普考虑到2020年美国大选，短期内应该不愿意中美矛盾升级，但我们仍须警惕极端情况的发生。2019年10月中美第13轮高级别经贸磋商取得实质性进展，双方有望签署阶段性和解协议。但我们仍须警惕极端情况的发生：如果特朗普试图通过在科技、金融、地缘政治等敏感领域进一步极限施压逼迫中国达成更多不平等的协议，那么中美

之间的对抗可能会延伸至金融、军事、文化等领域，一旦双方对分寸的拿捏失当，局面可能会难以控制。

二是中东紧张局势如果升级可能导致油价较长时间内持续飙升，引发中国输入性通货膨胀，限制中国货币政策的操作空间，甚至引起国内经济衰退。2019 年 9 月沙特原油遇袭事件在短期内导致国际油价飙升，不过，沙特很快又恢复了大部分原油产量，但难以保证后续不会发生报复性事件。另外，10 月伊朗一艘油轮在沙特港口爆炸。鉴于中东地区局势非常复杂，一旦中东矛盾冲突升级，很可能会引发油价的持续上涨，对中国国内经济造成不利影响。

三是美国等发达国家一再在中国香港和中国台湾问题上试探中国政府的底线，如果冲突升级，可能会引爆新的风险点。比如，2019 年 6 月以来中国香港的反修例风波，背后涉及外部势力的干预，而且在 10 月中美高级别经贸磋商中特朗普并未对中国香港问题进行明确表态，需警惕美国利用中国香港问题作为谈判筹码。中国香港是中国非常重要的对外门户，中国香港的经济局势动荡可能会对人民币汇率的稳定和资本流动产生较大冲击，进而可能影响到中国内地市场的稳定。另外，美国时间 11 月 19 日，美国国会和参议院通过“2019 年香港人权与民主法案”，参议院和众议院均全票通过该项法案，美国插手香港事务、干预中国内政的野心暴露无遗，这一事件如果双方未能妥善处理，可能会引起中美双方矛盾激化。

第二节　疫情前国内形势分析

一、2019 年经济基本面分析和展望

2019 年以来，虽然宏观数据在个别月份（特别是出季度数据月份）出现了阶段性的反弹，但整体来看，无论是生产端、还是需求端，高频数据均呈下行趋势，CPI 超过半年持续位于高位、PPI 则步入通缩区间。7 月底召开的中共中央政治局会议明确指出经济下行压力加大。尽管如此，由于中国经济基数大、市场广阔、产业链相对完整，具有较强韧性，所以中国经济稳中有进、稳中向好的趋势没有变，前景并不悲观。

（一）生产端：持续走弱

2019 年 4 月开始，规模以上工业增加值增速步入下行区间。如图 1－5 所示，2019 年 4 月开始，规模以上工业增加值增速中枢明显呈下行通道。考虑到经济下行压力加大，规模以上工业增加值增速的下行趋势可能将在较长时间内存在。

作为经济景气度的先行指标，官方制造业 PMI 指数自 5 月开始已经连续 6 个月（截至 2019 年 11 月 21 日数据）处于收缩区间。从分项数据来看，2019 年以来，生产和供货商配送时间指数一直处于扩张区间；新订单指数从 5 月进入收缩区间后在 9 月又反弹至扩张区间，但 10 月回落至收缩区间；原材料库存和从业人员指数则一直处于收缩区间（见图 1－6）。

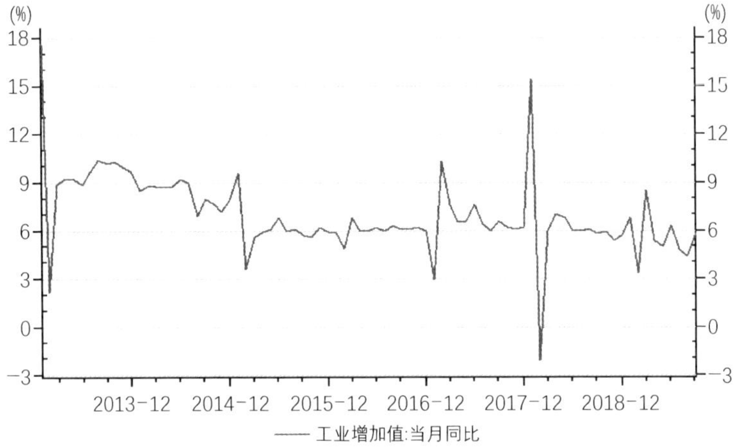

图 1-5 规模以上工业增加值增速

资料来源：Wind 数据库。

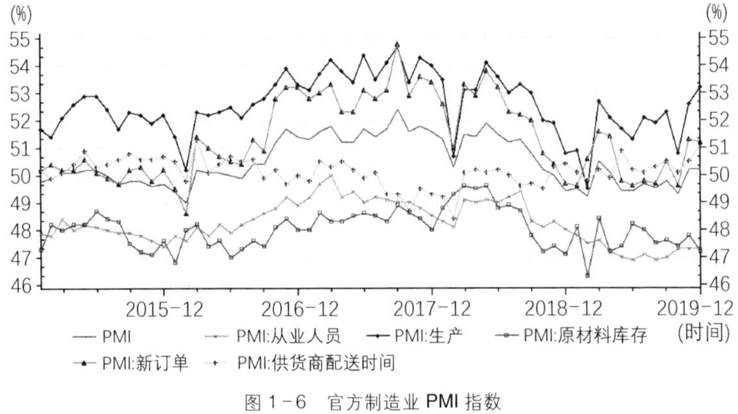

图 1-6 官方制造业 PMI 指数

资料来源：Wind 数据库。

考虑到中美贸易摩擦、全球经济下行、国内需求疲软等因素影响，生产端依然面临较大下行压力，持续走弱的趋势可能将在较长时间内存在。

（二）需求端：基建逆周期调节和地产韧性支撑投资，消费和进出口走弱

消费方面，2019 年以来，社会消费品增速基本呈现下行趋势，主要因为汽车以及与房地产密切相关的家电、建筑装潢、家具等可选消费的回落。如图 1－7 所示，社会消费品累计增速从 2017 年 10

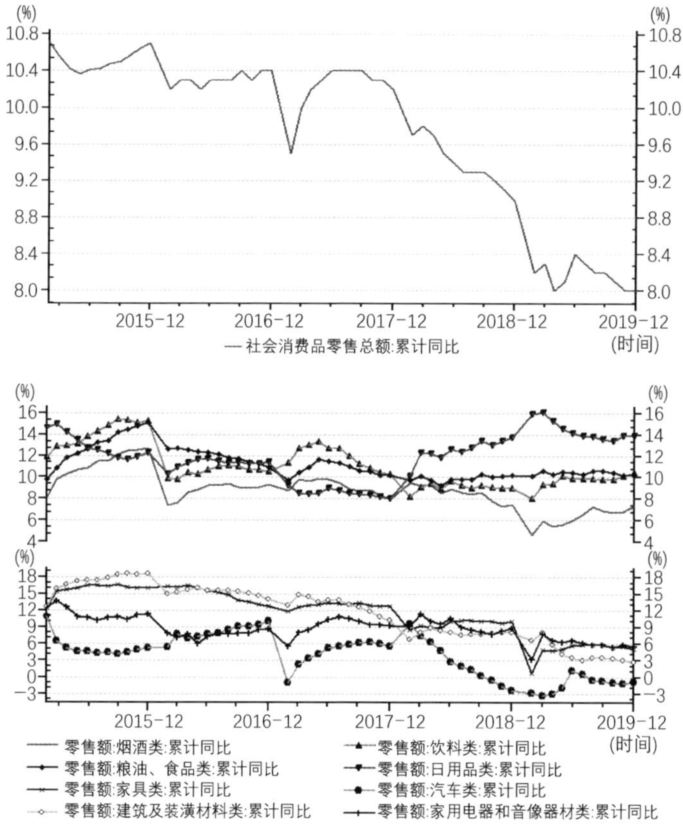

图 1－7　社会消费品增速

资料来源：Wind 数据库。

月开始呈现明显的下行趋势。从分项数据来看，鉴于食品、饮料、日用品等必选消费增速并未出现明显下滑，消费增速的回落主要是因为可选消费增速的下行，尤其是汽车以及与房地产密切相关的家电、建筑装潢、家具等消费下滑。

考虑到居民前期加杠杆过度透支了消费能力、经济前景不确定性较多，使得居民消费行为更为谨慎，叠加人口红利基本消失等因素，即使政府近期推出了较多促消费政策，如果不能提高居民的可支配收入或者实际购买力，很难有明显效果，消费增速下行趋势可能将在较长时间内存在。

投资方面，固定资产投资增速由于基建企稳在 2018 年 9 月有触底回升的趋势，但 2019 年 4 月又开始回落，主要是因为房地产和制造业投资增速回落。如图 1－8 所示，投资增速在 2018 年 9 月开始有企稳回升的趋势，主要是基建投资企稳带来的，但 2019 年 4 月以后，基建投资增长乏力，投资增速缓慢下行主要是因为地产投资还有较强韧性、下行较为平缓。

基建投资从 2018 年四季度开始企稳的原因，主要是政府加大了积极财政政策力度，比如加快 2018 年地方政府专项债的发行节奏、提前下放 2019 年部分地方政府专项债的额度等。但是在 4 月以后，基建投资增速基本上保持稳定，主要是受制于防范化解重大风险的考虑，政府对地方政府融资的监管依然较为严格，虽然 6 月政府出台政策允许地方政府专项债可作为部分重大项目资本金，但是效果有限。

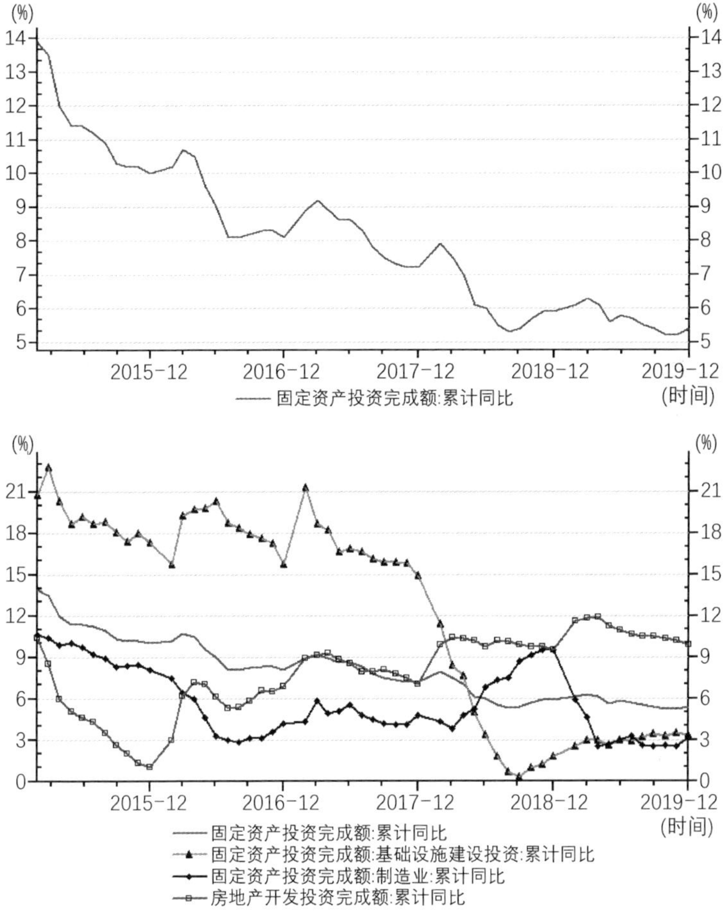

图 1-8 固定资产投资增速

资料来源：Wind 数据库。

制造业投资增速在 2018 年出现了明显上升，主要是环保要求提高、设备折旧等因素的影响，制造业企业增加了相应固定资产的投入，但是受中美贸易摩擦、全球经济下行、国内需求不振等因素影响，制造业投资增速在 2019 年出现回落其实是在意料之中的，4 月以后制造业投资增速基本上保持在 3%左右的水平。

房地产投资增速在 2019 年前 4 个月一枝独秀，持续攀升，但从 5 月开始逐渐回落，主要是由于政府加大了对房地产市场的调控力度。从 2008 年金融危机以来，房地产更多承担了投资属性，所以在很长一段时间内存在财富效应，即居民对房地产的投入越多，在房地产相关产品（家电、家具、装潢等）上的消费也会相应增加，当然，这是在房价能持续上涨的前提下。同时，地方政府由于财权和事权不匹配，较为依赖土地财政，房价的上涨也带动了地价的上涨。房价上涨和土地财政形成自我加强的循环机制，房地产+基建的模式几乎绑架了中国经济的发展。

中美贸易摩擦的发生为中国敲响警钟，房地产+基建的模式并不能提升中国企业在国际上的竞争力，核心技术不在自己手中，一旦对外关系出现明显转向，中国容易处于被动地位。党的十九大提出“房住不炒”后，2018 年开始的中美贸易摩擦更是坚定了政府对整治房地产市场的决心。到 2018 年 10 月房地产市场调控效果明显，相关指标基本上停止上升趋势，而且当时中美关系有所缓和。所以，从 2018 年 11 月至 2019 年一季度，政府边际上放松了对房地产市场的调控，房地产市场甚至出现了一波“小阳春”行情，这也导致金融投机行为呈现抬头迹象。

从 2019 年 4 月开始，政府又开始加强了对房地产市场的调控，除了已有的限价+限购+限贷+限售的措施以外，政府在房地产融资上加强管控，包括限制银行信贷、房企对外发债以及信托贷款，房地产投资增速从 4 月开始持续回落，由 4 月的 11.9%降至 8 月的 10.5%，减少 1.4 个百分点。虽然房地产投资下行的趋势可能会持续存在，但出于稳增长的需要，政府对房地产市场的调控节奏可能会出现阶段性调整。

进出口方面，出口和进口增速均回落，且进口增速降幅更大，出现“衰退式”贸易顺差，但缺乏可持续性。如图 1 - 9 所示，2019 年开始，出口和进口增速较去年出现了明显回落，目前出口增速在 0 上下徘徊，进口增速则在-6%上下波动。进口增速的降幅明显高于出口增速，这导致贸易差额依然是顺差，且大幅高于去年同期，贸易顺差仍处于舒适区域，但这种“衰退式”贸易顺差并不具有可持续性。

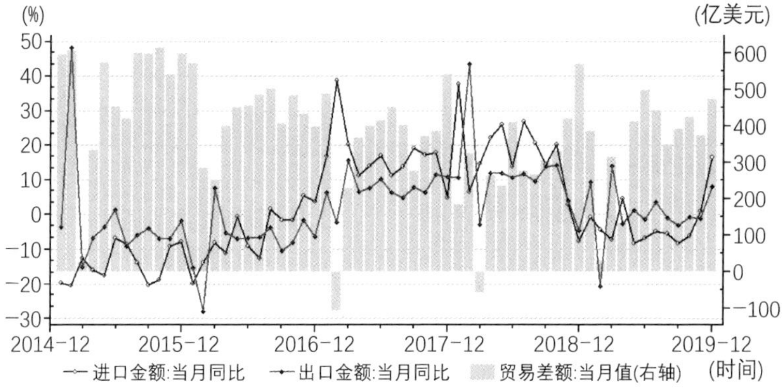

图 1-9　出口和进口增速

资料来源：Wind 数据库。

出口增速的回落主要受到中美贸易摩擦和外部需求减少的影响。一方面，发动中美贸易摩擦，美方的借口之一是美国对中国的贸易存在大量的逆差，所以，中国开始减少对美出口，中国对美出口累计增速由2018年12月的11.3%降至2019年10月的-11.3%，对美出口占比减少了约2个百分点（见图1-10）。中国对美国的贸易逆差略有减少，2019年1—10月，中国对美贸易顺差为2 477亿美元，同比下降约4%。另一方面，美国挑起的全球贸易摩擦导致全球经济增长乏力，国际上诸多知名机构（IMF、世界银行、标普等）均下调了2019年全球贸易增速和经济增速，外部需求疲软对中国出口增速也有一定的冲击。

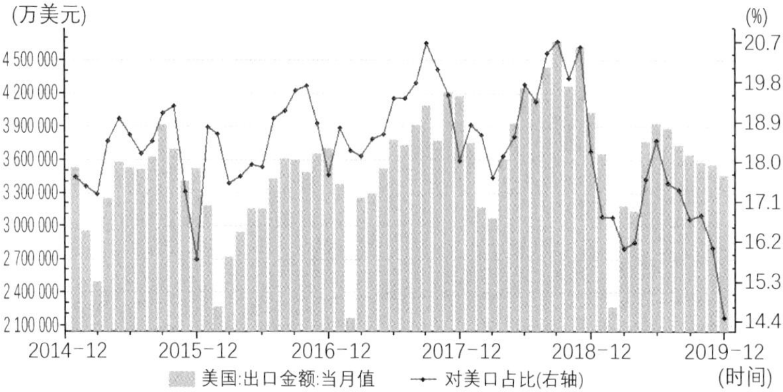

图1-10 中国对美出口占比和对美出口增速（以累计值计算）

资料来源：Wind数据库。

进口增速的回落更多是受到内部需求不足的影响，也可能与中美贸易摩擦后国内企业加快了上游原材料国产替代进程有关。虽然受中美贸易摩擦影响，中方采取相应的反制措施，但考虑到中国对美国进口占比较低（2019 年 1—10 月为 5.9%左右），而且国外企业对中国的出口可以增加其销售额和利润，如果不是在个别敏感领域，国外企业对中国的出口缺乏限制动机。

同时，进口一方面反应的是国内企业和消费者对产品多样化的需求，另一方面反应的是国内产业链短板方面需要依靠外部供给的需求。前者主要由国内市场决定；后者则同时由国内外市场决定，因为受全球产业链的影响，部分中国企业的加工生产只是其中一环，外部需求减少，也会导致在中国完成的产业链环节需求减少。另外，中美贸易摩擦增加了国内企业对美国企业在上游原材料方面断供风险的担忧，同时政府也出台了相关措施促进国产替代，进口需求估计是受到国产替代的影响而减少。

考虑到前期中美加税影响逐渐显现、国内外需求不振等因素影响，预计四季度进出口增速会在现有基础上震荡下行。

（三）通胀水平：CPI 和 PPI 分化

如图 1-11 所示，2019 年以来，受非洲猪瘟、果蔬涨价推高食品价格，国际油价低位震荡的影响，CPI 从 3 月以来一直在高位徘徊，9 月甚至超预期“破 3”，10 月已经达到 3.8%，而 PPI 已经步入通缩区间并持续回落。考虑到非洲猪瘟是持续推高 CPI 的趋势性因素，而且结构性通胀如果长时间存在可能会引发全面通胀，货币政策的可操作空间受到制约。

2019 年 9 月以来大量水果上市，水果价格明显回落，鲜菜价格

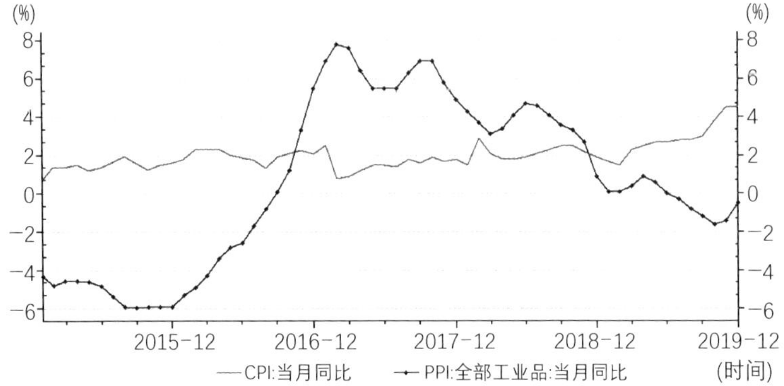

图 1-11　CPI 和 PPI 走势

资料来源：Wind 数据库。

在 7 月以后就已经回落，目前 CPI 上涨的因素主要是非洲猪瘟推动猪肉价格上涨，进而导致其他肉类价格也上涨，预计四季度 CPI 增速可能会继续上升，但涨幅有可能收窄，不排除有“破 4”风险。

PPI 方面，9 月的沙特原油遇袭事件导致国际油价阶段性飙升，但到 9 月底沙特产油能力大部分恢复，美国扩大供应量导致油价回落，国际油价并未出现持续性上涨。在地缘政治冲突未进一步升级的前提下，PPI 主要受制于需求不足，加上去年四季度基数较低，预计四季度 PPI 可能在通缩区间下行，但下行幅度有所收窄。

二、2019 年政策逻辑分析和展望

从 2018 年年底至 2019 年 10 月，根据重要会议定调（年底的中央经济工作会议、每个季度召开的中共中央政治局会议），宏观政策的施政逻辑已经经历了三轮变化，稳增长（2018 年年底提出）

→调结构（2019 年 4 月提出）→稳增长（2019 年 7 月提出）。

2018 年年底至 2019 年一季度，政策定调以稳增长为主，主要受到内外环境影响：一方面，2018 年 9 月 24 日美国对 2 000 亿美元商品加征 10%税率生效，并威胁在 2019 年 1 月 1 日升至 25%，外部环境较为严峻；另一方面，前期“一刀切”的去杠杆模式，导致中小企业和民企的流动性受到冲击，市场甚至出现了“民企退场论”，使得民企的经营环境更加恶劣，动摇了投资者信心。在此基础上，政府重提“六稳”，强调激发微观主体的市场活力，放松金融条件（2018 年年底的政治局会议不提去杠杆和房地产调控），提前发放部分地方政府债额度，加大减税降费规模。

2019 年 4 月至 6 月，政策定调以调结构为主，主要是因为一季度内外环境都有好转迹象：一方面，一季度的时候中美谈判较为顺利，市场几乎以为双方可能会达成一份阶段性的和解协议；另一方面，3 月的宏观数据出现了阶段性反弹，房地产市场还有一波“小阳春”行情，部分机构甚至认为经济已经见底，即将企稳反弹。所以，二季度政府将工作的重心转为调结构，不再提“六稳”，继续推动供给侧结构性改革，包括金融去杠杆、金融供给侧结构性改革（降低实体经济的融资成本、增强金融服务实体经济能力）、推动科创板+注册制的落地等。

2019 年下半年政策定调以稳增长为主，内外环境又发生了一些变化：一是中美贸易摩擦在 5 月开始进一步升级，2 000 亿美元商品加税税率升至 25%，虽然 10 月以后有缓和趋势，但外需疲软持续存在；二是二季度宏观数据继续下滑，经济下行压力加大；三是5月包商银行被接管事件，央行虽然处理得较为妥当，并未引发系统性风险，但是银行系统对同业存单评级体系重构的影响将会在较长时间存在，市场同时存在流动性分层和资产荒的情况。

因此，7月以来，政府不再强调去杠杆，而是转为稳杠杆，货币政策以结构性宽松为主，推动贷款利率并轨以实现非对称降息，加强资本市场改革和对外开放力度［金融业对外开放“新11条”、资本市场“深改12条”、取消合格境外机构投资者/人民币合格境外机构投资者（QFII/RQFII）投资额度限制、推动提高中国股市和债市在国外重要指数中的权重、上报澳门证券交易所、计划筹建广州期货交易所等］。

特别是8月底以来，政府多个重要会议（8月31日的国务院金融稳定发展委员会第七次会议、9月4日国务院常务会议、9月5日全国金融形势通报和工作经验交流电视电话会议、9月27日国务院金融稳定发展委员会第八次会议）均提及要加大逆周期调节力度，具体措施包括9月6日宣布降准，9月20日调低1年期贷款市场报价利率（LPR）5 bp，前移2020年专项债额度，提高基建项目的对接效率等。但值得注意的是，政府在对房地产市场调控（专项债资金不能用于土储、棚改等房地产相关项目，房企融资管控较严）、防范化解系统性风险（地方政府融资）等方面的定调并未转向，保持了较高定力。

展望目前至2019年年底，考虑到10月14日的部分省政府主要负责人经济形势座谈会强调稳增长，四季度政策定调以稳增长为主，但出于管控房地产市场和防风险的需要，叠加高企的 CPI，货币政策转向全面宽松的概率较低，逆周期调节加码的空间可能主要在财政政策方面，基建投资会起到一定托底的作用，但并不是像过去那样大幅刺激基建投资。

另外，财政政策加码空间其实也受到一定限制，减税降费已经对财政收入来源造成冲击，而且 2019 年以来对房地产市场的调控也使得地方政府土地财政的模式受到冲击，在不增加财政赤字率以及严控地方政府融资的前提下，虽然政府已经在增加国有资产划转非税收入来源的比例，但财政政策加码空间其实是捉襟见肘的。在此背景下，10 月 9 日，国务院印发《实施更大规模减税降费后调整中央与地方收入划分改革推进方案》，将消费税征收稳步下划至地方，虽然可以部分填补地方收支缺口，但考虑到 2018 消费税的规模只有 1.06 万亿元左右，效果依然有限。因此，我们大胆猜测，未来房产税、遗产税等直接税种的推出进程可能会加快。

三、2019 年四季度国内经济面临的主要风险点

2019 年年底，国内经济面临的主要风险点有：

一是政策在面临中长期经济转型与短期稳增长之间权衡取舍时，可能不得不对目前存在的较为严峻的房价高企、国企改革、地方政府债务、中小银行资产负债表恶化等问题着手处置，可能会在处置问题中引爆风险点。在中美贸易摩擦和全球贸易保护主义盛行

导致外部环境不确定的背景下，房地产泡沫、国企改革、地方政府债务、中小银行资产负债表恶化都是政府在进行战略部署和政策决策时不能回避的问题。如果侧重稳增长，那么上述问题可能会导致系统性风险的进一步积累；如果侧重调结构，那么对风险处置节奏和力度的把握需要较高的智慧。

二是民企经营状况如果持续恶化，可能会使得失业率大幅上升，进而引发一系列连锁反应，最终结果可能会非常棘手。经济下行期，国有投资有明显的逆周期性，而民间投资则是顺周期的。考虑到民企承担了接近80%以上的城镇劳动力就业，如果民间投资持续滑落，民企经营状况持续恶化，那么失业率大幅上升可能会引发一系列连锁反应，比如居民的房贷大面积断供、银行资产质量恶化可能引发兑付危机、社会问题等，最终可能会演变为经济危机甚至社会动乱。

三是在加大资本市场对外开放过程中，恐怕无法回避资本项目逐步放开所导致的汇率异常波动、外汇储备承压问题。比如，2019年9月，外管局取消了对QFII/RQFII投资额度的限制，但具体细则还在制定过程中，如果要彻底贯彻QFII/RQFII投资额度的放开，那么资本项目必然会在现有基础上更加开放，这对政府在应对资本短时间内集中流入和流出时导致汇率异常波动，以及外资集中套现离场时导致外汇储备承压提出挑战。另外，中国正在推广人民币国际化，包括加快数字货币的推出，这也需要在资本管制上实现一定程度的放松。

第三节　疫情前资本市场走势分析

2019 年以来，资本市场的资金供给端有所弱化，资金需求端有所增强，市场情绪低迷，强度择时模型中期维持震荡，股市尚处于类似前两轮周期中的下行调整通道。

政策方面：自 2018 年 10 月以来，先后有国务院及“一行两会”力挺 A 股、中央经济会议提升资本市场定位、宣布成立科创板、修订融资融券实施细则、发布科创板资产重组特别规定、完善创业板推动注册制改革、允许创业板借壳、推出期权新品种等政策举措，对 2019 年趋势下行行情维稳或实施政策性托底。

资金面方面：资金供给与需求略显失衡、血液不足。资金供给偏弱，2019 年以来基金的发行规模同比下降，无论公募基金与私募基金的发行规模均出现不同幅度的同比下降，债券型基金成为公募基金与私募基金的主要发行类型（见图 1－12、图 1－13）。北上资金净流入 2019 年整体有所下降，截至 10 月底同比下降 5.56%（见图 1－14、图 1－15）；前 3 个季度，港资买入主线仍然为金融与消费的白马蓝筹股，同时近 2 个月逐步布局科技板块。

资金需求有所增强，一级市场融资水平有所增加，截至 10 月底，同比增长 12.18%。如图 1－16、图 1－17 所示，上半年一级市场融资方式由首次公开募股（IPO）与增发方式向发行可转债与可交换债方式转变，7 月始首发与增发规模大幅提升，规模基本恢复

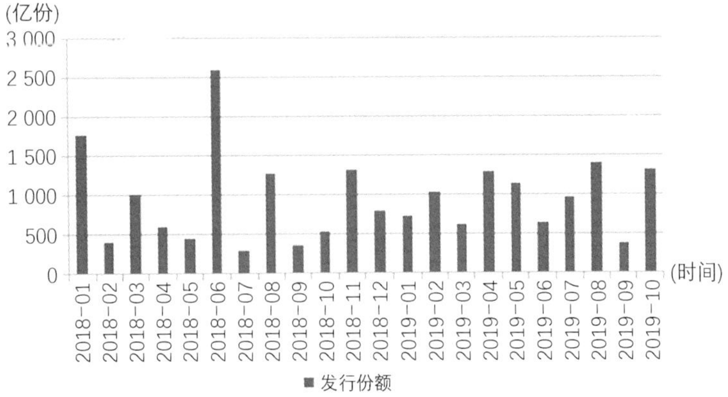

图 1-12　公募基金发行规模

资料来源：Wind 数据库。

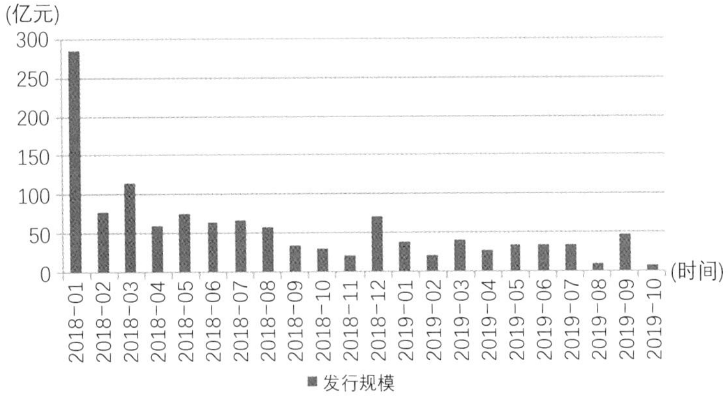

图 1-13　私募基金发行规模

资料来源：Wind 数据库。

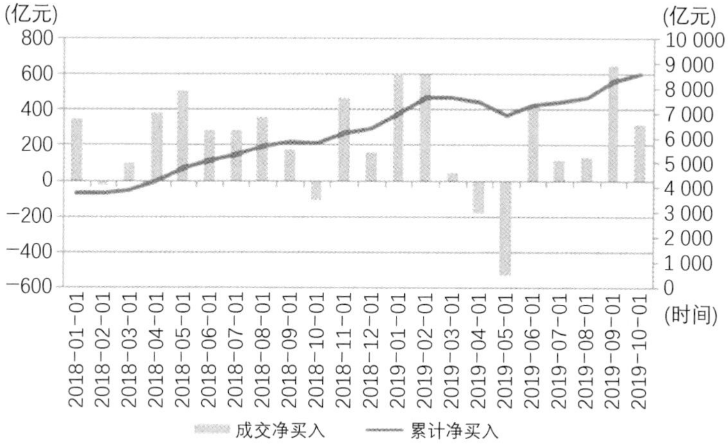

图 1－14 北上资金 2018 年以来净流入情况

资料来源：Wind 数据库。

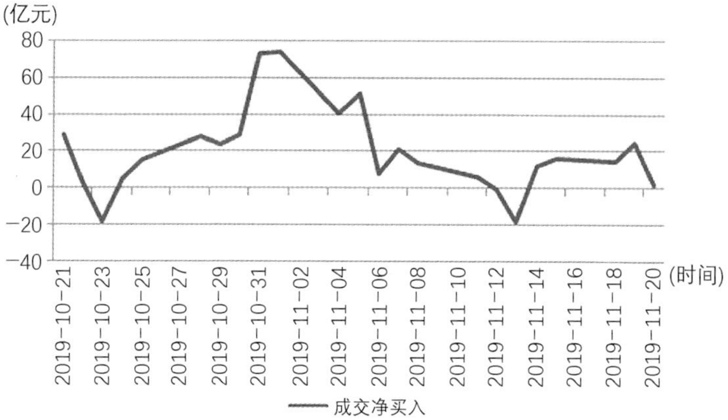

图 1－15 北上资金近 1 个月流入情况

资料来源：Wind 数据库。

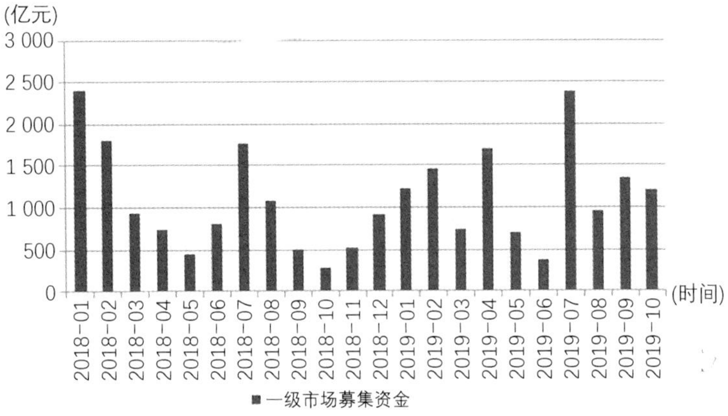

图 1－16　一级市场融资规模概况

资料来源：Wind 数据库。

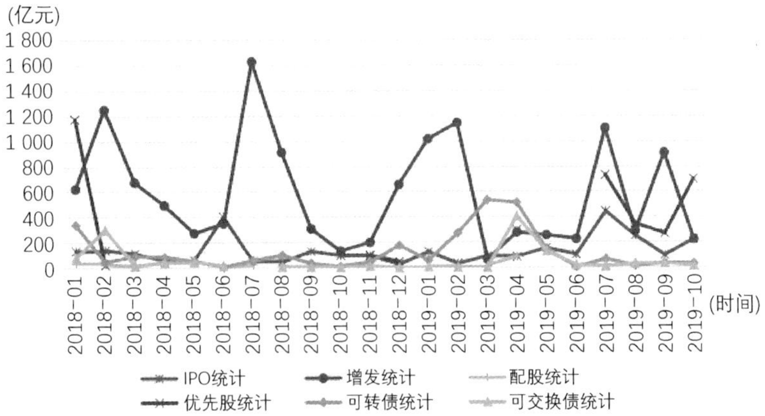

图 1－17　一级市场各融资方式规模概况

资料来源：Wind 数据库。

至年初水平。如图 1－18、图 1－19 所示，限售解禁用户大股东减持明显增大，截至 2019 年 10 月底，2 266 家 A 股上市公司发布减持计划，重要股东二级市场净减持总额为 2 212.01 亿元，是 2018 年同期的 3.23 倍，减持规模相对 2018 年明显增加。

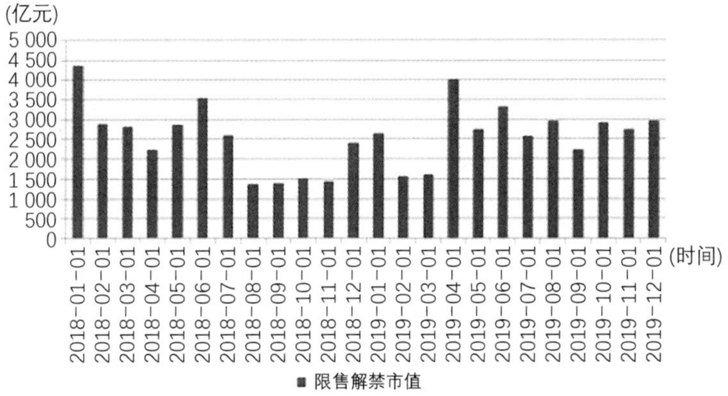

图 1－18　限售解禁市值规模分布概况

资料来源：Wind 数据库。

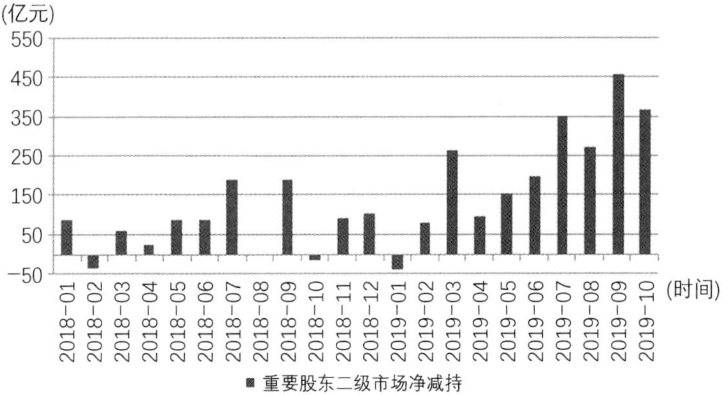

图 1－19　重要股东二级市场净减持概况

资料来源：Wind 数据库。

市场情绪方面：市场情绪低迷，基金后市判断相对谨慎乐观。全市场研究员情绪自6月份以来持续低迷，基金仓位趋势性震荡上行，博时、华夏等基金公司仓位有所回升，对后市整体相对谨慎乐观（见图1－20）。从价量择时模型上看，强度择时模型中期维持震荡，股指大概率箱体震荡。

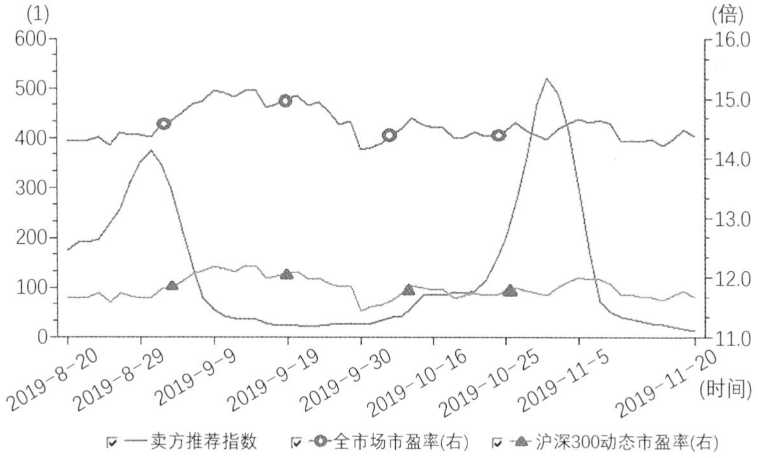

图1－20　全市场研究员情绪及市场估值

资料来源：Wind数据库。

股市周期方面：截至2019年11月中旬，股市尚处于类似前两轮周期中的下行调整通道，均线形态属于5日向下破20日均线，10日均线向下，240日均线成为新支撑线，量能由前期稳量震荡调整后，步入量能相对放量，价格稳中有降的阶段。目前在量缩价跌的前提下，择时模型判断震荡趋势或尚未结束，沪深主要股指或短期偏空，中期大概率维持震荡行情（见图1－21、图1－22）。

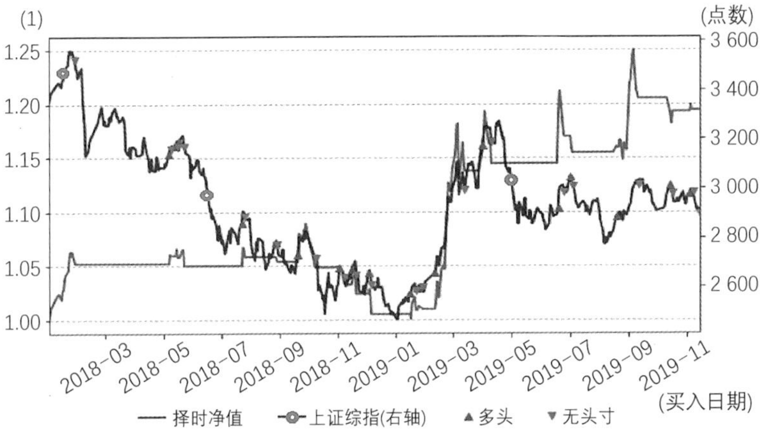

图 1-21 上证综指多空判断与净值走势图

资料来源：Wind 数据库。

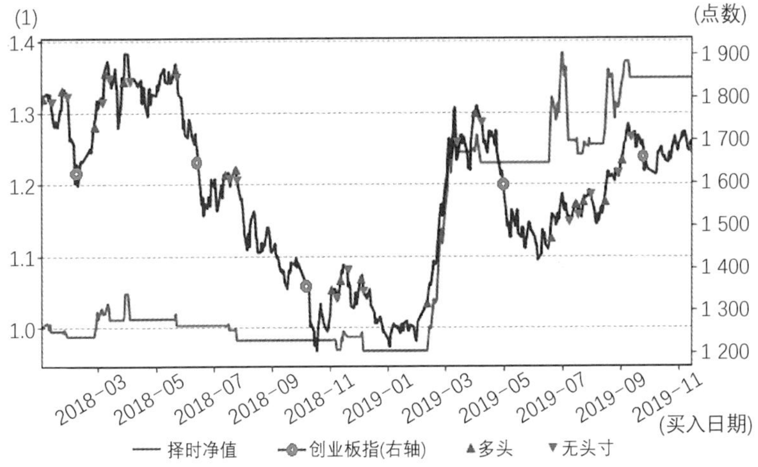

图 1-22 创业板指多空判断与净值走势图

资料来源：Wind 数据库。

考虑到中美磋商前景有一定的不确定性、年底资金流一般较为紧张、部分机构投资者倾向于落袋为安、货币政策由于通胀高企宽松力度受限、企业基本面难有明显改善等因素影响，权益市场从目前到2019年年底可能难有趋势性行情，但局部或有结构性行情。

第四节　后疫情时代宏观形势分析

一、中美大国博弈步入新时代

与特朗普不同，拜登上台后对中国的围堵更有策略性，这令中美之间的博弈更加错综复杂：

一是在战略定位上，不同于特朗普政府与中国全面对抗，拜登对中战略既有合作、又有竞争，特定领域可能存在对抗。

二是拜登政府对美国价值观的输出将占主导地位，这不同于特朗普经济利益至上的理念。意识形态之间的较量将会是拜登上台后的主旋律。而中西方意识形态的差异，更有利于拜登团结美国的盟友。同时，意识形态相较于经济利益更加地形而上，更容易出现民粹主义，需要特别警惕。

三是中美之间重启对话机制，虽然难有实质性进展，但有利于双方明确底线和划定红线。而且，中美之间的常态化沟通机制有利于管控分歧，避免冲突失控。

四是不同于特朗普政府对于“单边主义”的迷恋，拜登政府将重视国际秩序以及框架的重构。

五是不同于特朗普政府杂乱无章且充满个人主义的“推特施政”，拜登政府将重回严谨的政策制定流程，内阁成员们也不会需要凌晨在推特关注总统的最新指示，“惊喜”的减少也将意味着不确定性的减少。

在经贸领域，由于美国国内疫情严重、矛盾冲突较多，拜登政府可能还会延续特朗普政府对中国的关税制裁和实体清单制裁，借此转移国内防疫、种族矛盾、阶级矛盾等压力。但中美经贸领域也存在合作空间，比如购买美国的农产品和高端电子产品。

在科技领域，对中国龙头科技企业尤其是关键行业和领域的科技龙头企业的打压会依旧，重点科技领域脱钩趋势将可能继续，旨在打压中国科技龙头企业的研发制造能力。但“零和博弈”的范围可能会缩小至5G、人工智能、先进半导体、量子计算机等硬科技领域。

在地缘政治领域，在南海、台湾等议题上，不会以极度挑衅的姿态对抗中国，在不碰触对方底线的基础上，可能会联手盟友借“人权”“民主”“国家安全”等议题对中国进行施压。

在外交领域，更多地用多边主义的规则约束中国，修复同盟友的裂痕，共同迫使中国遵守西方的规范。

在气候领域，拜登政府很可能会与中国展开合作，特别是在“碳中和”领域。两国对于碳中和计划的共鸣或许将一定程度上减缓其他领域的紧张关系，围绕清洁技术和产业升级的政策合作也将为两国带来新的合作机会与经济增长点。

整体来看，特朗普打破了中国对美国抱有的幻想，使中国意识到中美之间大国博弈的格局将长期存在。而经历过中美之间的贸易摩擦以及新冠肺炎疫情冲击，中国经济比预期的要有韧性，这主要得益于中国的全产业链与全球经济深度融合、中国广阔的消费市场以及中国极强的社会组织动员能力。所以，在未来的中美大国博弈之中，中国只要做好自己的事，确保不会出现重大战略判断错误，那么中国也不一定会处于弱势地位。不过，拜登上台后，中美之间的较量更多是在软实力方面，相较于特朗普的明牌，应对难度增加。

二、对国内宏观经济形势的分析

2021 年一季度的投资、消费和进出口由于低基数都呈现了高增长的状态。现阶段的经济形势整体而言延续复苏走势，但结构不平衡的特征明显。

第一，疫情对投资和消费产生了显而易见的冲击，投资和消费增速的中枢较疫情前明显下台阶。1—2 月投资的两年平均增速为 1.7%，较疫情前 5% 的中枢大幅回落；消费的两年平均增速为 3.2%，较疫情前 8%的中枢大幅回落。考虑到中国如今的经济体量，即便疫情过去，投资和消费增速也很难回到疫情前的水平。

第二，政府投资依然是稳投资的支撑力量。实体经济囿于常态化防疫和居民收入增速较慢，需求起不来，但失业率并没有明显上升，主要是因为政府采取了较多纾困政策，保市场主体。从数据来看，制造业投资作为2020年2月投资三大分项中增速最低的分项，2021年2月制造业投资的增速依然落后于房地产投资，也说明实体经济偏弱。

第三，经济重启以来，没有出现报复性消费。一是因为我们的逆周期政策较为克制，没有像欧美等其他国家那样直接给居民发钱。二是国内疫情虽然得到控制，但是外部输入风险持续存在，常态化防疫措施不能放松，令居民对线下服务业的态度始终存在担忧。三是居民收入增速偏低，即便居民有一些闲钱，在疫情没有彻底过去前，居民的储蓄性偏好较强。

第四，2020年以来，中国的出口超预期的景气。主要是因为全球疫情蔓延扩散，复工复产进度不及预期，供需缺口由率先控制住疫情、恢复产能的中国填补。出口商品的结构以宅经济、信息技术类产品为主，对产业链配套、技术含量有一定的要求。虽然中美贸易摩擦长期存在，但中国出口景气度很强。2021年随着疫苗接种铺开、欧美经济复苏，海外经济重启，出口的结构可能会发生一些改变，出口虽然仍能维持韧性，但增速可能会出现回落。

第五，2020年以来，产能一直处于高位状态，也是疫情得到控制后，修复最快的指标。但考虑到需求端还是偏弱，供过于求的状态不具有可持续性。

第六，2020年的纾困政策对帮助经济重启、走出疫情影响和经济复苏起到了至关重要的作用。但宽松的货币政策和积极的财政政策不可避免地在一定程度上推高了资产价格。虽然政府多次强调政策不急转弯，但转弯必然会到来，资本市场需要对政策收紧而导致的信用风险在一定程度上升做好心理准备。

三、2021 年宏观经济金融的主要风险点

第一，2021 年秋冬季天气变冷后，疫苗效果可能会不尽如人意。目前全球疫情的好转很难判断是由于天气变暖的原因还是疫苗接种起了效果，对疫苗效果的评估还是要等到秋冬季天气变冷以后。考虑到新冠病毒已经出现了大量变种，现阶段海外国家要成功控制疫情本质上是疫苗接种与新冠病毒变异速度之间的赛跑。虽然发达国家大量囤积新冠疫苗，但疫苗接种的速度还是较慢，这与社会组织能力偏弱有关。目前全球对疫苗接种后经济复苏的预期打得太满，一旦疫苗效果和全球经济复苏不尽如人意，市场可能会出现剧烈调整。

第二，纾困政策退出后，信用风险上升。2020 年银行的信贷规模和信用债的发行规模都处于历史高位，随着纾困政策的陆续退出，违约率可能会明显上升。同时，考虑到美债收益率上升，为控制外资流出和输入型通胀的风险，2021 年的货币政策较 2020 年收紧。而且，2021 年上游原材料价格上涨较多，实体经济和中小企业还是面临很多困难，特别是中下游企业的利润承压、偿债能力，面临严峻考验。

第三，美国已经或者即将出台的规模庞大的财政刺激计划，主要是为了振兴本国经济以及提升本国的工业生产能力，为防止资金大量流入中概股和中国，中美之间的大国博弈可能会更加激烈。美国已经通过了《外国公司问责法案》，中概股若是连续三年不能满足美国监管机构对公司财务的审计要求，将会被强制摘牌，中概股面临的退市风险增加。

第四，警惕美国资产价格调整对中国资本市场的联动效应。主要是美国这轮的景气周期已经持续了史无前例的长时间，低利率是这轮景气周期的基础。一旦无风险利率持续上升、美国政府加税落地都有可能对处于历史高位的美股和近期疯涨的美国房市形成冲击。考虑到全球投资者情绪的传染性，美国资产价格若是调整，全球其他国家也很难不受冲击。

PART 2

国际宏观经济形势分析

第二章　全球经济展望[①]

我们重点梳理了新冠肺炎疫情以及中美博弈冲击下的海外宏观政治经济环境，并基于疫苗进展、拜登胜选等因素对主要国家各自在 2021 年的发展趋势做出一定预判，最后还加入了对原油、黄金的后续展望。

我们认为，拜登胜选不会扭转中美博弈的大背景，但“新冷战”的风险将明显降温。新白宫将重塑盟友关系，倾向以多边规则的方式对华施压。短期贸易格局将保持现状，科技领域中的“零和博弈”范围将缩小，围绕“碳中和”的合作将降低中美其他领域的紧张程度。

美国国内政治方面：国会预计保持两党割据的格局，失去参议

① 该部分内容来源于李湛、梁伦博：《复苏的主旋律——2021 年宏观经济展望之外部环境篇》，2020 年 12 月 9 日完成初稿，文章成果相继发表于“财新”专栏。文中部分文字有修改。

院控制权将制约新白宫的施政力度，从税收到刺激法案，拜登政府需要给出更多的妥协。

美国经济方面：虽然数据出现一定分化，但预计 2021 年复苏将会持续，疫苗以及新刺激法案何时能落地将是复苏力度的关键因素。美联储两年内倾向维持近零利率，关注未来资产购买规模是否可能边际减弱。

欧洲政治方面：英国与欧盟贸易协议谈判最后限期已近，双方仍围绕渔业、公平竞争、争端解决三个棘手问题激烈博弈。欧盟内部局部民粹主义升温，但合作与复苏仍是主旋律。

英国经济方面：虽然工业活动已经恢复，但服务业仍然承压。整体经济恢复较为缓慢且失业率高企，叠加脱欧后与欧盟的贸易谈判并不顺利的影响，整体经济复苏进程显得相当脆弱。

德国经济方面：工业部门复苏的速度以及韧性超过预期，后续复苏的持续力关键在于外部需求能否同步修复。

大宗商品方面：国际原油价格正处于震荡修复的状态，从需求端看，虽然疫情对全球经济的冲击持续压抑着油价的修复空间以及速度，但基于疫苗的快速进展，市场普遍对 2021 年经济的修复持乐观态度。同时供应端方面 OPEC（石油输出国组织）+ 的联合减产以及美国页岩油企业活动的低迷支撑了油价的下限。

黄金期价方面：短期展望上看 2021 全球经济复苏是主旋律，虽然局部经济数据可能会不及预期，但黄金价格短期不具备充足的上升动能。中期而言随着通胀中枢的反弹以及美元走弱，亚洲对实体黄金消费的逐步复苏，黄金价格仍有一定突破的空间。但从大周期的角度看黄金博弈的性价比正在边际减弱。

第一节　中美博弈格局推演

一、“精英政治”重新起航

无论是历史最高的得票数、投票率，抑或是摇摆州的胜负仅仅以万为单位决定，无一不反映着这场美国总统大选的激烈程度远超预期。若拨开迷雾看本质，这场斗争实际上是美国右翼“民粹主义”与“建制派”社会精英之间的对决。此次拜登的获胜无疑代表着美国精英政治的重新起航，从目前陆续透露出的新内阁人选也确认了这一趋势，这些传统精英们首先面对的将是美国政治社会的深层次撕裂。

目前已经透露的可能人选包括任命前副国务卿安东尼·布林肯（Antony Blinken）为国务卿，任命琳达·格林菲尔德（Linda Thomas-Greenfield）为美国驻联合国大使，前中央情报局官员艾薇儿·海恩斯（Avril Haines）为国家情报总监，前美国联邦储备委员会主席珍妮特·L.耶伦（Janet L. Yellen）担任财政部部长，前国家安全顾问杰克·苏利文（Jake Sullivan）再次担任国家安全顾问，智库美国进步中心总裁尼拉·坦登（Neera Tanden）担任行政管理和预算办公室主任，普林斯顿大学劳工经济学家塞西莉娅·劳斯（Cecilia Rouse）担任白宫经济顾问委员会主席，民主党资深发言人珍·普萨基（Jen Psaki）担任白宫新闻秘书，竞选发言人凯特·贝丁菲尔德（Kate Bedingfield）担任白宫沟通主任。

与特朗普的内阁相比，拜登政府的准内阁人选大多都拥有显赫的从政经历，且拥有较为系统化的施政理念，因此我们可以从过往的轨迹中尝试推测新内阁与特朗普政府的核心区别。第一，在战略定位上，不同于特朗普政府将中国定义为“战略敌人”，拜登政府的定义可能偏向于“战略竞争者”。第二，不同于特朗普政府对于“单边主义”的迷恋，拜登政府将重视国际秩序以及框架的重构。第三，不同于特朗普政府杂乱无章且充满个人主义的“推特施政”，拜登政府将重回严谨的政策制定流程，内阁成员们也不会需要凌晨在推特关注总统的最新指示，“惊喜”的减少也将意味着不确定性的减少。

二、对华政策从整体对抗转向“保持遏制，有限合作”

随着2021年1月拜登接任新一届美国总统，特朗普所带来的混乱、无序的四年即将迎来阶段性暂停。特朗普的对华政策是单边主义的、逆全球化的、无底线的全面打压。拜登上任，意味着美国对华政策的基调很可能将转向“保持遏制以及有限合作”。

首先在外交上，拜登将修复特朗普时期受挫的美国在国际上的战略地位，重振西方国家对美国的信心。可以预见拜登政府将积极回归各大国际协定，在全球性问题上将更加积极，以此修复美国与盟友的关系。对华将倾向以多边主义规则约束中国，联合其他西方国家共同对华施加压力，迫使中国遵守国际准则（实则是西方国家的规范）。拜登政府将重新发挥美国在世界组织中的主导作用，大方向上延续奥巴马时期的“重返亚太”战略，包括重回跨太平洋伙伴关系协定（TPP）、重新加入巴黎气候协定、重签伊朗核协议等外交活动。拜登政府将重拾价值观外交，强调民主和人权议题，预计将以此为借口进一步增加对中国内政的干涉。

在类似南海、台湾问题上，拜登政府不会像特朗普时期那么任性极端，中美之间产生直接军事冲突的风险会下降。但拜登政府预计会增加对中国的围堵力度，例如，强化印太地区与当地国家，以及盟国的合作关系，推进在该地区遏止中国的联合行动。

在高科技领域，拜登政府不太可能扭转中美之间在关键领域的白热化竞争趋势。但范围可能会缩小至5G、人工智能、先进半导体、量子计算机等硬科技领域。医疗等其他的科技合作则可能增强。拜登政府可能会采取联合其他国家制定具有排外性的行业标准来约束中国。

最后，拜登在竞选时强调不主张与中国完全脱钩，这也意味着“新冷战”可能性的降温。拜登政府可能会在部分领域与中国展开有限合作，特别是在与拜登施政方向符合的环境保护和新能源领域。两国政府现有被中断的对话机制和平台，以及人文交流可能会部分恢复，相关移民和留学政策也有望重新放开。两国对于碳中和计划的共鸣或许在一定程度上减缓其他领域的紧张关系，围绕清洁技术和产业升级的政策合作也将为两国带来新的合作机会与经济增长点。

三、短期内已有经贸格局将持续，后续博弈方式将出现变化

拜登上台后需要优先处理国内疫情以及国内经济问题，所以短期内中美贸易将维持现有格局。根据拜登-哈里斯政府提出的四个施政议题：抗击新冠、经济复苏、种族平等、气候变化，抗疫和提振经济将会是拜登-哈里斯政府初期的施政重心。目前美国正处于第三波疫情，日新增病例持续走高，疫情愈演愈烈。肆虐的疫情是拜登施展拳脚的巨大阻碍。同时，拜登还需要推进自 2020 年 7 月起一直处于僵局中的财政刺激法案。国会两党在救助规模和救助范围上有较大分歧，加上特朗普政府的干扰，法案的出台只能寄希望于新一届国会议员和新政府上台。但就目前美国参议院选举选情来看，共和党在下一届参议院中有较大可能成为多数党，这将给拜登政府推进法案出台带来一定阻碍。面对分裂的议会，拜登想要推进他在竞选总统时许诺的一系列经济复苏计划将有一定难度，需要耗费较多斡旋的时间。在拜登专注于处理国内事务的这段时期，中美贸易格局将维持特朗普政府时期的状况。

在中美贸易关税问题上，拜登曾屡次批评特朗普无限制施加关税，目标不止中国，还包括加拿大、欧洲等美国盟友。拜登在竞选纲领中就提出要废除特朗普的关税贸易政策，并倡导与盟友

重新修复关系，加强联合。未来，拜登不会肆意挥舞关税大棒来威胁中国，而是采取手术刀的方式将关税集中在某些领域。最终，拜登可能会在部分领域减少现有的贸易关税，但会要求中国取消对国企的补贴，进行结构性改革；同时利用多边贸易争端解决机制、联合盟友施压，通过集体谈判以及国内税收政策来支持美国企业。但拜登可能难以改变在部分关键领域施加的关税，例如钢铝关税，若取消将威胁拜登在关键摇摆州——威斯康星州和密歇根州的支持率。

可以确定的是，拜登政府若要改变贸易管制措施，会与美国商界进行更有效且积极的整合与沟通。因此在政策形成前的阶段，政商两界都能较好地预期他们在贸易政策上的行动，这种做法无论对于美国抑或中国商界都会有镇定的效果，且白宫施行的政策也会与一个完整的战略框架捆绑起来。类似特朗普政府充满个人主义色彩的“推特治国”将不会在白宫中重现。

此外，基于拜登对单边主义的批判，预计被特朗普政府架空的世界贸易组织（WTO）将重新发挥作用，包括结束在选择新领导人遴选问题上的僵局。特朗普政府反对大多数成员国支持的候选人——尼日利亚前财政部部长、世界银行前高管恩戈齐·奥孔乔-伊韦阿（Ngozi Okonjo-Iweala），只支持韩国贸易部长俞明希。若上述机构新法官成功任命，预计 WTO 将重新发挥其作为贸易争端仲裁人的作用。这对于受疫情以及中美贸易战重创的全球贸易而言无疑是一个积极的信号。

第二节 主要发达国家政治经济走势

一、美国国内政治

（一）新白宫期望的施政方向

在税收政策上，拜登希望对高收入群体加税，减免低收入人群税收。特朗普执政时期推行的对富人阶层和公司设置的减税政策将被撤销。公司税将由当前的21%提高至28%。40万美元以上的收入人群的个人税收从37%增至39.6%，年收40万美元以下的中低阶层暂不加税。拜登将要求年收入100万美元以上的富人缴税比例与工薪税持平，等于直接将高收入人群的资本利得税提高了约一倍。拜登的税收方案预计在未来10年内为联邦政府增收3万亿美元。

在财政刺激政策上，拜登将支持更大规模的新的财政刺激方案。拜登主张通过投资科技、教育、基础设施来提高经济增长潜力。拜登提出组建2 000亿美元的清洁能源和基础设施基金，重点投资交通设施和基础建设，来增加百万中产阶级的工作岗位。投资3 000亿美元用于国内购买和研发以改善美国的体系（清洁能源，公共卫生，电信和基础设施），促进国内生产。提倡清洁经济体系的建设，创造1 000万个新的就业机会。

支持美国制造、提高美国公司的外国子公司的税收。通过区分美国公司国内外的关税征收方式，将美国公司的外国子公司赚取的收入税收从10.5%提高到21%，促使制造业回流美国，激励公司将分支转移回国内，并进行税收抵免。

支持移民政策、提高劳动力人口。拜登将放宽移民限制，给目前在美国但未被授权公民资格的人提供取得公民身份的路径，每年创造140 000个雇佣工作绿卡。美国难民的接纳年度上限将提高到12.5万。

补助少数、劣势族群，弥合美国社会裂痕。拜登呼吁建立更多法律法规解决因种族产生的工资歧视的问题。拜登称，他的团队将探索因奴隶制和种族隔离而产生的历史问题，以及向非裔美国人支付现金赔偿的可行性。他还承诺拨款3亿美元给警察部门，以招募更具多样性的警察团队，并训练他们建立和谐的警民关系。

围绕气候变化实施绿色大战略。对内包括：通过清洁能源建设来提高经济增长潜力。拜登宣布将投入3 000亿美元研发新技术和清洁能源，争取30年内实现全美净碳排放为零。具体计划为在未来10年内支出1.7万亿美元联邦资金，并撬动超过5万亿美元的地方及私人资金用以在2030年前为所有拥有10万以上居民的美国城市建设优质的公共交通整修公路和桥梁，引发“第二次铁路革命”；建设50万个电动车充电站；升级400万栋商业建筑，提升节能效率；改造电网与发电站，确保2030年前风能发电量扩充1倍，2035年前电力部门“脱碳”；在边远农村地区建设宽带与5G设施。对外包括：重新强化多边外交，包括重塑和盟友关系，促进全球合作以解决气候问题；联合盟友聚焦G20国家化石能源产业的财政资助问题（中国是联合施压的重点），对碳排放超标的国家实施制裁；

提供比“一带一路”更加清洁的基础设施建设方案等。

（二）蓝色浪潮并未出现，国会分裂将阻碍拜登施政

民主党重新控制参议院的愿望在此次大选中很可能已经落空，共和党参议员苏姗·科林斯（Susan Collins）超预期地赢得缅因州参议员连任，截至2020年11月5日，两党已经获得的席位为46∶50（见图2-1），待争夺的席位剩下2个，民主党竞选情况并不乐观。算上两个其他党派的席位，民主党还需要取得至少2个席位来争取参议院的控制权（副总统为参议院议长，在两党席位相等时将发挥投票作用）。而众议院中民主党保持了控制权，但领先幅度相对变小。

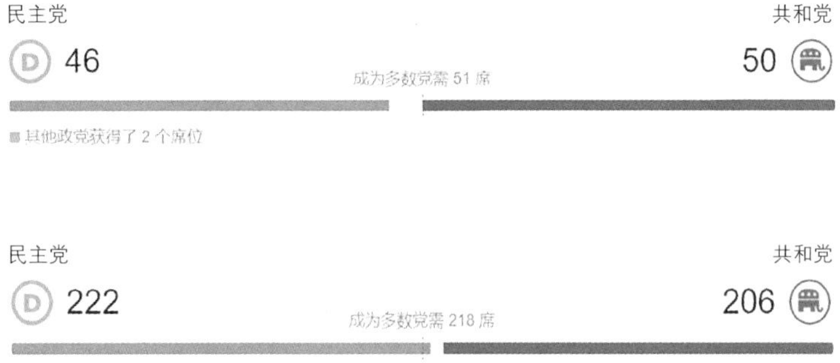

图2-1 国会选举中两党的席位

资料来源：The Associated Press。

如果国会两院继续由两党分别控制，就会导致拜登任下的新白宫施政陷入效率低下的僵局，议员们甚至对基本的职责都难以达成统一，比如偿债和为政府运作提供资金支持，更别提控制碳排放和创造就业的计划在参议院过关。同时拜登对企业和富人增税的计划也将搁浅，民主党支持的选举权和竞选资金改革也将难获通过。拜登还可能不得不接受规模小得多的经济刺激法案。

二、美国国内经济

（一）美国经济数据出现一定分化，复苏前景将受考验

美国 2020 年第三季度 GDP 同比增速由第二季度的-9.03%回升到-2.91%，低位反弹，但仍未回到疫情前水平。就环比拉动率来看，个人消费支出的 GDP 环比拉动率由第二季度的-24.01%大幅升至第三季度的 25.27%，而政府消费支出和投资总额以及商品和服务净出口的环比拉动率较第二季度继续下跌，分别为-0.68%和-3.09%（见图 2-2）。

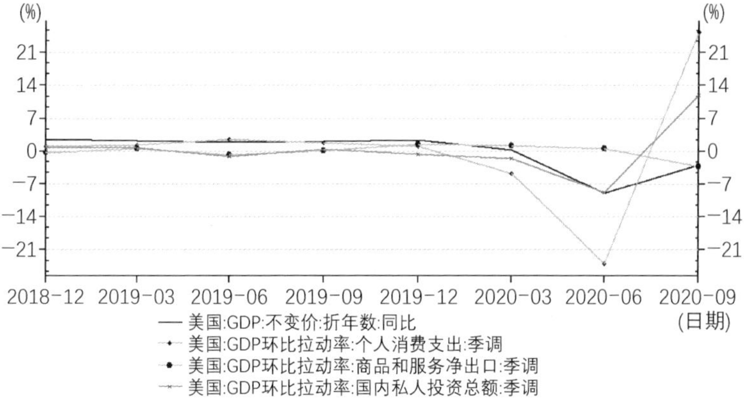

图 2-2 个人消费支出、商品服务净出口等对 GDP 环比拉动

资料来源：Wind 数据库。

美国 11 月制造业 PMI 小幅回落至 57.5%，前值 59.3%。服务业 PMI 在 9 月小幅上升后 10 月、11 月持续下降，11 月为 55.9%

（见图2－3）。11月份消费者信心指数回落到76.9%，前值为81.8%，目前仍远低于疫情前水平。Sentix投资者信心指数持续回升，11月数值为4.8，11月数值重回正区间，但仍处于历史低位（见图2－4）。美国消费者物价指数同比在5月触底后开始逐步恢复，10月数值1.2%，前值1.4%，增速有所放缓，显示出经济仍较

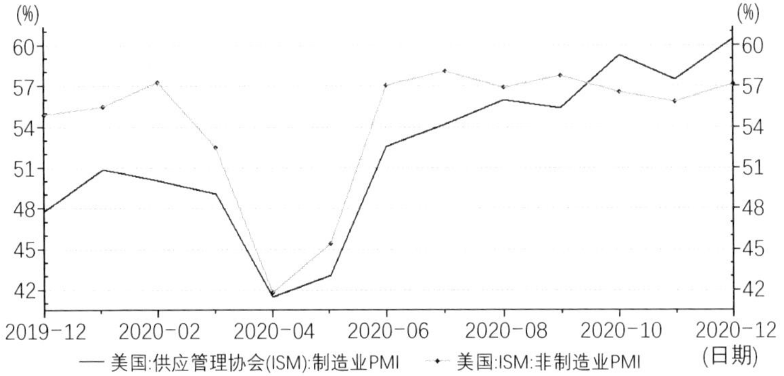

图2－3 制造业PMI、非制造业PMI

资料来源：Wind数据库。

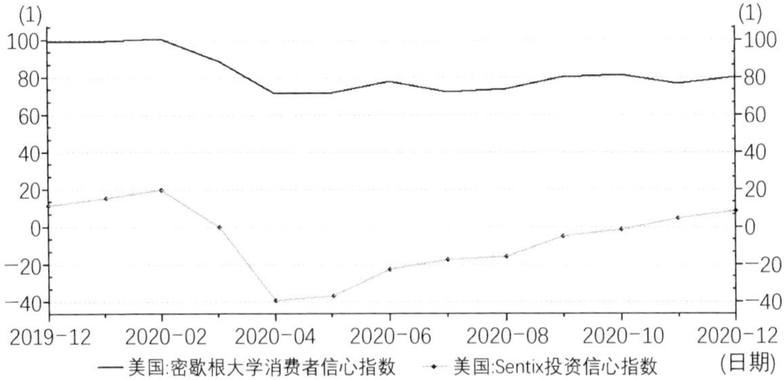

图2－4 消费者信心指数、Sentix投资信心指数

资料来源：Wind数据库。

疲软。美国经济整体呈温和复苏状态。

但未来美国经济发展仍有较大不确定性。美国就业数据虽呈现改善趋势，但从细分上看，就业情况并不积极。10月份失业率进一步下降至6.9%。新增非农就业人数在6月达到480万之后持续放缓，11月新增非农就业人数仅24.5万，远低于市场预期的46万，为5月就业复苏以来最低的新增非农（见图2-5）。暂时性失业数虽有下降，但永久性失业持续增加。就行业来看，新增非农就业主要集中在休闲和酒店业，且增速持续放缓。目前美国疫情并没有得到有效抑制，若后续政府再一次采取封城政策，新增非农就业将会受到直接影响。此外，美国居民收入在第二季度上升，第三季度转而下降，主要原因是此前财政刺激法案的陆续到期。主要拉动美国GDP增长的个人消费支出并非由居民薪酬增长拉动而是依赖美国大规模的财政刺激法案。如果美国政府没有及时出台新的财政刺激方

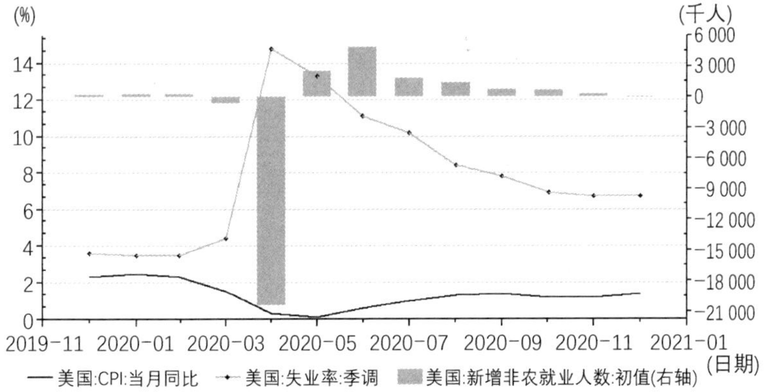

图2-5 新增非农、失业率和CPI

资料来源：Wind数据库。

案，美国经济的复苏将缺乏增长动能。

整体而言，虽然疫情仍然肆虐，但2020年在美国政府的财政刺激政策以及复工复产的推进下，美国经济已经呈现复苏的态势。但近期，美国疫情再次进入高峰期，经济复苏的速度有所放缓，未来疫苗何时能真正大规模分发依然是复苏力度的关键。此外，新刺激方案能否迅速出台也将影响私人支出反弹的力度和持续力。预计美国经济2年内难以复苏至疫情前的状态。

（二）美联储倾向维持近零利率，关注未来资产购买规模是否边际减弱

美国时间2020年11月5日，美联储召开了11月议息会议，维持联邦基金目标利率0~0.25%区间不变，维持超额准备金利率在0.1%不变。同时，美联储表示继续以当前的速度增加美国国债和机构抵押支持证券（MBS）的系统公开市场账户持有量，也就是美联储将每月至少增持800亿美元国债和400亿美元MBS。美联储主席鲍威尔表示疫情带来的风险和经济前景的不确定性是美联储维持宽松的原因。当前美国疫情发展仍不乐观，正处于第三轮疫情暴发阶段，新增确诊病例持续攀升，同时，通胀虽有回升但仍远未达到美联储2%的目标。再叠加美联储新增的对于“饱和就业”的目标，预计未来2年其仍将保持宽松政策。

但联邦基金目标利率预计不会继续降低至负值。目前利率已经是接近于零的水平，且目前美联储官员普遍共识是负利率弊大于利。美联储维持资产购买规模，但资产规模扩大速度明显放缓，未来也将维持这一趋势。主要原因是市场机构对流动性的需求在下降，传统流动性工具最大规模于5月触及5 000亿美元后已经基本完全回落。负债端来看，5月以来银行惜贷意愿有所下降，但目前持有超额准备金的需求预计仍然较强。由此可以预计，美联储资产负债表不会快速回落，致使市场出现剧烈波动。

美联储即将在2020年12月下旬召开会议，就未来几个月购债计划如何开展提供指引，继续完善8月提出的新操作框架，但他们不愿在此时采取更多行动。陷入困境的家庭和企业需要的是美联储无法提供的补助金，而不是美联储已经提供的更低借款成本。美联储可能会增加公债购买或把购债举措扩大至更长期限的公债，以此对较长期借款成本施加更大下行压力，从而进一步放宽政策。

（三）美国新财政刺激法案蓄势待发，但规模低于此前市场的期望

美国国会两党就第二轮刺激法案的谈判自2020年7月起至2021年1月的半年时间里一直处于僵局，双方在救助规模和救助范围上有较大分歧。此前白宫、民主党、共和党提出的救助规模分别为1.9万亿美元、2.4万亿美元和5 000亿美元，且具体细节差距明显，谈判难以推进。民主党一直在争取更慷慨的带薪休假福利，认为小规模刺激法案不够彻底，并希望将援助目标集中于个人和家庭，而不是大公司。参议院多数党领袖麦康奈尔则表示，既然失业率已经降低，疫苗进展乐观，就无须更大规模的刺激法案。

美国不及预期的11月非农就业激起了市场对于刺激法案出台的新预期。拜登也已经表示就业报告显示经济复苏停滞不前，并警告说，除非美国国会立即通过一项新冠病毒救助法案，否则即将到来的“黑暗的冬天”将加剧这种痛苦。美国一项由两党提议的9 080亿美元新冠救助12月4日在国会取得初步进展，保守派议员表示支持，参众两院领袖也进行了磋商。

虽然各界期待新胜选总统拜登能够推动新刺激法案出台，但就目前看来，对于2020年成功推出新刺激法案的可能性并不能过于乐观，新刺激法案的真正出台可能得寄希望于2021年1月新一届国会议员履职之后。

高频数据显示，美国经济复苏速度正在放缓，且缺乏持续动能。如果政府无法及时推出新一轮刺激法案，美国经济复苏将受到极大影响。新刺激法案的缺失将会使得更多中小企业破产、倒闭，打击就业。美国居民薪酬降低，叠加缺失的政府救济金，将削弱消费者信心，极大地影响居民消费。美联储主席鲍威尔也同时呼吁政府尽快出台新财政刺激法案，仅依靠美联储的货币政策难以实现经济提振的目标。

2020年美国已出台财政刺激法案如表2－1所示。

表2－1　2020年美国财政刺激法案

法案名称	发布时间	涉及金额（亿美元）	主要内容
冠状病毒准备和响应补充拨款法	3月6日	83	78亿美元用于州和地方政府抗疫（包括疫苗开发和公共卫生资金）、5亿美元用于向联邦医疗保险拨款用于病毒的远程医疗计划

续　表

法案名称	发布时间	涉及金额（亿美元）	主　要　内　容
家庭首次冠状病毒应对法	3月18日	1 040	该项法案侧重于COVID－19大流行对工人的经济损失，主要内容包括：①将COVID－19测试纳入医疗保险范畴；②将失业保险扩大10亿美元，并且放宽了资格要求；③为雇员提供带薪病假，最高每天511美元，带薪家庭假按父母通常薪水的1/3支付
冠状病毒援助，救济和经济安全（CARES）法案	3月27日	2.2万	3 000亿美元向中低收入美国人直接派发——每个成年人1 200美元，每个孩子500美元；2 500亿美元的增强型失业保险；4 540亿美元用于支持美联储向企业、州或市镇提供贷款的计划或便利；3 500亿美元的小企业贷款（PPP）计划；1 500亿美元用于援助各州；1 200亿美元用于医院和退伍军人的医疗卫生；600亿美元用于支持航空公司和货运航空；250亿美元用于公共交通
薪资保护计划和医疗保健增强法	4月23日	4 048	没有设立新的支出项目，多数资金用于补充PPP额度，其余则运用了公共卫生支出。①增加小型企业贷款计划（PPP）额度3 220亿美元；②600亿美元用于灾难贷款；③750亿美元用于补贴医院；④250亿美元用于增加各州检测能力
谈判中的最新刺激法案	12月	9 080	企业将获得约3 000亿美元的类似“薪水保护计划”的资金注入；州和地方政府将获得2 400亿美元，其中包括用于学校的资金；另外1 800亿美元将用于延长每周额外300美元的失业金补助，为期四个月

资料来源：自行收集。

三、欧洲政治走势

（一）英国与欧盟贸易谈判最后时限已近，双方仍未脱离僵局

自今年 1 月英国退欧以来，英国和欧盟在三个问题上一直无法打破僵局：

一是欧盟船队在英国水域捕鱼权问题；二是英国应在多大程度上逐步遵守欧盟环境、社会和劳工标准，以确保公平竞争环境；三是解决未来争端的方式。

英欧双方正针对欧盟渔船在英国水域的捕鱼权问题、欧盟各国船民在英国水域捕鱼的比例问题以及英国水域环境的可持续性问题进行激烈博弈。英国政府坚持在脱欧过渡期结束时，收回其对水域的控制权，成为独立自主的沿海国家。即自 2021 年起，控制其海岸线周围 200 海里区域的捕鱼活动，并有权决定或调整“谁在我们的水域捕鱼以及以何种条件捕鱼”。而欧盟则坚持“必须维持欧盟当前对英国水域的准入权以及目前在英国水域的捕鱼比例，并与英国签署长期协议。”欧盟反复强调，除非欧盟渔民可以继续进入英国水域捕鱼，否则欧盟永远不会与英国签署贸易协定。

在公平竞争环境问题上。欧盟要求英国承诺在过渡期结束后一段时间内，从环境法规到企业补贴的各个方面与欧盟保持协同，以确保双方市场主体未来处于公平的竞争环境，并以此换取广泛进入欧盟市场的零关税贸易协议。但英国认为，欧盟试图把公平竞争环境与欧盟法律捆绑的做法侵犯了英国的主权。

在接下来的时间里，英国首相鲍里斯·约翰逊（Boris Johnson）将前往布鲁塞尔与欧盟执委会主席乌尔苏拉·冯德莱恩（Ursula von der Leyen）会面，具体时间尚未确定。而这很可能将是达成贸易协议的最后一搏，如果在2020年12月31日前无法达成协议将打击双方的经济，并加剧新冠肺炎疫情造成的痛苦。此前双方电话谈判后发表的联合声明称："由于在关键问题上仍存在分歧，不具备达成协议的条件。"

如果无法达成贸易协议或者进一步延迟谈判，那么可能出现的情况包括：

贸易方面，贸易壁垒会增加，至少短期内如此，英吉利海峡两岸的企业都将受到伤害。英国出口商将面临平均为5%的欧盟进口关税，英国主要出口商品则面临更高的关税，譬如汽车的关税将高达10%。

港口以及海关方面，因为突然缺少大量沿用45年的规则，很可能出现运作效率大幅度下滑甚至停滞的情况。目前很多制造商都在囤积零部件，以在发生边境延误的情况下保持生产线运转。

英国央行方面，考虑到经济可能受到的冲击，无协议脱欧或许会加剧英镑兑美元的跌势，最终可能压缩英国央行目前施行的宽松政策。

（二）局部民粹主义升温，在复苏中合作仍是主流

新冠肺炎疫情暴露出欧洲社会内部一些问题，对欧洲的民族主义、排外情绪、种族歧视等民粹思潮形成刺激，促使民粹主义势力进一步抬头和得势，甚或引发极端右翼思潮和新法西斯主义的兴起。2020 年 5 月，法国新成立了一个名为“生态—民主—团结”的党团，由数十名原本支持马克龙总统的议员组成，导致马克龙总统领导的“共和国前进”运动党暂时失去议会绝对多数席位。由于这一新成立的党团不属于任何阵营，外界担忧法国反建制力量将加剧上升。同时由新冠肺炎疫情引发的社会抗议运动在西班牙、法国、德国等国接连爆发。特别是在德国，“新冠游行”规模不断扩大，其背后显露出民粹和右翼势力的影子。在右翼民粹主义政党“德国选择党”已在德政坛取得稳固地位之时，新冠危机又催生了德国一个新政党的出现——“2020 反抗党”。这一新党派于 2020 年 4 月成立，成立后仅 3 周，该党派党员人数便超过 10 万，成为仅次于社民党、基民盟和基社盟的德国第四大政党。

虽然局部民粹主义呈现升温，但对于经济复苏的合作仍然是主流。2020 年 4 月 9 日，欧盟成员国财长达成协议，同意为应对欧洲疫情实施总额为 5 400 亿欧元的大规模救助计划。5 月 27 日，欧盟委员会提议通过发债方式筹集资金以设立总额为 7 500 亿欧元的“恢复基金”，用于帮助成员国在疫情后重建经济。7 月 21 日，经过 100 个小时的高强度谈判，欧盟成员国领导人就“恢复基金”达成一致。从欧盟的角度而言，包含无条件拨款额度的经济复苏基金实际上初步具有共同财政基础的意义，为未来欧盟的共同债券奠定了先行基础。

这次面向复苏的合作成功与否将有着巨大的影响。如果欧盟的经济复苏计划未能提供足够的、令人满意的经济和金融援助，部分欧洲国家的经济将进入“自由落体”期，加速下滑。这将导致民粹主义在欧盟成员国大范围回归及蔓延，南北欧国家之间的分歧将进一步扩大。

四、欧洲经济走势

（一）英国经济受疫情以及贸易谈判僵局双重压制

如图 2-6 所示，英国 2020 年第二季度 GDP 同比下降 21.46%，三季度 GDP 同比下降 9.58%。细分来看，第三季度工业对 GDP 同比拖累-0.89%，前值-2.51%，服务业对 GDP 同比拖累 7.95%，前值-16.46%。英国服务业 PMI 在 8 月冲高后呈现持续回落的态势，制造业 PMI 韧性则好于预期，11 月制造业 PMI 为 55.60%，前值 53.7%，服务业 PMI 为 47.6%，前值 51.4%（见图 2-7）。

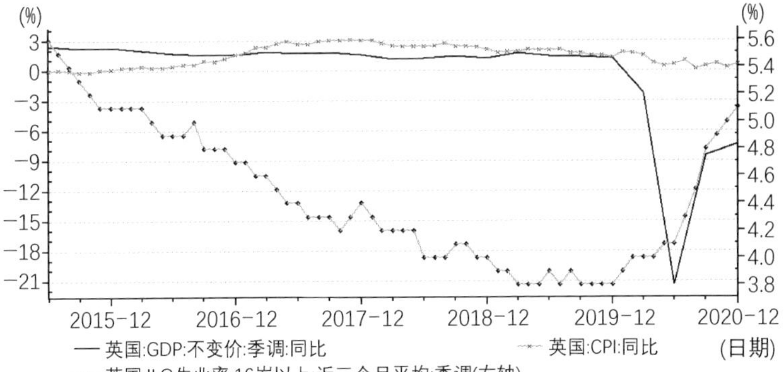

图 2-6 GDP 增长同比、CPI 同比、失业率

资料来源：Wind 数据库。

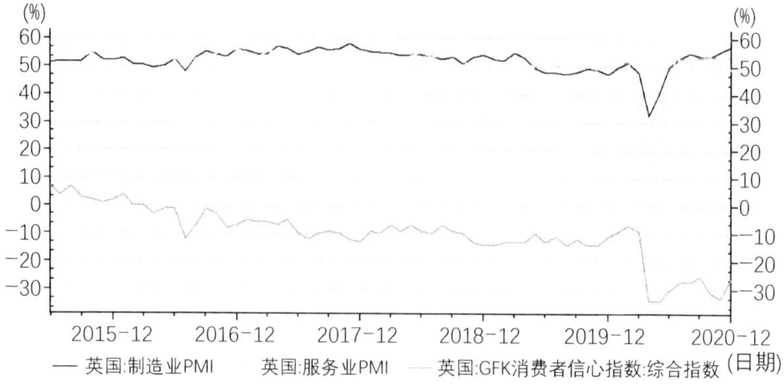

图 2-7　制造业 PMI、服务业 PMI、消费者信心指数

资料来源：Wind 数据库。

英国 GFK 消费者信心指数在 5 月触底反弹，逐渐回升，10 月又重新下挫，11 月数值为-33，前值-31。10 月零售销售指数同比增长 5.8%，前值 4.6%。就业数据上看，10 月 ILO 失业率为 4.8%，自 2020 年以来持续升高，处于历史高位。英国出口总额在 4 月触底反弹，仍处于历史低位。第二季度商品出口同比下降 9.75%，前值-8.58%，服务出口同比下降 20.36%，前值-3.18%（见图 2-8）。英国 CPI 在 8 月达到历史低位后回升，10 月同比增长 0.7%，前值 0.5%，通货膨胀仍较为疲软。

随着企业复工复产，英国经济表现虽较疫情高峰期有所恢复，但恢复较为缓慢且失业率高企，其中服务业因为再次封锁的缘故受到的打击尤为明显。叠加目前英国与欧盟的贸易谈判并不顺利的影响，英国的整体经济复苏进程显得相当脆弱。

图 2-8　商品、服务出口反弹疲弱

资料来源：Wind 数据库。

（二）德国工业部门稳健复苏，但对外出口仍然承压

如图 2-9 所示，2020 年二季度德国 GDP 同比下降 11.3%，前值为-1.8%。从影响因素上看，个人消费对 GDP 同比拖累 5.4 个百分点，出口对 GDP 同比拖累 2.8 个百分点。三季度 GDP 触底反弹，呈复苏趋势，达到-4.3%。从数据上看，出口额 9 月同比下降-3.8%，前值-10.2%，触底反弹，复苏情况较好。零售销售额 9 月同比增长 7.7%，前值 4.4%。

如图 2-10 所示，2020 年 11 月制造业 PMI 为 57.8%，前值 58.2%，德国制造业的活动自 4 月触底后展现了较强的反弹力度。11 月服务业 PMI 为 46.0%，前值 49.5%，在 7 月冲高回到疫情前水平后呈逐步回落。德国 10 月 PPI 同比下降 0.7%，前值-1.0%。10 月德国工业信心指数-6.4，前值-10.1。10 月 IFO 商业景气指数

图 2－9　出口、消费、资本形成对 GDP 的环比拉动

资料来源：Wind 数据库。

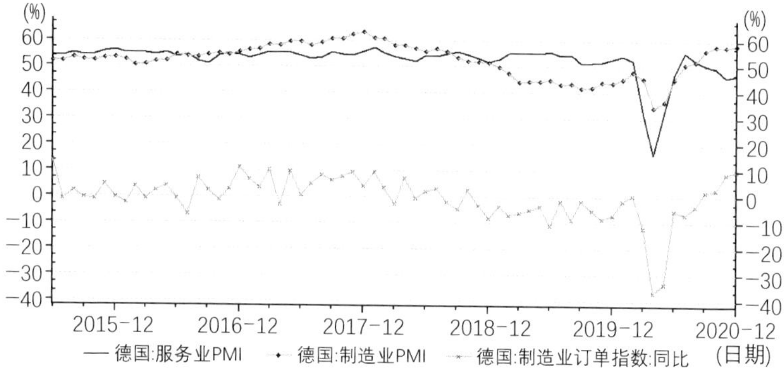

图 2－10　制造业 PMI、服务业 PMI、制造业订单同比

资料来源：Wind 数据库。

92.7，前值 93.2。9 月工业生产指数同比下降 8.7%，前值-10.4%。德国工业从低位反弹迅速，但复苏力度呈边际放缓趋势，与疫情前水平仍有较大差距。

如图 2－11 所示，德国 2020 年 11 月 CPI 同比下降 0.3%，前值 -0.2%，自 7 月起通胀持续疲软，CPI 同比增速目前处于 2015 年以来最低值。二季度德国劳动力成本指数 113.8，前值 111.6，持续上升，工资和收入指数 103，前值 112.7，持续下跌。德国调和失业率 7 月达到 4.5%，达到历史高位，9 月后失业率呈现拐点。

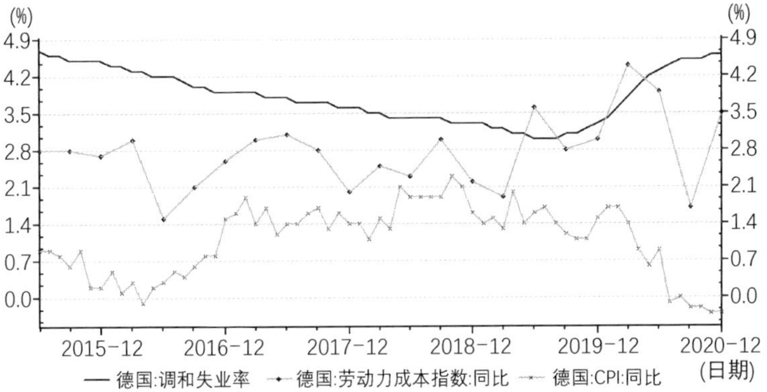

图 2－11 失业率、劳动力成本指数同比、CPI 同比

资料来源：Wind 数据库。

整体来看，德国经济二季度大幅萎缩，三季度触底反弹后经济复苏较为稳健，主要得益于工业企业的产能恢复以及出口的小幅回升。但三季度全球爆发第二波新冠肺炎疫情，抑制生产活动，进一步打击德国出口，居民收入滞涨压抑消费预期，德国经济年内复苏的速度放缓。德国经济后续复苏的力度和持续力关键在于外部需求能否有效修复。目前，德国出口贸易的反弹不及预期，居民收入的滞涨将压抑消费预期，预计德国经济在 2021 年难以恢复至疫情前的水平。

第三节　重要大宗商品走势

一、原油价格处于震荡修复状态

受疫情以及主要产油国的减产博弈影响，2020 年以来原油期价呈现剧烈的深“V”波动，北京时间 2020 年 4 月 21 日凌晨，即将到期的美国原油期货 5 月合约出现暴跌，该合约盘中一度触及-40 美元/桶，结算价报每桶-37.63 美元，下跌幅度高达 305%。这是历史上美国原油期货第一次收于负值，受此影响当日，布伦特原油期货也下跌接近 7%，收报 26 美元/桶。随着 OPEC+减产的执行、美国页岩油产能的退出，以及全球主要经济体复工复产的影响，美国原油主力期货价格重新回到了 46 美元/桶，布伦特原油回到了 48 美元/桶。

目前，国际原油价格正处于一种震荡修复状态。从需求端看，虽然疫情对全球经济的冲击持续压抑着油价的修复空间以及速度，但基于疫苗的快速推进，市场普遍对 2021 年经济的修复持乐观状态。同时，供应端方面 OPEC 及其盟友的联合减产，以及美国页岩油企业活动的低迷支撑了油价的下限。OPEC+在 12 月 3 日达成了一项妥协，即从 2021 年 1 月起小幅增产，仍将继续实施大部分现有的供应限制措施，表达了各主要产油国维护油价的意愿。短期来看，由于遭遇新一波疫情高峰，美国汽油消费反弹力度较弱。虽然 OPEC+希望尽快降低过剩原油库存以推高油价，但炼油商认为汽油和柴油需求仍然低迷，炼油厂积极性较低（见图2－12、图2－13）。

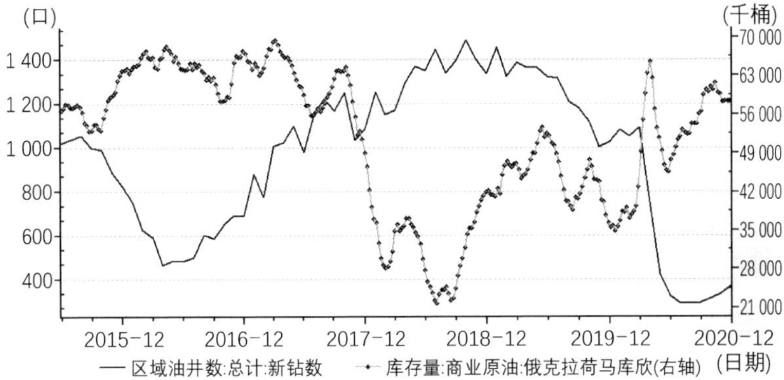

图2－12　美国新钻数、库欣原油库存

资料来源：Wind数据库。

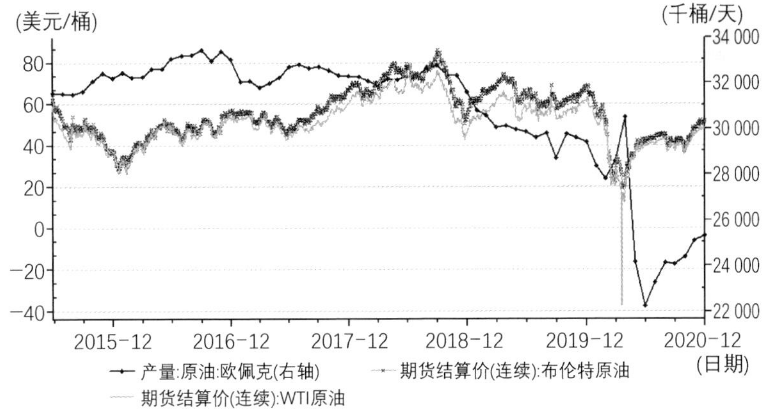

图2－13　欧佩克产量、原油期货价格

资料来源：Wind数据库。

二、黄金价格短期将处于震荡态势，中长期关注通胀中枢

在政治或经济不稳定时期，黄金被认为是一种有吸引力的避险资产。同时，金市对利率高度敏感，因为较低的利率降低了持有无收益黄金的机会成本。2020 年以来，随着各国央行大放水以及对经济前景的悲观，COMEX 黄金价格一度攀升至每盎司 2 000 美元，但近期价格已经回调至每盎司 1 840 美元附近（见图 2－14）。

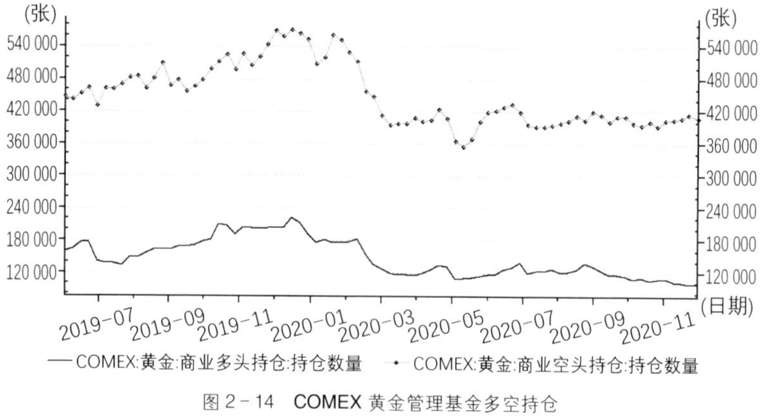

图 2－14　COMEX 黄金管理基金多空持仓

资料来源：Wind 数据库。

从短期来看，2021 年全球经济复苏是主旋律，虽然局部经济数据可能会不及预期，但黄金价格短期不具备充足的上升动能。从中长期来看，全球经济复苏路径仍存在一定的不确定性，全球主要央行在未来中长期内仍处于实际的低利率状态。因此，随着通胀中枢

的反弹以及美元的持续走弱，亚洲对实体黄金消费的逐步复苏，黄金价格仍有进一步突破的空间（见图2-15）。

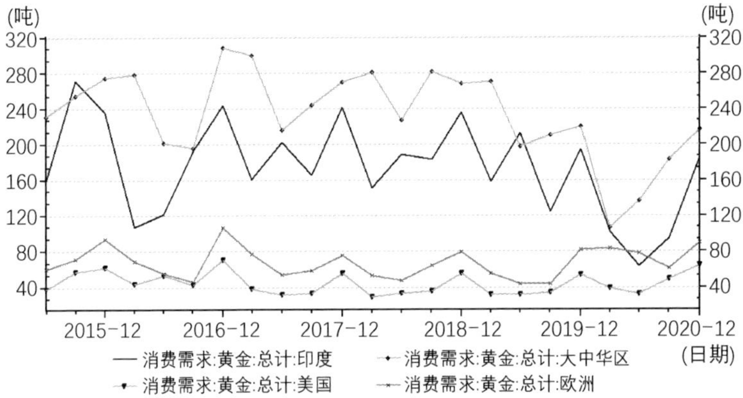

图2-15 亚洲黄金消费需求正在修复

资料来源：Wind数据库。

第三章　英国脱欧的影响分析[①]

第一节　英国新政治生态将在过渡期内接受考验

英国脱欧过程可谓是一波三折。2016 年 6 月 23 日，英国全民公投决定脱欧以来，在短短三年多的时间里充斥着各式各样的不确定性。最终于 2020 年 1 月 31 日晚，英国终于正式离开欧盟，随后进入脱欧过渡期（至 2020 年 12 月 31 日结束）。在过渡期内英国仍受欧盟规章制度约束，双方贸易关系维持现状。但这些并不代表“脱欧”的影响已经结束，而恰恰意味着更多未知性的开启。从沿

① 该部分内容来源于李湛、梁伦博：《英国进入后脱欧时代，经济复苏前景仍不明朗》，2020 年 2 月 7 日首发于“财经”。文中部分文字有修改。

用四十多年的体制中脱离是一项宏大的工程，特别是在政治以及法律上。英国与其重要的贸易伙伴新阶段的谈判才拉开序幕，英国脱欧大戏远未到结束的时候。

根据现有的脱欧协议，2021 年 1 月 1 日才是英国真正摆脱欧洲并从此迈向自己前行道路的开始。与此前脱欧日期一拖再拖相似，过渡期的结束时间可能会比想象中更为遥远，虽然英国首相约翰逊坚持表示过渡期绝对不会延长，同时欧洲理事会也再次警告称，目前的时间表要达成共识“难度非常大”。具体而言，英国在过渡期内将面临以下的难点：

首先是与欧盟新的贸易协定，过渡期结束后，英国将离开单一市场和关税联盟。必须要签订新的自由贸易协定，才能确保商品在欧盟内自由流动、不赋关税等附加成本。如果双方届时还未谈妥，那么摆在英国面前的仍然是：无贸易协议“断崖”式脱欧。此后，英国出口欧盟的产品将面临关税以及其他壁垒。至少短期内如此，英吉利海峡两岸的企业都将受到伤害。英国出口商将面临平均为5%的欧盟进口关税，英国主要出口商品则面临更高的关税，譬如汽车的关税将高达 10%。同时港口以及海关方面，因为即将停用已使用了 45 年的规则，而新的贸易协议还未达成，港口和海关很可能出现运作效率大幅度下滑甚至停滞的情况。此前很多英国制造商都在囤积零部件，以备发生边境延误的情况下保持生产线运转。欧盟已经公开警告称，如果英国首相约翰逊想要一个完整的无关税、无配额的贸易协议，就必须签署确保公平竞争的规定。但约翰逊显然并不是为了遵守欧盟规则而推动脱欧的，他表示将捍卫英国重新寻回的“主权”，自由贸易协议没有必要与接受欧盟竞争政策、补贴、社会保护、环保等规定扯上关系。目前市场较为担心的问题是双方无法在过渡期内达成贸易协定，这与无协议脱欧相比实际上并没有好多少。

其次，英国还需要与欧盟解决几大问题，例如执法、数据共享、安全、渔业、电力、天然气供应以及药品监管。其中渔业是未来最为棘手的问题之一，欧盟负责英国脱欧事务谈判的首席代表米歇尔·巴尼耶（Michel Barnier）表示，双方在贸易协定之外必须包含一个给予互惠准入彼此水域的渔业协议，相关条件需要在 2020 年 7 月 1 日前完备。

此外，除了与欧盟之间的协商之外，约翰逊带领的保守党政府还需要与美国、中国、日本等经济体进行自贸协定谈判。英国欲真正脱欧还任重道远。

第二节　尽快摆脱政治不确定性是经济复苏的前提条件

英国 2019 年经济增速严重下滑，一季度至三季度 GDP 同比分别增长 2.07%、1.31%、0.97%（见图 3-1）。制造业 PMI 自 2020

年5月以来已经跌入枯荣线下方，12月制造业PMI为47.5%。同时服务业PMI也相对较为低迷，全年服务业PMI都处于紧邻枯荣线的状态。GFK消费者信心指数也非常疲弱，2019年全年都位于-10至-14的区域，消费者信用净值从1b下降至0.8b，消费预期一直较为疲软（见图3-2）。商品出口以及服务出口自2017年以来下滑较为明显，2019年三季度商品出口同比增长2.18%，服务出口同比增长1.98%（见图3-3）。英国经济整体受到政治不明朗预期的影响已经不断显现，在选择出政策方向之前经济将持续承压。从就业数据上看，受益于脱欧影响，英国在欧劳动力开始回流并带动本土就业，且由于政府支持商业的各项政策、私营部门增加招聘，失业率正处于历史低位，薪酬增幅同比较为稳定。但工资的增长预计对CPI影响较为有限，未来较难推动CPI出现超预期上扬。

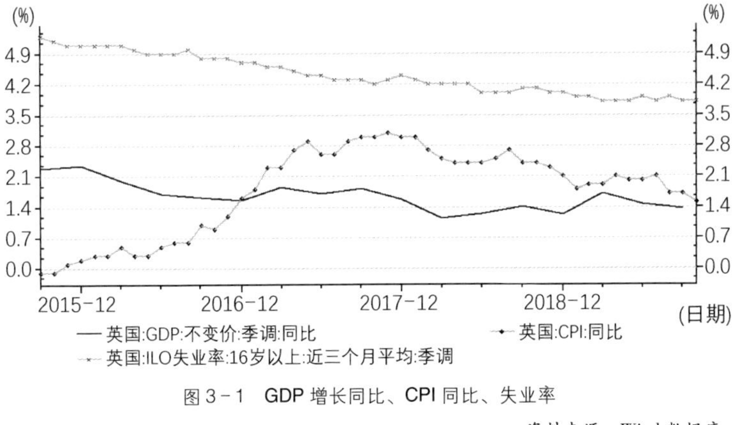

图3-1 GDP增长同比、CPI同比、失业率

资料来源：Wind数据库。

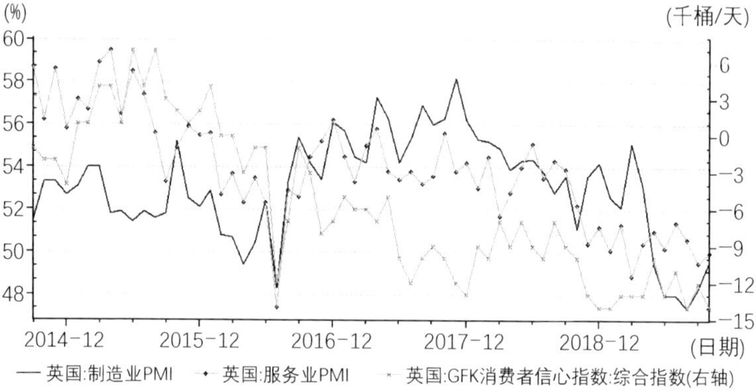

图 3-2 制造业 PMI、服务业 PMI、消费者信心指数

资料来源：Wind 数据库。

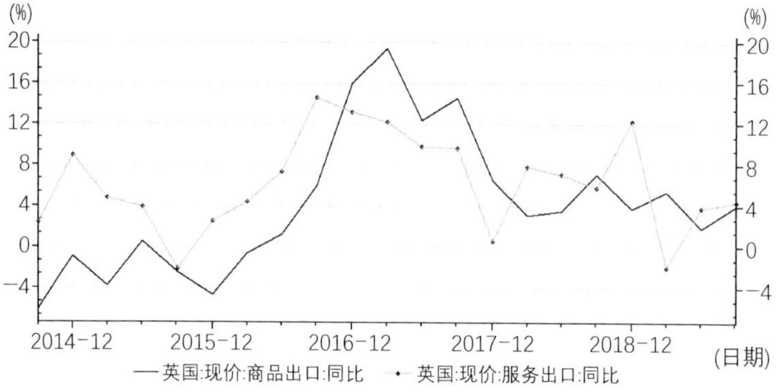

图 3-3 商品、服务出口增长疲弱

资料来源：Wind 数据库。

如何摆脱政治的不确定性已经成为英国经济复苏的关键第一步，伴随着约翰逊带领保守党获得压倒性胜利并真正落实脱欧步伐之后，英国经济局部出现了良好的迹象。从英国工业联盟最新数据来看，2020 年 1 月月度产出预期指标——基于对制造商、零售商和

服务业的调查回应——从2019年12月的正1升至正12，为2018年9月以来最高。同时，1月制造业PMI重回50%枯荣线，服务业PMI也上升至52.9%。虽然最新数据显示了英国企业经营信心增强，但这种影响能否持续渗透进英国整体经济活动中仍需要进一步观察。

第三节 英央行短期按兵不动

2020年1月30日英国央行总裁卡尼在他的最后一次政策会议上宣布维持利率不变，货币政策委员会以七票赞成、二票反对的投票结果支持将基准利率维持在0.75%。各项数据都显示，在2019年12月12日约翰逊出人意料地在大选中大获全胜后，企业信心得到提振，尤其是英国脱欧而削减英国本地投资的企业。而这种英国大选后的经济增长复苏的迹象显而易见地削弱了英央行立即采取行动帮助低迷经济的意愿。

但这并不代表央行对于英国经济的前景重新恢复了足够的信心，目前的最新数据也许只能表明英国经济避免了“无协议脱欧”这一硬着陆的最差情景。实际上利率期货的数据表明，市场对于此次货币政策降息的预期概率仍然高达50%。虽然此次央行保持利率按兵不动，但其仍然下调了较长期的经济展望，称从2021年开始的边界检查将持续拖累经济增长，并表示如果经济好转的迹象被证明是错觉，它将继续向降息敞开大门。英国央行在其季度货币政策报告中表示：“如果近期全球和国内经济活动指标发出的更为积极的信号不能持续，或者国内物价指标仍相对疲弱，政策可能需要巩固英国 GDP 增长的预期复苏。”如果经济增长确实加快了步伐，未来可能需要“一些适度收紧”政策。

目前而言，英国央行对于经济前景保持了高度谨慎的态度，其预期英国经济在 2019 年底可能根本没有增长，当时议会正在迫使英国推迟脱欧和提前大选。同时其对于 2020 年的增长预期仅为 0.8%，为金融危机以来的最低水平。央行的态度表明了其可能预期 2020 年底至 2021 年初之间将出现贸易摩擦，彼时移民的减少和企业投资减弱会重新给经济带来压力。

第四节　英镑短期小幅震荡企稳，中长期仍有贬值压力

2016 年以来在脱欧疑云的笼罩下，英镑表现较为疲弱。近期受脱欧进展以及英央行保持利率不变的影响，英镑短期出现了反弹，在 2020 年 1 月 31 日，英镑兑美元达到了 1.32 的阶段性高位，与 2019 年 8 月 9 日的 1.20 相比，升值幅度将近 10%（见图 3 - 4）。在 2020 年 2 月 3 日欧盟和英国就英国脱欧后的贸易协议发生冲突后，

英镑兑美元汇率再次跳水至 1.29，双方对未来关系的设想可以说是大相径庭。英国首相约翰逊在当天表示，英国不会遵守欧盟的规定，如果欧盟不愿提供加拿大式的贸易协议，英国将转而寻求更松散的贸易安排，类似欧盟与澳洲间的关系。而欧盟则警告称，英国能否进入单一市场，将取决于该国能否遵守其在环境和劳动力方面的规定。

图 3-4　英镑兑美元

资料来源：Wind 数据库。

展望未来，英国在后脱欧时代仍然面临较多的不确定性，若经济持续承压，英央行可能会选择在 2020 年下旬进行降息。短期内随着英国经济出现复苏迹象，英镑兑美元围绕在 1.28 上下小幅震荡企稳的概率较大，但从中长期来看，英镑可能会重新进入跌势。后续关键变量将是英国与欧盟之间围绕各种议题能否达成某种适中的妥协方案，英美、英中等的贸易谈判进程是否会出现新的“黑天鹅”事件以及英国经济增长是否会持续低迷。

第四章　对国际热点事件的评论

本章选取了1.9万亿美元刺激计划、中欧投资协定签署、区域全面经济伙伴关系协定（RCEP）签署、原油市场动荡、美联储无限量QE、美股熔断以及欧央行重启QE并降息等7个国际热点事件进行评论、分析。

第一节　1.9万亿美元刺激计划通过的影响分析[①]

美国时间2021年3月11日，拜登签署1.9万亿美元的经济救

① 该部分内容来源于李湛、邹欣：《1.9万亿美元刺激计划通过的影响分析》，初稿完成于2021年3月12日。文中部分文字有修改。

助计划。当天美国三大股指普涨，道琼斯工业指数上涨 0.58%，纳斯达克指数上涨 2.52%，标普 500 指数上涨 1.04%，道琼斯工业指数和标普 500 指数均创历史新高；美元指数小幅下降 0.4% 至 91.417 2；比特数字上涨 3.8%。1.9 万亿美元的经济救助计划中，4 000 亿美元用于抗击疫情，1 万亿美元用于美国居民，4 400 亿美元用于企业和政府。白宫的消息称，给个人的 1 400 美元支票最快这周末到账。我们认为，1.9 万亿美元的救助计划主要有以下影响：

一是推高通胀率。新一轮的财政刺激将进一步增加美元流动性的泛滥。美联储主席鲍威尔公开发言指出，美联储货币政策的目标将调整为实现最大就业以及容忍平均通胀率在较长一段时间保持在 2%左右。2021 年 2 月美国的 CPI 已经上涨至 1.7%，但核心 CPI 小幅回落至 1.3%，这轮美国通胀的上涨是从非核心物价的上涨开始，但考虑到 1 400 美元的支票基本上覆盖了绝大多数低收入家庭，预计核心物价的上涨只是时间问题。考虑到美元国际货币的属性，美元流动性泛滥，预计会导致美国向全球其他国家输出通胀，平摊物价上涨成本。

二是推高无风险利率水平。1.9 万亿美元救助计划的通过意味着美国国债的发行规模将大幅增加。但 2020 年外国投资者并没有明显增持美国国债，预计今年也不会有太多改变。预计 10 年期美债收益率将呈现上涨趋势，下半年可能会突破 2%。

三是美国的资产价格走势可能会出现明显的波动特征。在 1.9 万亿美元刺激计划推出早期，预计美国的资产价格将有明显的上涨，甚至接连创新高。但在无风险利率突破关键水平（比如 10 年期美债收益率突破2%）时，市场可能会面临剧烈的估值调整。这会加剧今年全球资产价格的波动性。

四是美元信用可能进一步受损。考虑到美国正处于经济复苏的初期，货币政策在今年不太可能提前收紧，如果无风险利率水平突破2%，美联储可能会采取控制国债收益率曲线的措施，这对美元信用有较大的损伤。虽然美国国内新冠肺炎的新增确诊病例下降，但美国的防疫主要依赖于疫苗的大量接种去实现群体免疫。考虑到美国政府的接种效率以及美国民众的接种意愿，在新冠病毒变异对疫苗接种效果没有明显冲击的前提下，美国国内要实现群体免疫至少要等到2021年三季度。由于美国经济复苏的基础并不扎实，美联储在本年度不太可能提前收紧流动性，大概率会容忍通胀率的上升。但无风险利率的上涨会增加美国社会的融资成本，美联储很有可能会采取措施控制国债收益率曲线或者扭曲操作平滑收益率曲线，但这样会导致美元信用受损。

第二节　中欧投资协定谈判成功的影响分析[①]

2020年12月30日晚，历时7年、共经历了35轮谈判的中欧

① 该部分内容来源于李湛、邹欣：《中欧投资协定谈判成功的影响分析》，初稿完成于2021年1月4日。文中部分文字有修改。

投资协定谈判完成，协定的内容涵盖市场准入、公平竞争、可持续发展和争端解决四个方面。下一步中欧将尽快开展最终文本的确定、法律审查和翻译，推动协定的早日签署，并在双方内部批准后生效。我们对中欧投资协定谈判完成的点评如下：

第一，中欧投资协定谈判完成对于中国进一步推动高水平投资开放具有里程碑的意义，将倒逼中国的体制改革，以更好地与国际接轨。中国加入 WTO 在中国贸易开放过程中是具有里程碑性质的事件，促进了中国经济的快速崛起。相对地，中欧投资协定的完成也标志着中国投资开放的更进一步，将有力地促进国有企业改革和公平竞争，在标准制定、金融监管、劳工环境等方面与国际接轨，有利于未来与更多国家达成投资开放协议，并有望影响未来的国际政经格局走向。事实上，美国2018年对中国发起的中美贸易摩擦，其目的之一就是希望中国开放更多的国内市场并规范对国企的补贴。中欧投资协定的达成，可以看出，中国在一定程度上对国内的结构性改革做出了让步，有利于倒逼中国的体制改革。

第二，中欧投资协定的达成是互利共赢的。从直接投资的公开数据来看，中国对欧盟的直接投资占中国直接投资的比例和欧盟对中国的直接投资占欧盟直接投资的比例都未超过 6%，协定的完成将直接提升中欧之间的投资往来规模。一方面，中国广阔的市场对欧盟企业具有巨大的吸引力，而且中国稳定的供应链体系、便利的基础设施和高素质的劳动力可以提供充足和高性价比的产能供给；另一方面，中国需要利用欧盟在部分高新技术领域先进的技术和管理经验促进本国产业的转型升级和技术进步。因此，中欧投资协定的达成是互利共赢的。

第三，中欧投资协定的达成展示了中国维护多边主义和自由贸易的坚定立场，有利于中国在中美大国博弈中赢取更多支持力量。美国即将上台的新任总统拜登多次在公开场合表示要与盟友合作，重现美国力量。目前，美国正处于新冠肺炎疫情再次爆发以及新旧政府交接的过渡时期，主要聚焦于内部事务而无暇对外部事务进行干涉；同时，欧盟成员国近期也无换届选举压力，推进中欧投资协定达成恰逢其时。一方面，说明美欧之间虽然是政治同盟，但内部存在分歧，中国在一定程度上是可以争取欧盟的支持的；另一方面，在新冠肺炎疫情导致欧洲经济衰退的背景下，欧洲自身的经济利益考量可能更为重要。另外，近期，被拜登政府提名为国家安全顾问的沙利文撰文："拜登-哈里斯政府将十分欢迎与我们的欧洲盟友进行协商，讨论对中国的共同担忧"。面对美方施加的压力，欧盟依然选择与中国完成中欧投资协定，也说明美欧之间的同盟并非铁板一块。

第三节　区域全面经济伙伴关系协定成功签署的影响分析[①]

2020 年 11 月 15 日，区域全面经济伙伴关系协定（RCEP）正

---

① 该部分内容来源于李湛、邹欣：《RCEP 签署，亚太经济圈迎来新发展机遇》，初稿完成于 2020 年 11 月 16 日。文中部分文字有修改。

式签署。RCEP 由东盟 10 国在 2012 年发起，邀请澳大利亚、中国、印度、日本、韩国和新西兰 6 个国家共同参加，先后经历了 31 轮正式谈判，终于签署，但印度在 2019 年提前退出，不过，RCEP 为印度预留了特别的位置，只要印度愿意，随时可以加入。根据商务部的发言，2019 年 RCEP 的 15 个成员国，总人口达 22.7 亿人，GDP 达 26 万亿美元，出口总额达 5.2 万亿美元，均占全球约 30%，是目前全球体量最大的自贸区。我们的解读如下：

第一，RCEP 可以推动成员国内的"零关税、零补贴和零壁垒"的贸易政策落地，进一步提升东亚制造业的竞争优势。自 20 世纪 80 年代世界贸易开始推行全球化战略以来，全球已经形成了产业链高度分工的工业体系。根据比较优势理论，生产一件商品的零部件可能会同时由非常多的、分布在不同国家的企业承接订单，这些国家往往在人力成本、原材料成本、物流成本、产业链配套设施、税收政策等方面具有比较优势。RCEP 的签署，最终的目标是实现自由贸易区域内的"零关税、零补贴和零壁垒"。而且东亚地区本来就是全球三大核心制造业中心之一，RCEP 的签署有利于推动"三零"政策的落地，降低生产成本和贸易成本，使得在 RCEP 内生产的商品相较于全球其他地区而言更具有竞争优势。

第二，RCEP 可以推动贸易区内形成稳定的产业链和供应链，抵御逆全球化思潮和外部不确定的冲击。自 2018 年美国发起中美贸易摩擦，甚至是全球贸易摩擦以来，原有的全球贸易体系受到了巨大冲击。当然，这也是对中国制造业韧性的一次压力测试。事实证明，全球贸易体系离不开中国，美国对中国发起贸易战是损人不利己的错误战略。但是在修昔底德陷阱的背景下，中美关系已经发生质变，未来即便美国不会选择加税的方式对中国进行战术打压，谁又能保证美国不会逼迫其他国家站队，在关键原材料上面对中国“卡脖子”呢？RCEP的签署，可以推动成员国内形成稳定的产业链和供应链，共同抵御逆全球化思潮和外部不确定性风险。同时，对于中国来说，广结善缘，扩大朋友圈，也有利于在中美博弈中争取更多助力。

第三，RCEP对成员国来说是双赢，亚太经济圈将迎来新的发展机遇。首先，不管有没有RCEP协议，中国与RCEP的成员国之间本来就有着非常密切的经贸往来，RCEP的签署，使得中国与RCEP成员国之间的往来更加密切。其次，中国具有广阔的市场，随着中国经济的不断发展，各成员国可以分享中国经济发展的成果，中国也愿意与其他国家分享经济发展的成果，加强人类命运共同体的建设。再次，随着中国产业的不断转型升级，部分劳动力密集型产业有外迁需求，选择地理位置上较近、贸易环境相对友善、政策较为优惠的国家，有利于中国企业的全球化战略布局。最后，RCEP的签署不仅有利于成员国之间的货物往来，而且会使资金方面的往来更加便利，有望促进人民币国际化的进一步发展。在理想的状态下，RCEP有可能促成东亚版的“欧盟”，也许会发展出类似“欧元”的新货币。总之，RCEP对于成员国来说是互利共赢的，亚太经济圈可能会成为全球经济增长的新火车头。

第四节 联合减产为何难以提振原油价格?[①]

疫情的蔓延对需求端造成了超预期的压力，在未来相当长一段时间内各国都需要习惯与病毒“共存”。而联合减产的力度远远无法覆盖需求下降的压力，再叠加库存上限空间有限，且联合减产协议执行程度仍待观察，原油价格近期内大概率继续呈现低迷。

一、疫情的蔓延对需求端造成超预期的压力

实际上，国际原油价格在2019年早已处于一种弱平衡状态，供应端方面OPEC及其盟友在2019年以来则一直在用联合减产的行为对油价进行支撑。而从需求端看，全球贸易紧张局势带来的经济增长放缓以及原油即将过剩的预期一直压抑着油价的上涨空间。

这种脆弱的平衡局面在近期迅速瓦解，超预期的疫情全球蔓延严重压制了企业对于经济前景的展望。企业正准备应对由病毒疫情引发的经济低迷，其持续时间可能比最初预计的一至两个季度更长，影响程度也可能更大。受疫情影响的地区正经历双重打击。亚洲、欧洲和美国各地的商业活动受到工厂关闭、工人被隔离和零部件短缺的干扰，从而影响了商品和服务的可获得性，这构成供应冲

① 该部分内容来源于李湛、梁伦博:《联合减产为何难以提振原油价格?》，2020年4月22日首发于“财新”专栏。文中部分文字有修改。

击。与此同时，公共活动推迟和恐惧情绪不断加剧正导致消费者和企业的预期趋向悲观。未来相当长一段时间内消费者和企业都需要学会与病毒“共存”，直至疫苗的真正面世。所以，市场对 2020 年全球经济陷入衰退基本上已经达成共识。

以美国为例，联邦政府的反应缓慢，导致社会对于病毒属性的了解和应对措施出现了混乱。同时州与州之间的执行力度差距相当之大，3 月 19 日，美国加州才率先发布居家令，随后全美人口分布较为密集的各州开始逐渐意识到防控措施升级的重要性。因此其仍处于疫情暴发的高峰期，近期每日新增患者都在 3 万左右。

虽然 3 月零售销售已经出现下降，且制造业创下 1946 年以来最大降幅，但目前美国大部分宏观经济指标，如 PMI、消费者信心指数、非农就业等都难以充分反映快速演变的现状。根据近期四周时间内创纪录的 2 200 万美国人申请失业救济，不难判断，美国接下来的失业率将超过 13%。我们从 GDP 生产法角度进行测算，结果显示美国经济增速将在二季度面临大幅度的萎缩，预计第一季度和第二季度美国 GDP 同比增速分别为-3.14%和-25.71%，全年增速为-6.4%。IMF 的最新预测数据较之略微乐观一点，其对美国 2020 年经济增速预期为-5.9%。

但需要强调的是，我们目前的测算结果是相对中性偏乐观的。其同时考虑的假设情景为，欧美各主要经济体充分认识到疫情的严重性以及严格防控措施的重要性，同时保持宽松的货币政策以及运用积极的财政政策对经济、金融进行必要的托底。这些政策对于短期内的经济复苏效果较弱，但至少能在2020年第二季度维持企业、个人消费者的基本生存问题，保持经济金融系统正常运转。在这些前提下，根据各国的疫情情况设定一段经济活动因为防控疫情的需求受到严重抑制的时间，并对各行业实际的影响程度进行估算最终得到测算结果。

因此，若必要的前提条件不成立，即全球主要经济体无法在2020年第二季度有效控制疫情蔓延，那么长期经济活动的停滞以及医疗体系的崩溃将会给全球经济带来超预期的压力，最终可能会陷入更长时间且幅度更深的经济萧条。

二、姗姗来迟的联合减产力度与可行性都遭市场怀疑

供应端方面，近期原油减产协议谈判比之前更为艰难，沙特希望向俄罗斯等主要产油国传达这样的讯息，即延长和加强减产是最优选项且是唯一选项，而俄罗斯更为看重自身占据的市场份额。此次价格战沙特和俄罗斯双方都有一个潜在的共同目的，即再次试图打压美国页岩油生产商，希望疲软的油价让美国石油生产商亏损并关停油井。需求的下降已成事实，再叠加在3月突如其来的沙特和俄罗斯挑起的原油价格战，美国页岩油生产商苦不堪言。目前低于25美元每桶的原油价格使得页岩油生产商面临着严酷的现实，即绝大部分美国页岩油钻探都已无利可图。

面对这种已经不是正常市场行为可以跨越的困境，为了挽救数十万的能源就业岗位以及该行业的债券市场，特朗普不惜用关税威胁沙特以及俄罗斯，并首次承诺将加入原油的联合减产行动，最终

一份联合减产协议姗姗来迟。石油输出国组织（OPEC）、俄罗斯以及美国等主要产油国，即 OPEC+同意减产 970 万桶/日，其中沙特与俄罗斯承担 500 万桶/日，其他 OPEC+国家（包括美国）共同承担剩下的份额。

但这一项历史上最为全面的产油国组成的联合减产行动力度仍无法让市场满意。协议自 2020 年 5 月 1 日起进行为期两个月的首轮减产，减产额度为 970 万桶/日。自 2020 年 7 月起减产 770 万桶/日至年底，2021 年 1 月至 2022 年 4 月减产 580 万桶/日。而根据国际能源署（IEA）4 月 16 日的最新预测，4 月石油需求量同比减少将达到 2 900 万桶/日，降至 25 年来的最低水平，这也意味着 5 月才实施的单单 970 万桶/日的减产幅度远远无法覆盖需求端沉重的压力。

其次，这种减产力度能否真正实现还有待观察，就 OPEC 与非 OPEC 产油国的实际履约情况、如何进行监督与协调将是一个最大的难题。此前 OPEC 的减产协议能够执行很大程度上是沙特充当了主要责任者，在 OPEC 成员国执行减产低于计划水平时，沙特大多会承担超额减产以弥补缺口。

三、库存上限告急，原油期货合约交割流动性问题凸显

由于需求贫乏叠加减产力度不足，过剩生产的原油只能安置在存储设施。根据美国能源信息署的数据，截止至 4 月 10 日当周，美国商业原油库存已经取得连续 12 周净增长。无论是美国原油存储设施抑或库欣交割中心的储油设施，它们的库存容量已经使用了

70%以上，美原油交易商认为按现在的速度几周内就有达到库存上限的可能。

根据原油期货交易的规则，在原油期货到期时，合约持有者需要持有每份合约对应的1 000桶原油，并将其发往库欣进行实货交割。因此，若库欣库存达到上限，那么意味着原油交易商将失去在交割中心进行合约交割的能力，到时为了处理过剩的原油，交易商将不得不付出更多的成本。

这种恐慌情绪迅速蔓延，反映到期货市场上则是表现为几乎不存在买方，4月20日即将到期的美国原油期货5月合约出现暴跌，该合约盘中一度触及负40美元/桶，结算价报每桶负37.63美元，下跌幅度高达305%。但现时美原油6月合约价格仍处于20美元/桶的上方，5月与6月原油期货合约的价格差已经达到了历史最大。特朗普在暴跌的当日公开表示美国将增加7 500万桶战略石油储备，这也是6月合约暂时企稳的重要原因。

此外，沙特能源部长此前表示，未来数月各国将购买2亿桶原油充实战略储备。同时OPEC+的官员正在暗示国际能源署可能要求其30个成员国持有相当于至少90天净进口量的战略石油储备，其中包括原油和油品。

官员们对扩充原油战略储备的看法一定程度上支撑了原油期货主力合约。但实际上包括IEA在内，历史上从未进行过此类的协同安排，其也不具备这一权力，且现时各国高企的原油库存是否还存在扩充区间仍需要进一步观察。若未来疫情长期无法控制导致需求进一步放缓，叠加减产力度不足以及库存上限可能难以提高，这种负值情况可能再次出现。

第五节 美联储无底线放水真的有用吗？[①]

美国东部时间2020年3月23日，美联储宣布采取大量新措施支持经济，包括不设上限的QE和扩大QE购买范围（增加商业MBS），增设3个新的流动性支持工具——一级市场信贷安排（PMCCF）、二级市场信贷安排（SMCCF）和定期资产支持证券贷款工具（TALF），以及一个为中小企业提供贷款的项目。自此，美联储不仅开启了无限量QE，而且可以同时开放式购买国债、抵押支持债券（MBS）、公司债、公司债交易型开放式指数基金（ETF），并直接向投资公司、AAA级资产证券等支持（ABS）发行商、中小企业提供贷款。这是美联储历史上首次开启无底线放水模式，这对全球经济金融格局或许会产生深远影响。我们对美联储此次操作的点评如下：

第一，短期来看，美联储全方位宽松政策可以在一定程度上缓解前期市场流动性紧张的局面，多数资产的价格可能会出现阶段性

① 该部分内容来源于李湛、邹欣：《美联储无底线放水真的有用吗？》，2020年3月24日首发于“财新”专栏。文中部分文字有修改。

的企稳反弹。自新冠肺炎疫情在海外蔓延以来，美国股市暴跌，道指抹平了特朗普上任以来的所有涨幅，近期更是出现了几乎所有资产价格同时下跌的局面。虽然美联储3月以来将所有降息空间用尽，又通过加大QE、逆回购、增设商业票据融资便利（CPFF）、扩大美元互换额度、取消商业银行存款准备金等方式向市场投放大量流动性，但是美元升值的趋势并没有得到明显改善。这次美联储采用全方位宽松的政策基本上将所有底牌亮出，而且美联储即便在美国历史上经历过多次危机也从未采用过如此极端的政策。从当天资本市场的表现来看，非美元货币多数出现升值、美元指数下降，国际金价反弹超过3%，原油、铜、铝等大宗商品价格反弹，美股较盘中最大跌幅明显收窄，10年期美债收益率下行，次日亚太多数国家主要股指高开反弹。短期来看，美联储无底线放水有利于全球资产价格的阶段性企稳反弹。

第二，美联储无限量宽松是为了缓解新冠肺炎疫情对美国经济金融系统的冲击，但这只是治标不治本的措施，无异于饮鸩止渴。截至2020年3月24日16时，海外新冠肺炎病毒确诊人数累计达到29.89万人，累计死亡超过1.3万人。其中，美国累计确诊超过4.6万人，较前一日新增1万余人，累计死亡552人。虽然特朗普在3月13日宣布美国进入国家紧急状态，但美国联邦政府截至2020年3月依然拒绝调度全国医疗资源，各州各自为政，并没有实行严格的隔离措施，美国年轻人普遍缺乏防疫意识，美国民众出门也很少佩戴口罩，美国的疫情防控有失控风险。截至当地时间3月22

日，美国已经有 8 个州宣布居家隔离令，要求非必要岗位的人员一律居家隔离，预计将影响美国一亿人口，占美国总人口的 1/3。美联储在此时推出无限量的宽松政策也是为了应对美国经济金融体系可能出现的重大危机。但由疫情引发的危机若没有从根本上入手控制住疫情，宏观政策的效果只是治标不治本。而且大量印钞票会带来很多的副作用，2008 年以来采用量化宽松政策的主要发达经济体都有一定的结构性问题，比如贫富两极分化、社会矛盾突出、政府债务高企、居民储蓄率低、人口老龄化严重等，这使得主要发达经济体在面对未来可能出现的危机时增加脆弱性。因此，依靠放水续命无异于饮鸩止渴。

第三，目前美国主要经济数据还没出现明显恶化迹象，美联储已经将底牌亮出，当疫情对经济的影响逐渐显现时，美联储在价、量空间已经用尽的基础上，只能通过扩大资产购买范围（比如股票、股票 ETF、垃圾债等）加码货币宽松，长期来看，美国经济有滞涨风险，而且有可能会动摇美元信用体系的根基。在不使用负利率的前提下，美联储目前基本上已经将价格和数量工具的政策空间用尽。当新冠肺炎疫情在美国境内彻底爆发、美国全国采取更为严格的限制行动的隔离措施时，现阶段美联储向市场投放的流动性相较于美国全社会阶段性停摆引致的连锁反应而言，可能只是杯水车薪。届时美联储如果还要进一步加码宽松，可能不得不扩大资产的购买范围，比如股票、股票 ETF、垃圾债等，这可能会导致非常严重的后果。一是金融机构可能会有道德风险，因为不同资产的风险定价已经不再反映借款者的违约风险了，金融机构的风险偏好会大幅提升、投机活动会更为活跃，这会引发更为严重的金融风险。二是美元超发可能会引发恶性通胀，加上疫情有可能会导致美国经济陷入衰退，最终导致美国经济出现滞涨。三是美联储将会成为绝大部分资产的最后购买人，这意味美联储类似承担着相当的刚兑责任。美联储如果无底线的滥发货币，最终为其买单的不外乎三种方式：美国民众财富稀释、非美国家财富稀释以及美国主权信用破产。考虑到美国贫富差距已经非常严重、非美国家自身也面临一系列问题自顾不暇，未来美元信用体系非常有可能面临解体风险。美元信用体系如果动摇，这就是另一个非常复杂的问题了，这里不做展开。

此外，美联储史无前例的疯狂操作，背后可能更多的是迫于特朗普的压力，而特朗普为了连任选择如此短视又激进的政策刺激方式，这会增强未来全球政治、经济格局走向的不确定性。

第六节　美股熔断，全球金融市场波动加剧[①]

2020 年 3 月 9 日，全球金融市场遭遇“黑色星期一”。美国股

① 该部分内容来源于李湛、梁伦博、邹欣：《美股熔断，全球金融市场波动加剧》，2020 年 3 月 10 日首发于“腾讯证券研究院”。文中部分文字有修改。

市出现历史上最大单日点数跌幅。三大股指期货盘前下跌近5%，开盘5分钟内触发熔断机制，这是自1988年推出熔断机制后第二次触发熔断机制。道琼斯工业指数暴跌7.74%，标普500指数重挫7.59%，纳斯达克指数下跌幅度达7.29%。其中标普500指数中的能源板块跌幅高达20%，金融股板块下跌11%，工业板块下挫9.2%，恐慌指数期货短期合约当天拉升幅度达到了23.94%。

同时，欧洲股市跌幅也与美股相近，英国富时100当日下跌幅度为7.69%，德国DAX30指数跌幅为7.94%，法国CAC40下挫8.39%，富时意大利MIB指数重挫11.17%。

从原因上看，原油价格的超预期崩盘以及全球疫情进一步的蔓延是直接原因，2008年以来全球经济结构的不平衡是深层次原因。

OPEC与俄罗斯之间一项为期三年的减产协议在2020年3月8日以磋商破裂告终，此前莫斯科拒绝支持进一步减产以应对全球疫情蔓延对工业体系原油需求的影响，作为回应，OPEC决定取消对其自身产量的所有限制。沙特于2020年3月9日发起原油价格战：当天布伦特原油期货暴跌10.91美元，跌幅达到24.1%，收报每桶34.36美元；美国原油期货价格下跌10.15美元，跌幅24.6%，收报每桶31.13美元；国际原油价格下降至2016年2月12日以来的最低水平。

原油价格暴跌，反映了国际投资者对全球工业需求萎缩的悲观预期以及沙特放弃盈利抢占市场份额的意图，原油价格战短期内可能不会结束。2月下旬以来，随着新冠肺炎疫情在全球蔓延，国际投资者预期工业需求由于疫情影响将会收缩，原油价格显著回落。在此背景下，OPEC 成员国协商原油减产协议以维持国际油价稳定。但是，从博弈论的角度来看，只要其中有一个国家没有执行减产协议，执行减产协议的国家就会蒙受经济损失，此时就会出现囚徒困境，即参与者落入非合作的纳什均衡点，所有参与者的福利均会承受损失。

对于沙特而言，有消息称，其原油的边际开采成本基本为零，是全球原油开采成本最低的国家。但其要实现财政预算平衡的油价为 83 美元/桶，要实现经常账户平衡的油价为 54 美元/桶，沙特发起价格战是以牺牲盈利的代价抢占市场份额。原油价格战持续时间越长，对于原油供应国而言，承受的经济损失越大。所以，原油价格战持续时间的长短取决于沙特和俄罗斯谁先妥协。3 月 9 日，俄罗斯称其能承受 6—10 年 25—30 美元/桶的油价。目前来看，沙特和俄罗斯并没有妥协意图，原油价格战可能还要持续一段时间。从对经济的影响来看，原油价格持续走低虽然可以降低工业品的价格，但这会打击企业的投资积极性，全球需求可能会进一步萎缩，加剧经济陷入衰退的可能性。

全球疫情持续发酵，美国消极应对疫情的态度，也是加剧国际投资者恐慌情绪的重要原因之一。截至 2020 年 3 月 10 日，全球超过 100 个国家均有新冠肺炎病毒确诊病例。意大利新冠肺炎病毒确诊人数破万，超过韩国跃升为境外确诊病例最多的国家。欧盟所有 27 个成员国均有确诊病例，新冠肺炎疫情在欧盟内部扩散。全球疫情呈现越演越烈之势。

与此同时，美国应对疫情的态度却较为消极。目前美国试剂检测费用高昂、单日检测数量严重不足、医疗防护物资匮乏，但官方却试图极力淡化疫情的影响，居民生活、工作、出行基本照旧。特朗普在2020年3月9日发推文称，“去年有3.7万人死于普通流感。大约是每年2.7万人至7万人死亡人数的均值。没有商店关门，生活和经济照常运行。目前只有546人确诊感染新冠肺炎病毒，22人死亡，想想这些。”官方应对疫情的消极态度也加剧了国际投资者面对疫情冲击不确定性时的恐慌情绪。

从更深层次的原因进一步剖析，2008年以来全球经济发展不平衡才是导致经济脆弱性加剧的根本原因。在新一轮科技革命还未发生的背景之下，主要发达国家通过不断采用宽松的货币政策刺激需求导致财富分化严重、中产阶级在过去的20年内收入不增反降、生育率偏低加速人口结构老龄化、居民储蓄率偏低，这些因素导致货币政策的边际宽松效果不断缩小，加上美联储的货币政策空间即将用尽，使得市场避险需求激增。因此，虽然美国的经济数据还未出现明显走弱的迹象，但国际投资者对全球经济结构失衡导致美国在面对外部冲击时脆弱性加剧的担忧却与日俱增。

后续来看，目前全球金融市场正密切关注三个重要的时间点：一是全球疫情蔓延趋势受到控制的转折点；二是美联储重启宽松路径后全球央行能在多大程度上支撑实体经济，即政策见效的时间点；三是全球经济企稳的可能时间点。但目前而言，在无法确定疫情对经济活动的影响前，判断全球经济企稳的具体时间点可能为时过早。

对于国内资本市场而言，2020 年 3 月 9 日 A 股明显回调，北上资金净流出超过百亿元，已经基本反映了对周一美股暴跌的预期。相较于美股而言，2 月下旬以来，A 股走出了相对独立的行情，成交量持续放大，2 月 19 日以来两市成交量连续破万亿元，投资者热情不减。我们认为，相对外盘震荡或急骤下跌而言，A 股市场对外部新冠肺炎疫情等不确定性风险的响应将相对有限，大概率以被动跟跌的形式向下调整。**在没有出现超预期“黑天鹅”事件的前提下，依然坚持中期底部 2700 点的判断。**

第七节 欧央行货币刺激“组合拳”效果存疑[①]

北京时间 2019 年 9 月 12 日晚，欧洲央行下调了关键利率 10 bp，并同时推出大规模的债券购买计划，即从 11 月开始每月购买 200 亿欧元（约 220 亿美元）的欧元区债券。这意味着欧洲央行将在时隔三年半之后重新启动具有相当力度的货币刺激组合手段，

① 该部分内容来源于李湛、梁伦博：《欧央行货币刺激“组合拳”效果存疑》，2019 年 9 月 18 日首发于“清华金融评论”公众号。文中部分文字有修改。

且其承诺在看到通胀率向其略低于2%的通胀目标强力靠拢之前不会加息，购买计划“需要运行多久就运行多久”。

欧央行的此次举措主要是预防性为主，但此举也为未来可能的长期更大规模量化宽松政策提供了指引。从具体理由上看，即将离任的欧洲央行总裁德拉吉在议息会议后的新闻发布会上强调，由于地缘政治的不确定性、保护主义的威胁加剧以及新兴市场的脆弱性，欧元区经济面临的风险仍在增加。欧央行降低了对于未来 GDP 增长的预期，2019 年 GDP 增长从 1.2%下降至 1.1%，2020 年从 1.4%下降至 1.2%。同时通胀期望也被下调，2019 年从 1.3%降至 1.2%，2020 年从 1.4%降至 1%。

在消息公告后不久，美国总统特朗普即刻迅速反应，在推特上批评欧元会对美元贬值，大幅损害美国产品的出口竞争力。在此之前，特朗普就已经多次强调负利率将为政府、企业的债务节省利息成本，并批评美联储的措施过于缓慢和滞后。预计美联储 9 月将降息 25 个基点的决定不太可能让特朗普满意，部分美联储官员选择淡化将政策利率目标设定在零以下的想法，认为这在政治和经济上都站不住脚，不值得冒险。但在 9 月 12 日公布的资产负债表中可以看到，美联储已经在最近两周的时间内扩表了 100 亿美元。

受欧央行重启货币刺激政策的影响，金融市场投资者的情绪也得到了一定提振，但乐观情绪并没有维持太长时间。上周四欧洲股市实现了小幅度的普涨，亚太股市与美国股市也同步上扬，标普 500 指数收盘距离历史最高收盘点位咫尺之遥。但总体而言投资者仍然偏向谨慎，并没有大量买入风险资产，全球股市普遍出现短时间冲高后回落的情形。德国、法国和荷兰 10 年期和 30 年期国债收益率均升至六周高点。市场现在难以确定欧洲央行或美联储的进一步宽松政策是否会产生重大的根本性影响，因为长期以来利率一直处于如此低的水平。特别是对于欧央行，市场担心其政策已接近极限，欧元区的货币政策制定者在缺少财政政策的帮助下是否真的能够有效提高过于疲软的通胀。此前德国财政部想增加投资刺激经济，但总理默克尔并不同意，而意大利又因为财政预算问题与欧盟纠缠不清。

除了潜在效果存疑以外，欧央行的货币刺激政策也将无法避免地带来部分潜在的副作用，包括风险资产泡沫化以及削弱了银行的盈利和抗风险能力。实际上在欧洲央行内部的决策者们对降息和 QE 的举措也存在较大争议。据《华尔街日报》引用的知情人士消息，欧洲央行利率制定委员会 25 名成员中，至少有 5 位官员反对重启量化宽松的决定，其中包括荷兰、法国和德国央行的行长。而路透社引用的消息来源也表示超过 1/3 的政策制定者反对由即将离任的欧洲央行总裁马里奥·德拉吉（Mario Draghi）推动的新资产购买计划。这一反对比例对于一个通常依靠共识来维持影响力的机构而言显得有些异常。欧洲央行执行理事会的两名成员萨宾·劳滕施莱格（Sabine Lautenschlaeger）和贝努瓦·科尔（Benoit Coeure）也反对此举。

与以往尽量避开公开分歧不同，此次部分欧央行保守派人士选择公开质疑德拉吉的“临别大礼”。德国央行总裁暨欧洲央行管委延斯·魏德曼（Jens Weidmann）表示刺激措施过头了，倾向于储蓄的德国人尤其对欧洲央行的负利率感到不满。而荷兰央行总裁暨欧洲央行管理委员会委员克拉斯·克诺特（Klaas Knot）则表示重启资产购买计划与当前的经济状况不相称，有充分的理由怀疑其有效性。奥地利央行总裁罗伯特·霍尔茨曼（Robert Holzmann）也公开质疑欧央行广泛的刺激计划，认为其刺激通胀的目标难以实现，且付出的代价过于高昂。

目前，欧洲经济仍然面临着许多不确定性，从中美贸易摩擦到美欧贸易谈判悬而未决（欧盟贸易事务负责人 9 月 16 日表示，美国将很快就欧盟对空客集团的补贴征收新的关税，因特朗普政府拒绝解决一场围绕飞机制造商的长期商业斗争），以及无法排除英国无协议脱欧的可能性，欧央行提前做出预防性的措施在所难免。但由于“缺乏弹药”且进一步走入负利率的选择具有风险性，未来欧央行也许难以独立支撑欧洲经济实现复苏。

PART 3

国内宏观经济形势分析

第五章　投资部门走势展望①

2020年新冠肺炎疫情在全球范围内的蔓延扩散，对固定投资增速造成了巨大冲击。在修复疫情影响的过程中，投资的分项数据出现了明显的分化。从分化趋势中，我们或许能够窥见未来经济的发展方向和投资机会。

从三大分项来看，房地产投资韧性最强，基建投资由于积极财政政策发力快速拉升，制造业投资受内、外需同时收缩的双重打击受到的影响最大。从地区来看，不同地区固定资产投资增速明显向西部和东北地区倾斜。从所有制来看，国有投资逆周期调节发力，修复速度明显快于民间投资。

面对百年一遇的疫情冲击，政策发力有侧重点，聚焦产业升级和保持产业韧性。财政政策和货币政策相互配合确保国有投资资金

---

① 该部分内容来源于李湛、邹欣：《投资增速分化催生行业发展新机遇：2020年中展望之固定资产投资篇》，2020年7月7日首发于“财新”专栏。文中部分文字有修改。

来源。传统基建项目托底，基建投资聚焦“两新一重”，促进高质量发展。减税降费、降低市场准入门槛和扩大对外开放、稳定民间投资，保证产业韧性、促进产业升级。

由于复工复产有序推进、资金来源大幅增加、专项债用于基建项目的比例大幅提高和储备项目充足，基建投资单月增速快速反弹，5 月达到 10.9%后 6 月小幅回落至 8.3%。但考虑到基建投资边际斜率趋平、下半年专项债新增剩余额度减少以及稳投资背景下基建投资依然有一定韧性，展望下半年，基建投资单月增速已见顶，下半年大概率逐渐回落至 6.5%左右。

2018 年以来房地产投资一直处于较为景气的区间，主要是低库存下房屋交付压力导致的。2020 年受疫情影响，房地产相关指标在年初都出现了骤减，但房地产施工面积依然保持了正增长，受交付压力和宽流动性影响，6 月房地产投资单月增速达到 8.5%。展望下半年，房地产投资单月投资增速基本上见顶，预计下半年房地产投资单月增速可能缓慢下滑至 7%左右。

制造业投资在三大投资分项中增速修复最为疲弱，主要是受到内、外需同时收缩的影响。从制造业细分行业来看，30 个行业中，6 月投资累计增速只有黑色金属冶炼及压延加工业，石油、煤炭及其他燃料加工业，计算机、通信和其他电子设备制造业，以及医药制造业 4 个行业为正增长。下游传统劳动密集型消费类制造业投资增速多在-12.5%以下，主要是因为常态化防疫下需求较弱、企业对经济前景预期难言乐观以及企业处于去库存阶段。展望下半年，预计制造业投资单月增速在四季度有望转正。

预计2020年固定资产投资增速可能在1%~1.5%之间。其中，2020年基建投资增速可能在5%~5.5%之间，房地产投资增速可能在5%左右，制造业投资增速可能在-5%~-4.5%之间。

第一节 投资增速V型反弹，修复速度慢于预期

2020年上半年投资增速正在修复年初疫情冲击导致的“大坑”。如图5-1所示，固定资产投资累计增速由2月的-24.5%反弹至6月的-3.1%，增加21.4个百分点。为有效控制新冠肺炎疫情，1月至2月社会生产接近停摆，2月投资增速创历史新低。随着疫情得到初步控制，3月开始，政府推动有序复工复产、恢复社会生产生活秩序，投资增速明显反弹。从单月数据来看，5月投资增速转正为0.9%，恢复至新冠肺炎疫情之前的水平，6月进一步反弹至1.1%，若要修复年初疫情导致的巨大缺口，还需要一段时间。

投资增速修复慢于预期，主要是防疫转向常态化，供需两端均未出现报复性反弹。在我们前期《沉舟侧畔千帆过——新冠肺炎疫情对宏观经济的影响分析》报告中的分析结果显示，主要经济指标在新冠肺炎疫情拐点确认后的1—2个月内基本上修复疫情

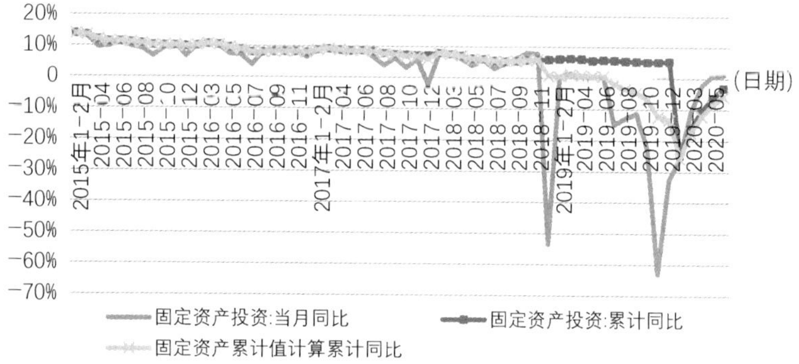

图 5－1　固定资产投资增速

注：从 2018 年 12 月开始，官方固定资产投资的累计值口径发生变化，用累计值计算的投资增速与官方直接公布的投资增速有一定差距。

资料来源：Wind 数据库。

带来的冲击。而且，2020 年年初市场普遍预期国内新冠肺炎疫情出现拐点后，主要经济指标大概率会出现报复性反弹。但是，新冠肺炎疫情在全球失控性蔓延表明其破坏性远高于重症急性呼吸综合征（SARS），其对经济的影响也远高于市场的普遍预期。

在 2 月下旬国内疫情得到初步控制后，常态化防疫依然在持续。在常态化防疫措施持续存在的前提下，供需两端均未出现报复性反弹，限制了投资增速的修复速度。**一是**企业需要在卫生条件、办公空间、员工数量等方面达到一定标准后才能复工，中小企业产能修复需要较长时间，甚至部分中小企业永久退出市场。**二是**人员较为密集的室内消费持续低迷，部分服务业（餐饮、酒店、交通、旅游、线下院线等）经营受到极大冲击，相关企业的利润修复较为艰难。**三是**企业面临生存危机，活下去是目前最重要的事情，追加投资的需求并不紧迫。**四是**企业为降低成本，不同行业员工面临不同程度的降薪裁员压力，居民的边际消费意愿下降，终端消费需求缺少增量空间，投资反弹空间受限。

从三大分项数据来看，房地产投资一枝独秀，基建投资有望后来居上，制造业投资较为疲软。房地产投资增速累计同比由 2 月的 -16.3%反弹至 6 月的 1.9%，增加 18.2 个百分点；基建投资增速累计同比由 2 月的-26.86%反弹至 6 月的-0.07%，增加 26.79 个百分点；制造业增速累计同比由 2 月的-31.5%反弹至 6 月的-11.7%，增加 19.8 个百分点。面对疫情冲击，以内需为主的房地产投资韧性最强，基建投资由于积极财政政策发力快速拉升，制造业投资受内、外需同时收缩的双重打击、影响最大。

从地区来看，投资增速累计同比由高到低分别为西部、东北、东部和中部。东部地区投资增速累计同比由 2 月的-20.2%反弹至 6 月的 -0.7%，增加 19.5 个百分点；中部地区投资增速累计同比由 2 月的-32.7%反弹至 6 月的-11.9%，增加 20.8 个百分点；西部地区投资增速累计同比由 2 月的-25%反弹至 6 月的 1.1%，增加 26.1 个百分点；东北地区投资增速累计同比由 2 月的-18.9%反弹至 6 月的 0.4%，增加 19.3 个百分点。

疫情发生后，不同地区固定资产投资增速发生结构性变化，明显向西部和东北地区倾斜。从地区投资分布结构来看，2019 年东部、中部、西部和东北地区固定资产投资分别占比 42%、28%、26%和 4%。东部地区在固定资产投资份额中占据主导地位，面对疫情冲击韧性较强（见图 5－2）。2020 年 1—6 月，西部和东北地区投资增速排名靠前，与 2019 年相比出现了明显的变化（见图 5－3）。

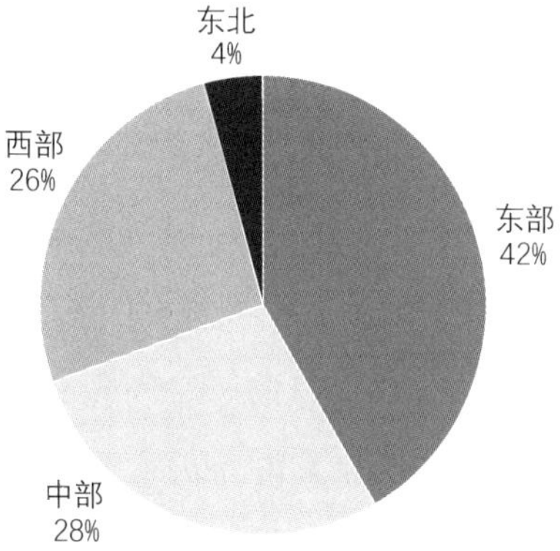

图 5－2　2019 年固定资产投资地区分布

注：2018 年以后地域固定资产投资绝对数值未公布，根据 2017 年绝对数值和累计增速计算得到 2019 年相应的投资绝对数值。

资料来源：Wind 数据库。

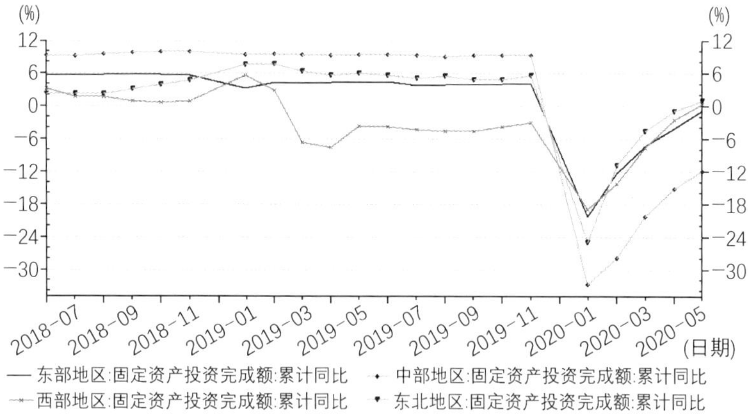

图 5－3　2020 年上半年，西部和东北地区投资增速快速反弹

资料来源：Wind 数据库。

国有投资逆周期调节发力，修复速度明显快于民间投资，说明投资增速的改善主要是政府主导的。国有投资增速累计同比由 2 月的-23.1%反弹至 6 月的 2.1%，增加 25.2 个百分点；民间投资增速累计同比由 2 月的-26.4%反弹至 6 月的-7.3%，增加 19.1 个百分点。投资主要靠国有投资发力，受益于财政政策倾斜、利润约束较少、融资便利等因素，在经济增速下行期一般政府主导的国有投资具有逆周期调节稳投资的作用。

第二节　政策发力有侧重点，聚焦产业升级和保持产业韧性

面对百年一遇的疫情冲击，全球主要经济体采取了不同程度的经济振兴计划以降低疫情的影响。**相对而言，中国的财政刺激的规模算是比较温和、也更加注重投资效率。**2020 年政府的政策发力侧重点非常明确，聚焦高质量发展，为经济长期可持续发展铺路。

财政政策和货币政策相互配合确保国有投资资金来源。根据 2020 年的政府工作报告，2020 年目标赤字率 3.6%以上，特别国债 1 万亿元，专项债 3.75 万亿元，预计城投债净融资额在 3 万亿元至 5 万亿元之间，这样广义赤字率在 11.25%至 13.25%之间。积极财政政策力度空前。同时，专项债券作为项目资本金的比例由 20%提

升至25%，增加专项债的资金撬动规模。为配合政府债券发行，货币政策引导政府发债成本下降，并通过降准、定向降准、公开市场操作、创新货币政策工具、补充银行资本金等方式提供流动性支持。

传统基建项目托底，基建投资聚焦“两新一重”，促进高质量发展。今年的政府工作报告提到，“重点支持既促消费惠民生又调结构增后劲的‘两新一重’建设”。“两新一重”指的是新型基础设施建设、新型城镇化建设和重大工程建设。加强新型基础设施建设主要指的是发展新一代信息网络、拓展5G应用、建设充电桩、推广新能源汽车，激发新消费需求、助力产业升级。加强新型城镇化建设主要是指大力提升县城公共设施和服务能力，新开工改造城镇老旧小区3.9万个，支持加装电梯，发展用餐、保洁等多样化社区服务。重大工程建设主要是指加强交通、水利等重大工程建设。

我们的前期报告《新老基建将在较长一段时间内并存》的研究结果显示，新基建占基建投资规模的比例不超过10%，短期内不具备独挑基建投资大梁的能力。但考虑到新基建是中美大国博弈的必争之地、也对未来中国经济转型至关重要，而老基建在体量、稳就业、稳增长等方面的作用短期难以被替代，所以，未来较长一段时间内新老基建将并存。

受中美贸易争端和新冠肺炎疫情的双重影响，中国加快了对5G基础设施的建设。截至2020年6月，中国5G基站的数量已经超过25万个，5G用户数量超过3 600万个。政府对5G的政策支持力度空前：

一方面，中央和多部委多次表态支持5G建设。中共中央政治局会议、中共中央政治局常务委员会议都提到加快5G建设，工信部、发改委、生态环境部等多部委正在制定或者已经出台5G建设的相关标准以及扶持政策。

另一方面，全国超过22个省市发布2020年5G发展目标。比如，北京预计到2020年年底开通5G基站数量4万个，上海预计2020年累计建设3万个5G基站，江苏预计2020年年底5G基站数量达到5.5万个，浙江2020年建成5万个5G基站，广东在2020年三季度末完成5万个5G基站。按照目前的速度，到2020年年底，全国大部分省市有望实现5G商用落地。

减税降费、降低市场准入门槛和扩大对外开放稳定民间投资，保证产业韧性、促进产业升级。民间投资一般具有顺周期性，在经济下行期和面对较大外部冲击时，民企的决策会更加趋于保守。今年新冠肺炎疫情的发生对民企的营业收入影响较大，业绩下滑，民企增加投资的意愿也相应下降。考虑到民间投资多集中于制造业，而此次疫情表明保持制造业的产能供应和产业链完整性非常必要。所以，政府的工作重点主要是通过降成本、增加收入来源和吸引外资稳定民间投资，尽量缓解疫情对民企的冲击，保证产业链的完整性和韧性。

一是通过减税降费增厚民企的利润。2020年减税降费的目标为2.5万亿元，较去年增加5 000亿元，创历史新高，可以在一定程度上对冲疫情导致的收入增速放缓，改善企业盈利情况。

二是通过降低市场准入门槛，拓展民企收入来源。市场监管部门表示2020年将在全国范围内有序推开“证照分离”改革全覆盖。国家能源局发布《关于贯彻落实“放管服”改革精神优化电力业务许可管理有关事项的通知》，在对装机容量6MW以下新能源和可再生能源发电项目实施豁免政策的基础上，进一步扩大豁免范围、简化申请材料。北京出台《关于进一步提升民营经济活力促进民营经济高质量发展的实施意见》，支持民营企业参与基础设施、公用事业、公共服务等领域投资运营。国务院发布《关于支持出口产品转内销的实施意见》，支持出口产品转内销。

三是扩大对外开放，吸引外商投资助力企业转型升级。发改委和商务部发布《2020年版外商投资准入负面清单》，其中，全国外商投资准入负面清单由40条减至33条，自贸试验区外商投资准入负面清单由37条减至30条。进一步扩大金融业对外开放，银行、证券、基金管理、期货、人身险等领域外资持股比限制已完全取消。中国人民银行、银保监会、证监会、外汇局发布《关于金融支持粤港澳大湾区建设的意见》，深化内地与港澳金融合作。中共中央、国务院印发《海南自由贸易港建设总体方案》，到2025年初步建立以贸易自由便利和投资自由便利为重点的自由贸易港政策制度体系，到2035年实现贸易自由便利、投资自由便利、跨境资金流动自由便利、人员进出自由便利、运输来往自由便利和数据安全有序流动，到21世纪中叶全面建成具有较强国际影响力的高水平自由贸易港。

第三节　基建投资逆周期调节发力，单月增速预计高位趋缓

从单月增速来看，基建投资反弹速度非常快。如图 5－4 所示，由 2020 年 1—2 月的−26.9%反弹至 5 月的高点 10.9%后，小幅回落至 6 月的 8.3%，较 1—2 月增加 35.2 个百分点。主要原因如下：

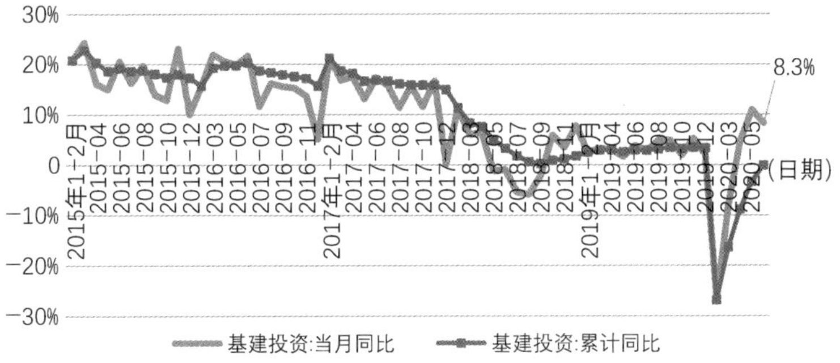

图 5－4　基建投资同比增速由 5 月的高峰 10.9%小幅回落至 6 月的 8.3%

资料来源：Wind 数据库。

一是 2 月下旬国内疫情得到初步控制，政府推动有序复工复产，产能迅速恢复，供需形成良性循环。年初由于新冠肺炎疫情在国内暴发，为遏制疫情的传播和扩散，政府采取了非常严格的隔离措施，生产基本停止。虽然 1 月集中发放了 2019 年年末提前下达的 2020 年专项债部分新增额度，但由于经济几乎停摆，1—2 月基建投资增速大幅回落。3 月开始重启经济，随着员工陆续返岗，产能逐步恢复，基建投资增速迅速反弹。

二是基建投资资金来源大幅增加。1—6月年专项债发行了2.37万亿元，是去年同期的1.53倍。2019年年底提前下达2020年1万亿专项债额度，2020年2月11日新增2 900亿元专项债额度，5月6日新增1万亿元专项债额度并要求5月底发行完毕。综合来看，截至2020年5月底，政府共下达了2.29万亿元专项债额度。面对百年一遇的新冠肺炎疫情冲击，政府采取了非常规应对策略，逆周期调节力度大幅加码。另外，专项债用于项目资本金的比例由20%提升至25%。

三是专项债用于基建项目的比例大幅提高。2019年专项债用于基建的比例大约在34%，大部分用于土地储备、棚改等房地产项目。今年监管明确要求2020年专项债不得用于土地储备、棚改等房地产相关项目，但新增了应急医疗救治设施、公共卫生设施、城镇老旧小区改造、职业教育、城市供热供气、5G、人工智能、大数据、物联网等项目。据统计，目前专项债用于基建项目的比例超过80%。

四是地方政府的储备项目较为充足，提高了资金与项目的配套衔接效率。根据各省市发改委公布的信息来看，全国31个省市均公布了2020年重大项目计划，储备项目来源丰富，只要资金到位，项目就可以启动。比如，广东2020年安排重点项目1 230个，总投资5.9万亿元，年度计划投资7 000亿元，占总投资的12%。浙江2020年安排重点项目670个，总投资3.05万亿元，年度计划投资4 150亿元，占总投资的13.6%。河南2020年安排重点建设项目980

个，总投资 3.3 万亿元，2020 年计划完成投资 8 372 亿元，占总投资的 25.4%。

展望 2020 年下半年，基建投资单月增速已经见顶，下半年大概率逐渐回落至 6.5%左右，预计 2020 年基建投资增速在 5%~5.5%之间。

一是从增长趋势上来看，基建投资单月增速斜率正在逐步走平。2020 年前 6 个月基建投资单月增速分别为 1—2 月 -26.9%、3 月 -8%、4 月 4.8%、5 月 10.9%和 6 月 8.3%。基建投资单月增速 3 月较 1—2 月反弹 18.9 个百分点，4 月较 3 月反弹 12.8 个百分点，5 月较 4 月反弹 6.1 个百分点，6 月较 5 月回落 2.6 个百分点，年中基本上是基建投资单月增速的高点，后续趋势可能是稳步回落。

二是下半年专项债剩余额度明显少于上半年。今年专项债额度为 3.75 万亿元，1—6 月已经发放 2.37 万亿元，7 月以后剩余额度为 1.38 万亿元，约占总额度的 37%，下半年基建投资资金来源明显不及上半年，增速大概率下滑。

三是新冠肺炎疫情对经济冲击较大，基建投资肩负一定程度的稳投资重担，下半年依然具有较强韧性。考虑到受疫情影响，内、外需同时收缩，制造业投资难有明显起色。在“房住不炒”的基调下，房地产投资以维稳为主。所以，今年投资的发力方向主要是基建投资。同时，政府在特殊时期，对宏观杠杆率的上升容忍度明显上升，政府加杠杆有一定空间，基建投资依然保持一定韧性。根据国家金融与发展实验室的研究显示，2020 年一季度宏观杠杆率为259.3%，较2019年年末增加13.9个百分点；广义货币供应量（M2）/GDP和社融/GDP也大幅上升，分别增加12个百分点和14.2个百分点。另外，今年的政府工作报告特别提到要保持M2和社融增速明显高于去年。

第四节　交付压力和宽流动性支撑房地产投资韧性

2020年上半年房地产投资一枝独秀，受疫情影响最小，单月增速在3月就已经反弹至正值区间，4月以后单月增速基本与2019年相当。2020年1至6月，房地产单月投资增速分别为：1—2月-16.3%、3月1.1%、4月7%、5月8.1%、6月8.5%。其实从2018年下半年起，房地产投资增速就呈现较为景气的状况。究其原因，需要对现行的房地产市场运行机制有一个基本的了解。

我们从房企视角对现行的房地产市场运行机制进行了简要的勾勒（见图5-5）。房地产项目一般要经历拿地到建房到销售的过程，与房地产投资增速密切相关。影响房企投资决策的因素一般有4类：

一是房屋销售情况。房屋销售情况越好，房企越愿意扩大投资。房屋销售包括现房销售和房屋预售。目前，房企大多采用期房销售，这就涉及交付时间的问题，在交付期时点，房企必须完成房

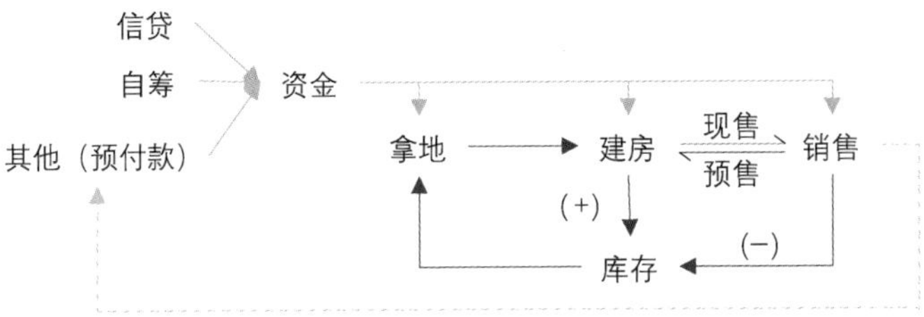

图 5-5 房地产市场运行的简要机制（房企视角）

屋的施工和相关许可证的办理。

二是资金到位的程度。资金到位才能保证房地产项目的正常运营。一般情况房企的资金来源主要由银行信贷、自筹资金和其他资金（主要是预付款）组成。国内贷款与货币政策和监管密切相关。当货币政策收紧、监管趋严的时候，房企通过银行信贷获得资金就会变得较为困难。自筹资金主要是指企业的留存收益和股本。其他资金主要来自房屋预售的预付款，预付款一直是房企的重要资金来源渠道之一，基本上成本非常低，近乎零。

三是商品房的库存情况。一般房企的库存较多的时候，房企倾向于减少固定投资，会加大销售去库存。当房企库存较低又面临交付压力的时候，房企会加快施工进度。库存并不是决定房企投资的单一因素，一般与其他因素共同作用影响房企的投资决策。

四是对房价的预期。如果房企预期未来房价会涨，即便当下可能没有立即反映到投资上面，也会增加土地储备，等到房价上涨时增加期房销售，并在房屋交付前，房地产投资一般会处于较高水平。

2018 年以来，房地产投资一直处于较为景气的区间，主要是由低库存下房屋交付压力导致(见图 5-6)。2017—2019 年商品房一直处于去库存区间。同时，2015 年至 2019 年期房销售一直处于高位增长区间，特别是在 2016 年至 2017 年，期房销售增速多数时间处于 20%以上，而一般期房的交付时间在 2 年—4 年之间。所以，我们可以明显看到，从 2018 年下半年开始，房地产投资增速出现向上攀升后趋平的态势（见图 5-7)。

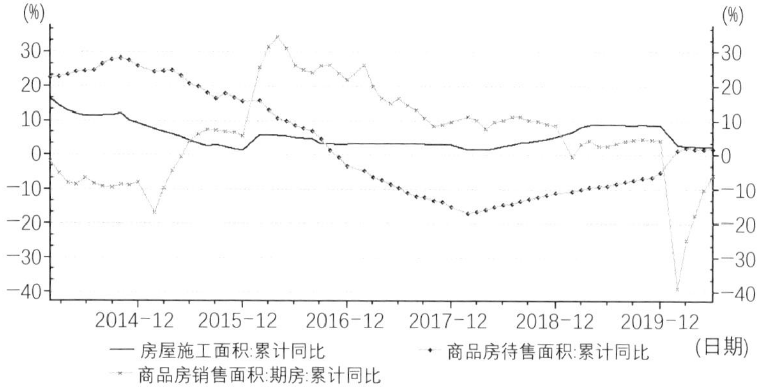

图 5-6　期房交付压力和低库存支撑施工增速韧性

资料来源：Wind 数据库。

2020 年受疫情影响，房地产相关指标在年初都出现了骤减，但房地产施工面积依然保持了正增长。一方面，受期房交付压力影响，房屋施工增速保持较高韧性。另一方面，今年年初受疫情影响，政府采取了严格的隔离措施，企业的流动性普遍面临短缺的困境，政府加大了逆周期调节力度，加码货币政策宽松力度，尽可能保证企业

图 5-7 期房销售增速与其他资金增速高度相关

资料来源：Wind 数据库。

不会因为流动性断裂出现大规模的破产潮。2020 年 1—6 月，M2 新增了约 14.85 万亿元，相当于 2019 年新增规模 15.97 万亿元的约 93%。相应地，房企的银行信贷增速率先恢复。2020 年前 6 月，国内信贷增速为 3.5%，已经恢复到疫情前水平（见图 5-8 和图 5-9）。

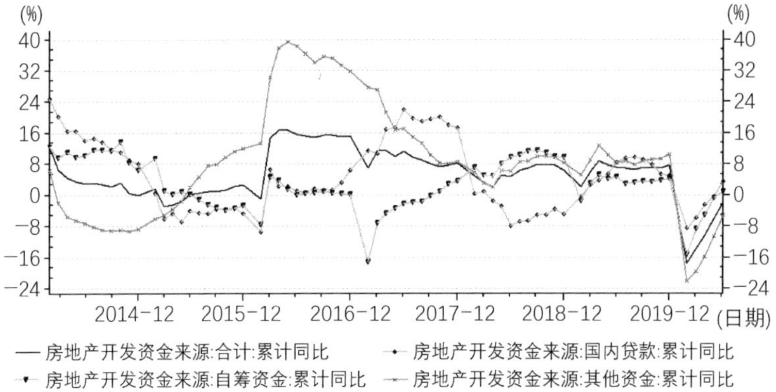

图 5-8 国内贷款增速恢复最快，已恢复至疫情前水平

资料来源：Wind 数据库。

图 5-9　新开工面积和土地购置面积增速反弹但缺乏可持续性

资料来源：Wind 数据库。

展望 2020 年下半年，房地产投资单月增速基本上见顶，预计下半年房地产投资单月增速可能缓慢下滑至 7%左右，预计 2020 年房地产投资增速约在 5%左右。

一是从单月增速来看，房地产投资增速边际增速趋缓。1—2 月房地产投资增速较 3 月反弹 17.4 个百分点，4 月较 3 月反弹 5.8 个百分点，5 月较 4 月反弹 1.1 个百分点，6 月较 5 月反弹 0.4 个百分点。从发展趋势来看，房地产投资单月增速基本上已经见顶，进一步向上的概率较低，但依然具有较强韧性。

二是虽然“房住不炒”的基调目前没有看到明显放松的迹象，但考虑到房地产的重要作用，政府还是以维稳为主。据不完全统计，今年以来，已有包括怀来县、广州、驻马店、宝鸡等 12 个城市传出解除限售、限购、限价等相关房地产松绑政策，频繁试探中央的底线，但全部以一日游告终，政府对“房住不炒”的基调保持了非常高的政策定力。但是，考虑到房地产关系到地方政府财政收入来源、涉及的产业链上下游较广、与失业率密切相关、多数民众身负房贷等因素，房地产市场目前还是以稳为主。另外，据中原地产研究中心的数据显示，上半年已有超过 120 个城市发布了各种人才政策变相稳房价。

三是受疫情影响，全国居民的购房需求明显收缩，影响现房和期房的销售情况。从房企的资金来源来看，其他资金（预付款）的增速修复是最慢的，上半年其他资金增速为-5.3%，明显低于国内信贷、自筹资金和平均资金来源增速。一方面，疫情对企业营业收入影响较大，居民收入受到影响，消费意愿较低。另一方面，考虑到疫情可能会持续较长时间，年初的隔离期使得居民意识到储蓄的重要性，加上很多民众负债水平较高，对支出更加谨慎。但需特别指出的是，高收入人群受疫情的影响可能较少，其在获取优惠政策和金融资源方面存在优势，所以，一线城市热点地区和部分豪宅楼盘的销售情况可能依然非常火爆。

四是受预期影响，房企拿地明显更为谨慎，主要集中在一线城市和部分热点城市，这也会影响到后续房地产投资的增长空间。房企土地购置面积一般是房地产投资的先行指标，从 2019 年开始房企拿地增速出现断崖式下降，目前也是在负增长的区间波动。一方面，中美贸易争端的本质在于美国要遏制中国高新技术行业的发展，忌惮中国挑战其霸主地位，这使得中国政府深刻意识到集中力量发展房地产并不能在中美博弈中取得优势地位。近年来，中国的国家战略布局发生了明显变化，更加偏向战略性新兴产业。另一方面，房企纷纷开始思考转型的道路，特别是龙头房企。比如宝能、恒大、富力等龙头房企开始布局新能源汽车，万科开拓养猪业务等。

第五节　制造业投资修复缓慢，分化趋势明显

2020 年上半年制造业投资修复最为缓慢，主要受内外需同时收缩影响。如图 5 - 10 所示，2020 年 1—6 月制造业投资单月增速分别为 1—2 月 -31.5%、3 月 -20.6%、4 月 -6.7%、5 月 -5.3%、6 月 -3.5%，3 月较 1—2 月反弹 10.9 个百分点、4 月较 3 月反弹 13.9 个百分点、5 月较 4 月反弹 1.4 个百分点、6 月较 5 月反弹 1.9 个百分点。制造业投资在三大投资分项中增速修复最为疲弱，主要是受到内、外需同时收缩影响：**一是**年初政府采取了严厉的疫情防控措施，加上春节假期的因素，制造业投资大幅下降。**二是** 3 月开始，国内疫情得到有效控制，经济秩序有序恢复，但常态化防疫持续，消费并未出现报复性反弹，内需较为疲弱。**三是** 3 月以后海外疫情加速蔓延扩散，外需受到较大冲击。而且制造业出口额占制造业增加值的比例高达六成，外需萎缩对制造业投资影响很大。**四是** 3 月和 4 月油价暴跌，PPI 通缩程度加深，以石油为基础的民企制

造业利润受到巨大冲击，利润承压，缩减开支降成本更为重要，投资自然会受到影响。**五是**从 3 月以来，政府推出了大量促销费的政策，包括发放消费券、促进汽车消费、促进家电消费、减税降费等，但从扩大消费的效果来看，存量消费需求基本上已经接近饱和，但受制于居民收入没有明显增加、增量消费需求没有太多起色。

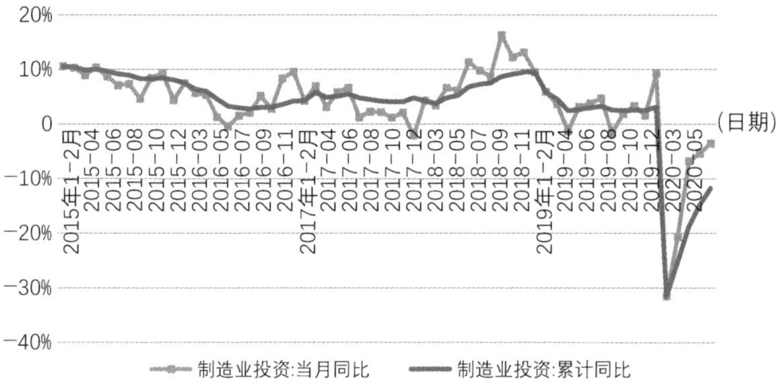

图 5-10　制造业投资反弹疲弱

资料来源：Wind 数据库。

从制造业细分行业来看（见表 5-1），30 个行业中，6 月投资累计增速只有 4 个行业为正增长（黑色金属冶炼及压延加工业，石油、煤炭及其他燃料加工业，医药制造业，计算机、通信和其他电子设备制造业），26 个行业负增长。另外，8 个行业 6 月投资累计增速高于平均增速-11.7%，22 个行业 6 月累计增速都是在平均增速以下。我们将 30 个制造业细分行业做一个简单的分类，分别为上游材料类 10 个、中游装备类 4 个、下游劳动密集型消费类 10 个、下游技术密集型消费类 6 个。

表 5－1　30 个制造业细分行业 2020 年 6 月固定资产投资累计同比

上游材料类	增速	中游装备类	增速	下游消费类：传统劳动密集型	增速	下游消费类：技术密集型	增速
黑色金属冶炼及压延加工业	12.7%	仪器仪表制造业	-0.5%	食品制造业	-12.6%	医药制造业	13.6%
石油、煤炭及其他燃料加工业	4.7%	专用设备制造业	-12.7%	农副食品加工业	-16.8%	计算机、通信和其他电子设备制造业	9.4%
有色金属冶炼及压延加工业	-9.6%	通用设备制造业	-18.0%	家具制造业	-20.0%	废弃资源综合利用业	-1.3%
非金属矿物制品业	-10.4%	电气机械及器材制造业	-17.1%	酒、饮料和精制茶制造业	-19.8%	铁路、船舶、航空航天和其他运输设备制造业	-16.3%
化学原料及化学制品制造业	-14.2%			皮革、毛皮、羽毛及其制品和制鞋业	-20.9%	汽车制造业	-20.9%
橡胶和塑料制品业	-15.2%			纺织业	-22.4%	金属制品、机械和设备修理业	-48.6%
金属制品业	-16.5%			印刷业和记录媒介的复制	-23.3%		
化学纤维制造业	-16.9%			烟草制造业	-24.1%		
造纸及纸制品业	-17.1%			文教、工美、体育和娱乐用品制造业	-28.5%		
木材加工及木、竹、藤、棕、草制品业	-28.2%			纺织服装、服饰业	-37.9%		

资料来源：Wind 数据库。

上游材料类中，黑色系和燃料系 1—6 月固定资产投资增速已经恢复至疫情前水平，主要是因为企业担忧国际运输中断风险囤货、基建投资需求较为景气以及垄断型行业一般为国企资金雄厚。1—6 月黑色金属冶炼及压延加工业固定资产投资同比增长 12.7%，石油、煤炭及其他燃料加工业固定资产投资同比增长 4.7%。**一是**国内疫情暴发后，多数境外经济体对中国采取了减少航班、撤侨、减少货运等措施。海外疫情暴发后，部分国家短时间内采取了对外封锁的防疫政策。企业担忧较为依赖出口的上游原材料的供给，大量囤货或者提前交付订单。**二是**受疫情冲击，政府逆周期调节明显加码，对基建投资加码的预期以及基建投资大幅增加，导致厂商增加对上游相关原材料的囤货。**三是**钢铁、石油、煤炭、冶金等上游原材料行业一般为国有垄断企业，资金雄厚，在稳增长、保就业和盈利多目标之间权衡取舍，在经济下行期间对利润收缩或者亏损相对不是太敏感，可以逆周期加码固定资产投资。另外，3 月和 4 月油价暴跌，中国加大了储备用油的规模，相应的仓储投资有所增加。

受美国对中国高新技术产业打压、政府加大对相关产业扶持，以及电信、媒体和科技（TMT）行业利润增厚的影响，仪器仪表制造业以及计算机、通信和其他电子设备制造业投资增速基本恢复至疫情前水平。1—6 月仪器仪表制造业固定资产投资同比增长-0.5%，计算机、通信和其他电子设备制造业固定资产投资同比增长 9.4%。虽然美国对中国的贸易制裁打打停停，但是美国对中国高新技术产业的打压一直没有放松。2018 年以来，美国将多家中国高新技术企业、科研院所、高校列入实体清单，限制中国留学生在美的专业，并将对华为的技术限制门槛从 25%降至 10%后又直接降至 0，企图彻底掐死华为的高端芯片生产来源。

中国政府积极应对，从资金支持、人才引进、税费政策等多方面加大对中国高新技术产业的扶持力度。一方面，保证高新技术产业的研发资金来源；另一方面，税收减免和财政补贴政策有利于增厚相关企业的利润，提高企业估值，吸引民间资本进入。从规模以上工业企业利润增速来看（见图 5－11），1—5 月仪器仪表制造业工业企业利润同比增长 8.9%，高于 2019 年 5.9%的平均水平；计算机、通信和其他电子设备制造业工业企业利润同比增长 34.7%，高

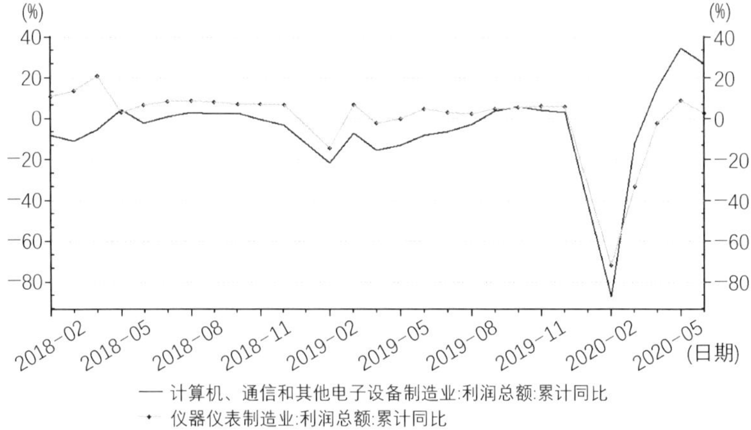

图 5－11　计算机、通信和其他电子设备以及仪器仪表制造业工业企业利润增速已修复疫情冲击降幅，并高于 2019 年平均水平

资料来源：Wind 数据库。

于2019年3.1%的平均水平。

新冠肺炎疫情特殊时期，医药制造业投资增速恢复至疫情前水平；受疫情和绿色、可持续发展影响，废弃资源综合利用制造业投资增速接近疫情前水平。1—6月医药制造业固定资产投资同比增长13.6%，废弃资源综合利用业固定资产投资同比增长-1.3%。一方面，疫情期间，预防和治疗新冠病毒的相关药品需求量较大；另一方面，相关疫苗的研发正在如火如荼地展开。所以，医药制造业的投资增速处于较高水平。本次疫情使得各国政府深刻认识到全球化分工和资源的全球化配置在遭遇重大冲击时较为脆弱，政府加大了对废弃资源利用的投资力度。

下游传统劳动密集型消费类制造业固定资产投资增速多在-12.5%以下，主要是因为常态化防疫下需求较弱、企业对经济前景预期难言乐观以及企业处于去库存阶段。

一是虽然国内疫情控制情况较好，但是由于新冠病毒在潜伏期具有传染性、有效治疗方案还在研发之中，内防反弹、外防输入依然不能松懈，常态化防疫可能会在长时间内存在，消费的修复比预期的要慢很多。

二是从规模以上工业企业的利润来看，必选消费企业的利润数据依然处于较好的状态，但基本上所有传统劳动密集型制造业企业固定投资都处于历史低位水平，主要还是因为企业对经济复苏的前景依然不太乐观。5月以来，主要经济体放松管制措施后，部分国家出现了疫情的反弹，等到冬季流感季来临时，可能又会出现第二波的疫情大暴发，外需的复苏还为时尚早。虽然中国在全球范围内，经济修复情况领先，但也不可避免会受到全球经济衰退的拖累。另外，全球央行多采取了大规模的经济刺激计划，放水的后遗症可能会在疫情结束后显现出来，中国也难以独善其身。

三是从 PMI 分项数据来看，6 月产成品库存为 46.8%，原材料库存为 47.6%，制造业企业多处于主动去库存阶段。其实从 2012 年开始，制造业企业就已经处于主动去库存阶段了，经济处于下行期，存货积压不利于资金周转而且也有贬值风险。加上劳动力成本上升、国际贸易摩擦增加，多数劳动密集型制造业企业对于扩大国内市场固定资产投资持谨慎态度。

展望 2020 年下半年，预计制造业投资单月增速在四季度有望转正，预计 2020 年制造业投资增速在-5%~-4.5%之间。

综上所述，预计 2020 年固定资产投资可能在 1%~1.5%之间。其中，2020 年基建投资增速可能在 5%~5.5%之间，房地产投资增速可能在 5%左右，制造业投资增速可能在-5%~-4.5%之间。

第六章　贸易部门走势展望[①]

近年来，外部不确定性较多、“黑天鹅”事件频发，令外贸数据波动加大。今年的新冠肺炎疫情使得我们在一定程度上低估了疫情对全球产业链的冲击，以及主要经济体的政策刺激对其国内居民需求修复的速度，全球供需的不平衡性特征大概率会延续至2021年。在全球新冠肺炎疫情得到控制和海外产能彻底恢复前，中国在海外疫情蔓延扩散期间新增的市场份额、在供应链配套上形成的优势以及区域贸易一体化战略的推进，有望在供给端支撑中国2021年出口的韧性。

2020年中国出口韧性超预期，进口增速波动大，贸易顺差大幅增加。2020年1—10月出口增速为0.5%，1—10月进口增速为

① 该部分内容来源于李湛、邹欣：《不平衡孕育新机遇，供给端优势支撑出口韧性——2020年终展望之对外贸易篇》，2020年11月30日首发于“财新”专栏。文中部分文字有修改。

-2.3%，贸易顺差达到 3 845.54 亿美元，其中，对美贸易顺差达到 2 499.46 亿美元。2020 年中国的对外贸易在全球范围内一枝独秀。虽然海外疫情形势严峻遏制外需，但中国在外需疲软的背景下外贸领先，主要是海外供需错位，缺口由中国商品填补。美国的供需缺口是中国出口增速强韧性的重要动力来源，中美贸易摩擦的影响让位于疫情冲击。

进口增速不及出口增速，主要是国内工业品需求低迷。从进口商品的组成结构看，除农产品以及难以自给自足的原材料和高新技术产品外，剩余商品的进口增速没有明显起色，说明内需依然疲软。今年以来，农产品由于中美第一阶段贸易协议进口增速保持高增长；铁矿石、原油等高度依赖进口的原材料进口增速则受到大宗商品价格波动的影响；高新技术产品由于美国对中国的科技制裁，在 6 月和 9 月进口增速出现了阶段性的暴涨；剩余商品进口增速在 0 附近震荡，说明国内工业品的需求依然较为低迷。

2020 年出口韧性的演变主要经历了上游原材料→医疗物资和电子产品→全线回暖的三条主线。第一，在 3 月中下旬海外疫情蔓延扩散以前，出口动能主要来自上游原材料。第二，在 4 月和 5 月海外主要经济体采取较为严格的防疫措施时，医疗物资出口增速一枝独秀，居家隔离在一定程度上支撑了对电脑、手机等电子产品的需求。第三，6 月以来几乎所有行业的出口增速都在回暖，房地产相关产品和机电产品出口增速领先，但医疗物资出口增速涨幅明显回落。机电产品内部结构出现明显分化，出口高增速的可持续性存忧。农产品和食品饮料以及其他劳动密集型产品出口增速反弹乏力、10 月增速还小幅回落，说明终端实体经济需求还是偏弱；但上游原材料出口增速明显反弹，10 月已经超过 9%，可能是受疫苗的乐观预期，低库存下上游厂商开始提前补库存。

我们尝试从前瞻的角度预判 2021 年进出口的走势，分别测算了悲观、基准和乐观三种情况下，进出口增速的预测值。整体来看，2021 年出口增速依然有望保持较高韧性，进口增速大概率不及出口增速，贸易顺差维持在高位。基准情况下，按美元计，2021 年出口增速约为 8%，进口增速约为 5%，贸易顺差约为 6 079.5 亿美元。

第一节　海外供需错位，出口韧性超预期

2020 年中国出口韧性超预期，进口增速波动大，贸易顺差大幅增加。按美元计，2020 年中国出口增速由 1—2 月的-17.1%震荡反弹至 10 月的 11.4%，1—10 月出口增速为 0.5%，高于去年同期 0.61 个百分点，不仅修复疫情影响，而且增速高于去年同期。进口增速在-16.6%至 13.2%之间宽幅震荡，5 月和 9 月分别是今年进口增速的低点和高点，1—10 月进口增速为-2.3%，高于去年同期 2.54 个百分点。1—10 月贸易顺差达到 3 845.54 亿美元，同比增长

14.2%。其中，1—10 月对美贸易顺差达到 2 499.46 亿美元，占总顺差的 65%。

2020 年中国的对外贸易在全球范围内一枝独秀。根据 WTO 最新数据显示，2020 年二季度美国、欧盟（27 国）、法国、德国、意大利、英国、中国和日本的商品贸易出口同比增速分别为-29.78%、-24.12%、-35.88%、-25.18%、-29.11%、-25.24%、0.14% 和-23.69%。二季度美国、欧盟（27 国）、法国、德国、意大利、英国、中国和日本的商品贸易进口同比增速分别为-19.8%、-23.66%、-28.12%、-19.47%、-29.74%、-22.64%、-9.67%和-14.14%。

虽然海外疫情形势严峻遏制外需，但中国在外需疲软的背景下外贸领先，主要是海外供需错位，缺口由中国商品填补。从全球主要经济体的贸易数据来看，海外疫情蔓延对除中国以外的其他主要经济体的进出口都产生了较大的冲击，外需一直处于较为疲弱的状态。海外疫情蔓延扩散后，欧美等主要经济体相继采取封城措施控制疫情，社会生产活动基本处于停滞状态，民众出现了抢购防疫物资和日常生活用品的情况。3 月几乎所有资产价格暴跌，各国政府陆续采取了宽松的货币政策+大规模财政刺激政策的方式救市，资产价格反弹。

5 月下旬，随着天气转暖和新增病例逐渐稳定，欧美等主要经济体相继放松防疫措施、重启经济，但经济复苏情况不及预期，主要是放松防疫后疫情反弹，导致不得不延缓复工复产进度，严重影响产能供给。同时，前期大量的政策刺激导致供不应求。由于中国疫情率先得到控制并恢复产能，全球的供需缺口主要由中国商品填补。所以，3月以来，中国的出口韧性超预期，明显好于我们在《疫情如何影响中国外贸产业链》中的判断。虽然我们预期到了疫情会压制全球需求和产能供给，但我们低估了疫情对除中国以外的制造业中心的冲击，以及主要经济体的政策刺激对其国内居民需求修复的速度。

美国的供需缺口是中国出口增速强韧性的重要动力来源，中美贸易摩擦的影响让位于疫情冲击。从出口增速的趋势来看，2019年下半年中国出口增速明显与中国对欧盟出口增速更为相关，主要与美国对中国的贸易制裁有关系，2019年5月美国将2 000亿美元清单商品税率提升至25%，同年9月对剩余3 000亿美元清单商品征税。但2020年4月以来中国出口增速与对美出口增速相关性明显增强（见图6－1），疫情取代中美贸易摩擦成为更重要的影响因

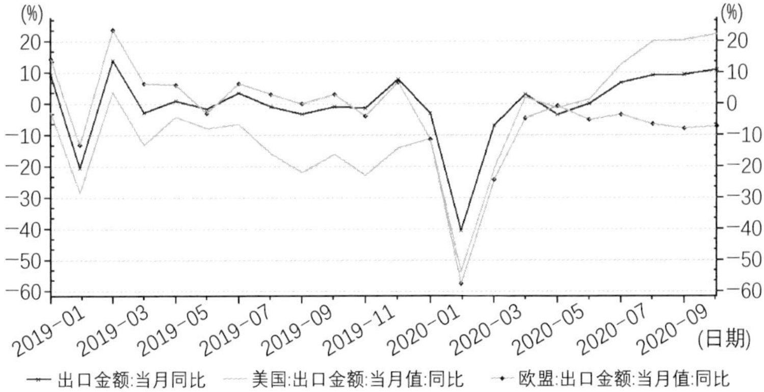

图6－1　2020年4月以来，中国出口增速与中国对美出口增速相关性增强

资料来源：Wind数据库。

素。一方面，由于疫情限制了国际贸易往来和产能供给，这种偶然的不可抗力突发事件成为中国难以完成中美第一阶段贸易协议目标的合理解释；另一方面，即便中美之间的商品关税仍存，但由于疫情影响了全球产能供应，美国厂商不得不选择从中国进口相关产品，关税的成本基本上由美方承担。

从美国的宏观数据来看，7 月开始美国的供需缺口明显，这是中国 7 月以来出口增速保持高增长的重要原因。三季度个人消费支出和国内私人投资的同比均出现了明显反弹，政府支出同比正增长，但工业总体产出指数从 7 月开始趋稳。三季度美国个人消费支出、国内私人投资和政府支出同比分别增长 -2.89%、-3.81% 和 0.39%，较二季度分别增加 7.35 个百分点、增加 13.1 个百分点和减少 1.68 个百分点。美国工业总体产出指数（2012 年 = 100）由 2 月 109.3 降至 4 月的 91.27 后，震荡反弹至 10 月的 103.21，依然明显低于去年同期水平。另外，美国 ISM 制造业分项指数中，7 月以来，新订单指数明显高于供应商交付指数，与 7 月以来中国出口增速保持在 7%以上的走势相吻合（见图 6-2）。

进口增速不及出口增速，主要是国内工业品需求低迷。从历史趋势来看，进口增速与 PPI 走势基本上呈现高度相关性（见图 6-3）。虽然短期波动方向可能并不是完全一致，但中长期趋势基本高度吻合。考虑到 PPI 反映的是国内工业品供需情况，今年受疫情影响，工业品需求偏弱，制约了进口增速的反弹。

一是国有投资逆周期调节目的在于稳投资，工业品需求明显反

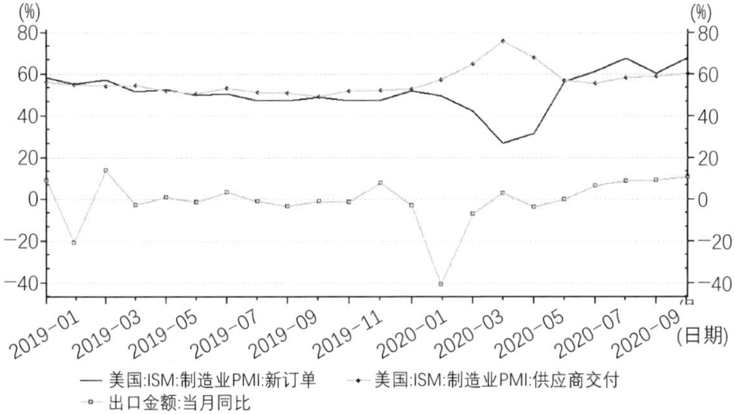

图 6-2 2020 年 7 月以后美国新订单高于供应商交付指数，与中国出口增速高增长相一致

资料来源：Wind 数据库。

图 6-3 进口增速与国内工业品价格的长期趋势呈现高度相关性

资料来源：Wind 数据库。

弹需经济走出疫情冲击低谷。国内工业需求主要靠国有投资逆周期加码发力，但政府相较于 2008 年政策调控力度明显更为克制，只是起到稳投资的作用。工业品需求的大幅反弹还是要靠经济内生增

长动能的修复。

二是国际油价疲软，制约了工业品价格的持续反弹动力。以石油为基础的现代工业体系，对国际油价的波动非常敏感。2020 年 3 月沙特发起石油战导致国际油价暴跌，4 月欧佩克达成减产协议并从 5 月 1 日开始执行，国际油价反弹趋稳。但秋冬季叠加疫情的影响，欧美进入了新一轮的疫情暴发期，外需不振制约了油价上涨空间。

三是从进口商品的组成结构来看，除农产品以及难以自给自足的原材料和高新技术产品外，剩余商品的进口增速没有明显起色，说明内需依然疲软（见图 6－4）。今年以来，农产品由于中美第一阶段贸易协议进口增速保持高增长；铁矿石、原油等高度依赖进口的原材料进口增速则受到大宗商品价格波动的影响；高新技术产品由于美国对中国的科技制裁，在 6 月和 9 月进口增速出现了阶段性的暴涨；剩余商品进口增速在 0 附近震荡，说明国内工业品的需求依然较为

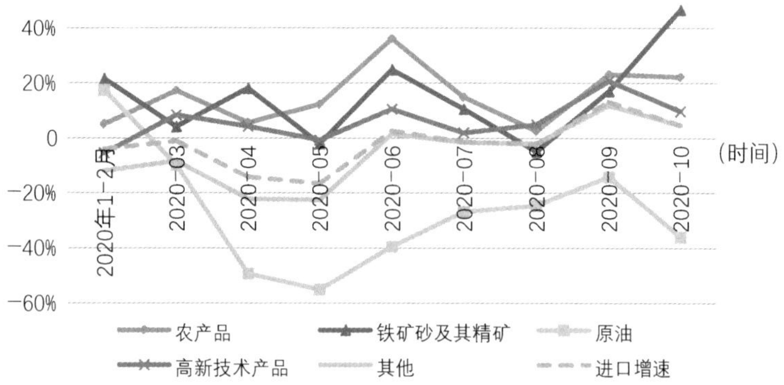

图 6－4　除农产品、原材料和高新技术产品外的其他产品进口增速在 0 附近震荡

资料来源：Wind 数据库。

低迷。2020 年 1—10 月，农产品、铁矿石、原油、高新技术产品和其他商品进口金额占比分别为 8.3%、5.7%、9%、32.9%和 44%。

第二节　出口韧性演变的三条主线

我们将海关编码（HS 编码）的出口商品大致划分为七大类，分别为农产品和食品饮料、上游原材料、医疗物资、房地产相关产品、机电产品、其他劳动密集型产品以及其他（见表 6-1）。按美元计，2020 年 1—10 月农产品和食品饮料、上游原材料、医疗物资、房地产相关产品、机电产品、其他劳动密集型产品以及其他出口金额占总金额的比例分别为 2.9%、22%、6.7%、7.5%、48.3%、11.1%和 1.5%。机电产品、上游原材料和其他劳动密集型产品出口占比之和超过 80%。

表 6-1　出口商品分类

分　类	HS 编码	
农产品和食品饮料	第一类	活动物；动物产品
	第二类	植物产品
	第三类	动、植物油、脂、蜡；精制食用油脂
	第四类	食品；饮料、酒及醋；烟草及制品
上游原材料	第五类	矿产品
	第六类	化学工业及其相关工业的产品

续 表

分 类	HS 编码	
上游原材料	第七类	塑料及其制品；橡胶及其制品
	第九类	木及制品；木炭；软木；编结品
	第十类	木浆等；废纸；纸、纸板及其制品
	第十三类	石料、石膏、水泥、石棉、云母及类似材料的制品；陶瓷产品；玻璃及其制品
	第十五类	贱金属及其制品
医疗物资	第十一类中第63章	其他纺织制成品；成套物品；旧衣着及旧纺织品；碎织物
	第十八类	光学、医疗等仪器；钟表；乐器
房地产相关产品	第二十类	杂项制品
机电产品	第十六类	机电、音像设备及其零件、附件
	第十七类	车辆、航空器、船舶及运输设备
其他劳动密集型产品	第八类	生皮、皮革、毛皮及其制品；鞍具及挽具；旅行用品、手提包
	第十一类（剔除第63章）	纺织原料及纺织制品
	第十二类	鞋帽伞等；已加工的羽毛及其制品；人造花；人发制品
其他	第十四类	珠宝、贵金属及制品；仿首饰；硬币
	第十九类	武器、弹药及其零件、附件
	第二十一类	艺术品、收藏品及古物
	第二十二类	特殊交易品及未分类商品

注：HS编码部分商品超出划分商品类型范围，但不影响整体结论。口罩属于第十一类第63章。

资料来源：自行整理。

从出口商品类型来看（见图6－5），2020年出口韧性的演变主要经历了上游原材料→医疗物资和电子产品→全线回暖的三条主线，具体的逻辑如下：

第一阶段，在海外疫情加速蔓延以前，出口动能主要来自上游原材料。2月出口增速暴跌，市场普遍对今年的出口增速较为悲观。一方面，国内严格的防疫措施影响产能供给，产能的修复时间取决于防疫的效果，有一定的不确定性。另一方面，市场担心产业资本会加速转移。而且，当时海外投资者多数错误地估计了新冠肺炎疫情的传染力以及中国防控疫情的决心。他们没有想到中国政府能够做到在短短两个月之内有效控制住疫情。所以，一季度，很多海外投资者开始加速将劳动密集型产业转移至中国周边地区，这些产业对产业链上下游的配套以及劳动力素质的要求偏低，相对而言，可以在短时间内进行大量转移。上游原材料出口较强在一定程度上支

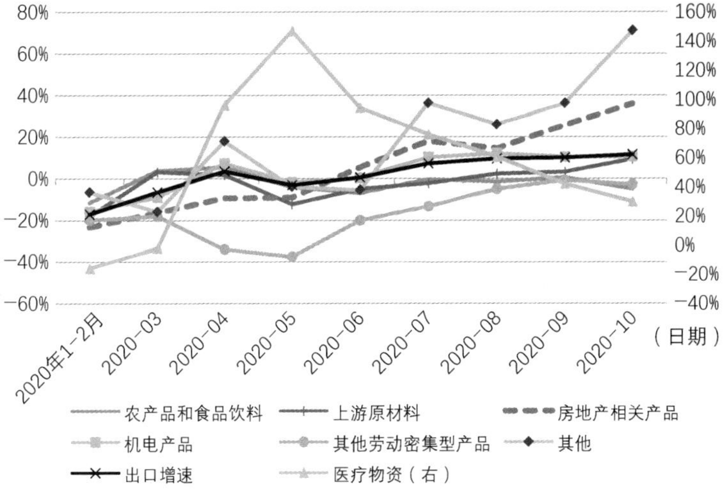

图6-5 七大类商品的出口增速走势

资料来源：Wind数据库。

撑了出口增速的超预期。

第二阶段，在4月和5月海外主要经济体采取较为严格的防疫措施时，医疗物资出口增速一枝独秀，居家隔离在一定程度上支撑了对电脑、手机等电子产品的需求。3月下旬开始美、欧、日等主要经济体相继采取了封城措施，社会需求基本降至保持最低生活必需品，绝大多数可选消费品的出口大幅下降，但对医疗物资和电子产品的需求较为旺盛。一方面，海外疫情暴发，病例快速增加和群众的恐慌情绪导致医疗资源挤兑，使得中国医疗物资的出口激增。另一方面，多数国家借鉴中国防疫的成功经验，采取了居家隔离政策，员工居家办公、学生居家学习网课，在一定程度上维持了对电脑、手机等电子产品的需求。另外，海外疫情暴发后，欧美产能基本处于停滞状态，除生活必需品以外的其他物资也高度依赖进口。

第三阶段，6月以来几乎所有行业的出口增速都在回暖，房地产相关产品和机电产品出口增速领先，但医疗物资出口增速涨幅明显回落。5月下旬主要经济体相继重启后，疫情出现了反弹，特别是在9月以来，流感+低温+疫情导致欧美疫情再次暴发，欧洲又开始重新封城，美国即便没有封城也放缓了复工复产的进度，产能供给跟不上需求复苏。虽然海外供需缺口主要由中国填补，但不同商品的出口需求存在明显的差异：

房地产相关产品的出口增速快速走高。一是美联储的联邦基准利率已经降至0~0.25%，贷款利率处于历史低位，还房贷的成本下降。二是美国出台了史无前例的大规模经济刺激计划，直接给民众和企业提供经济援助，这些钱部分流入股市，在美股指数反弹后，又部分流入了房市，6 月和 7 月美国成屋销售环比增速在 20%以上。三是美国房市的火爆带动了对家具、装饰等家居用品的需求。四是欧洲诸国重新封城后，“宅经济”使得家居用品需求暴增。根据阿里巴巴旗下跨境电商速卖通的数据显示，9 月沙发销售额同比上涨超 200%，大件家具销售额同比上涨 3 倍，大型室内灯具上涨超 50%，紫外线杀菌灯同比增幅近 200%，居家办公椅在欧洲销售额上涨 500%。

机电产品出口增速高位走平，内部结构出现明显分化，高增速的可持续性存忧。HS 编码的第十六类包括第 84 章和第 85 章。2020 年 1—10 月，84 章、85 章和第十七类商品出口占机电产品出口的比例分别为 35.5%、55.8%和 8.6%。从 84 章和 85 章以及 HS 第十七类商品的出口增速来看，6 月以来 84 章和 85 章的增速都为正增长，第十七类增速不断回升、8 月已转正。但 84 章商品出口增速在 9 月达到顶峰后小幅回落，85 章商品的出口增速在 7 月达到顶峰后快速回落后 10 月有趋稳反弹迹象，而第十七类商品出口增速的涨幅在 10 月明显收窄（见图 6 - 6）。

84 章出口增速的快速攀升主要是因为自动数据处理设备及其零部件、农用设备和纺织机械出口增多，与疫情期间无人操作机械需求增加、中国履行中美第一阶段贸易协议大量采购美国农产品和美国加大医疗防护物资生产有关。1—10 月自动数据处理设备

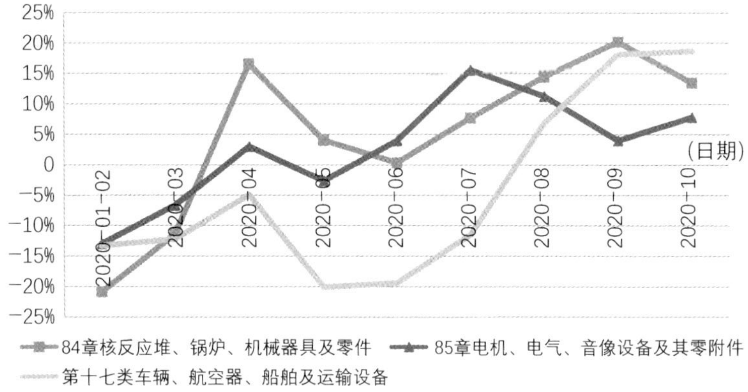

图 6-6 机电产品出口增速内部结构出现分化

资料来源：Wind 数据库。

及其零部件、农业机械和纺织机械出口增速分别为 8.4%、15.2% 和 19.6%。但随着 2021 年疫苗有望大量上市以及农业和纺织业固定资产采购需求的饱和，84 章商品出口增速可能会在明年震荡回落趋稳。

85 章主要是手机、家电、音视频设备等电子产品，经济重启、居民外出工作后，这些商品的需求趋于饱和，加上这些商品都是耐用品、更新换代需要较长时间，所以 8 月以来 85 章出口增速涨幅明显回落，10 月有触底反弹的迹象。拜登上台后，美国可能会采取更为严格的隔离措施，但相比 4 月和 5 月的影响来看，对电子产品的出口需求应该会小很多，明年 85 章商品出口增速可能会在低位趋稳。

第十七类主要是交通运输类商品，航空、铁路、公路等运输业在本次疫情中受到的冲击是最大的，6 月以来正在逐渐修复，而且政府给了这些行业大量的援助，8 月开始交通运输类商品出口增速转正。在疫情没有得到完全控制前，全球运输业恐怕难以完全恢复至疫情发生之前的状态，而且运输业的走势受到财政刺激政策影响，美国新任政府参众两院呈现分裂局面，新一轮的刺激政策规模可能会低于民主党的预期，第十七类商品出口增速明年可能会有所提升，但提升幅度有限。

农产品和食品饮料以及其他劳动密集型产品出口增速反弹乏力，10 月增速还小幅回落，说明终端实体经济需求还是偏弱；但上游原材料出口增速明显反弹，10 月已经超过 9%，可能是受疫苗的乐观预期，低库存下上游厂商开始提前补库存。一方面，本次疫情对穷人的冲击更大，而且欧美的刺激政策对富人更为受益，大众的购买力受到限制，令实体经济的复苏前景蒙上阴影。另一方面，今年受疫情影响，厂商一直处于被动去库存的状态下，10 月以来，市场对新冠疫苗推出的乐观情绪较为浓厚，低库存下上游厂商开始提前补库存，有利于上游原材料的出口。

另外，2008 年金融危机以来，世界正处于低增长、高负债、低利率、贫富差距拉大的状态之下，在新一轮科技革命爆发前，这种状态将会持续很长时间。疫情加剧了全球的结构性失衡，传统的发展动能正在失速，全球经济的领头羊正在向东方转移。在此背景下，中国推出发展内循环和双循环格局、签署 RCEP 以及加速资本市场改革，未来区域贸易一体化的进程大概率会加速。

第三节　对2021年进出口走势的预判

近几年外部环境不确定性较多、“黑天鹅”事件频发，进出口增速的波动较大，令外贸增速的预测难度增加，过去以历史数据判断未来走势的有效性正在降低，我们尝试更多从前瞻的角度预判未来进出口的走势。

对于出口来说，2021年需要关注的要点集中于：

一是疫情何时能得到有效控制，进而影响海外产能的修复进度。虽然部分疫苗的研发进度良好，2020年年底个别疫苗有望上市，但疫苗的批量生产和绝大部分人都能接种可能至少要等到2021年三季度以后。所以，短期内全球的需求还是高度依赖中国的产能供给。即便疫情防控的效果超预期，北美和欧洲制造业产能的重启初期需要大量投入和一定的修复时间，短期内还是需要中国的产能供给。另外，**中国在其他国家产能受到影响的这段时间新增的市场份额、在供应链配套上形成的优势以及区域贸易一体化战略，有望形成自我加强的良性循环，所以，供给端的优势有望支撑中国在2021年的出口韧性**。

二是美国新一轮经济刺激计划的落地时间和规模。虽然美国参议院和众议院就经济刺激计划的规模存在争议，但明年新一轮经济刺激计划的落地基本上没有悬念，关键在于何时能落地、规模有多大。目前美国已发放的经济援助基本用完，新的援助若未能及时到位，短期内流动性可能会出现问题，这会倒逼美联储进一步放松银根。当新一轮经济刺激计划落地后，美联储为配合经济复苏，货币政策至少在2021年之内大概率不会转向。

三是美国对中国贸易政策的变化。美国新一届总统上任，市场普遍认为拜登的贸易政策会延续全球化主张，而且拜登也多次公开表态，上任后会取消对中国的关税制裁，中美之间有望达成新的贸易政策。当然，贸易冲突的缓和并不能说明中美之间的关系出现了本质的改善，拜登也有可能从其他领域加强对中国的限制。

四是欧美经济复苏的程度。作为全球经济重要的火车头，欧美经济的复苏程度直接决定了外需，海外经济如果能够如期复苏，对实体经济出口需求的拉动效果会非常明显，有利于中国制造业的修复。

虽然2021年的不确定因素较多，但比较确定的是美联储在2022年之前不会考虑加息。我们基于全球产能在2021年难以完全修复、美国取消或者放松对中国的关税制裁以及美联储2021年不会加息的前提假设之下，分别测算了在悲观、基准和乐观情形下2021年的出口增速（见表6－2）。**悲观情况下，海外疫情防控反反复复，美国经济复苏不及预期，出口增速约为2.7%；基准情况之下，疫苗批量上市进度如期进行，美国经济复苏情况正常，出口增速约为8%；乐观情况之下，海外疫情快速得到控制，美国经济复苏超预期，出口增速约为10.3%。**

表 6-2 对 2021 年进出口增速的预测

不同情形	出口增速（%）	出口金额（亿美元）	进口增速（%）	进口金额（亿美元）	贸易差额（亿美元）
情形一：悲观	2.7	26 069.8	-1.0	20 128.4	5 941.4
情形二：基准	8.0	27 418.4	5.0	21 338.8	6 079.5
情形三：乐观	10.3	28 002.8	7.4	21 829.4	6 173.4

资料来源：自行整理。

对于进口来说，2021 年需要关注的要点集中于：

一是国际油价的走势。2020 年油价的基数偏低，但全球经济在疫情的影响下，一旦主要产油国扩产，可能会供过于求，而且主要国家都在大力发展新能源，对原油的需求可能会有一定替代作用。但是，考虑到美联储向市场投放了过多的流动性，经济复苏后美元可能会加速贬值，对原油价格有一定的支撑作用。正负因素交织，2021 年国际油价增长空间受限。

二是中国财政政策的力度。2020 年由于疫情的冲击，中国政府的财政政策力度仅次于 2008 年，目前来看，经济复苏情况良好，2020 年经济增速实现正增长是大概率事件，预计 2021 年财政政策力度可能会下降，基建投资增速可能会回落，对较为依赖进口的大宗商品需求可能会有一定的抑制作用。

三是中国经济复苏的情况。中国经济复苏的情况直接决定了内需，进口增速与内需程度相关。预计 2021 年改革和开放的政策红利会加速释放，而且政府正在加大对高新技术产业和实体经济的政策倾斜力度，在一定程度上都有望提振内需。

我们基于国际油价可能在现有水平震荡以及财政政策力度降低的基础上，分别测算了在悲观、基准和乐观情形下2021年的进口增速（见表6-2）。悲观情况下，中国经济复苏不及预期，进口增速约为-1%；基准情况下，中国经济复苏情况正常，进口增速约为5%；乐观情况下，中国经济复苏超预期，进口增速约为7.4%。

整体来看，2021年出口增速依然有望保持较高韧性，进口增速大概率不及出口增速，贸易顺差维持在高位。预计2021年出口增速在2.7%~10.3%之间，进口增速在-1%~7.4%之间，贸易顺差在5 941.4亿~6 173.4亿美元之间。

第七章　人民币汇率走势分析[①]

2021年1月5日，在岸人民币兑美元汇率（直接标价法）已经升破6.43，目前在6.49附近震荡。现阶段，市场对2021年人民币汇率会不会破6讨论较多，存在分歧。一方面，自2005年“汇改”以来，人民币汇率的最高点是2014年的6.04，近期人民币汇率的新高距历史新高约有7%的升值空间，而2020年5月—2021年1月人民币汇率的升值幅度约为10%，理论上人民币汇率破6是非常有可能的。另一方面，6是一个心理关口，一旦人民币汇率升破6，那么人民币汇率短期内将会进一步打开向上升值空间，从长期来看，人民币的过快升值对中国经济的基本面是会有一定冲击的。我们从人民币升值的主要驱动力以及中国政府的调节政策两个维度进

① 该部分内容来源于李湛、邹欣：《本轮人民币汇率升值的原因、影响和应对政策》（完成于2020年10月28日），以及李湛、邹欣：《人民币汇率年内破6概率偏低》（完成于2021年1月20日）。

行剖析，认为2021年人民币汇率破6的概率偏低。

第一节　2020年人民币汇率升值的三大主要因素

本轮人民币升值主要有以下三个方面的原因：

第一，美元流动性泛滥是本轮人民币升值的主因之一。2020年年初，美国疫情暴发和全球资本市场暴跌，美联储采取了零利率和无底线宽松政策为市场紧急提供流动性，平息市场恐慌情绪。4月美国疫情趋于稳定、全球资产价格逐渐修复以后，美元流动性泛滥的影响开始逐渐显现。美国M2增速由2月的6.81%增至9月的历史高位24.11%；美元指数由5月中旬的100左右降至8月底的约92，贬值了约8%，9月小幅反弹至94.5左右后，10月震荡下跌至93附近。

美元流动性泛滥导致美国通胀率上行、使得美债的实际收益率为负，美股快速反弹至历史高位与其基本面背离、有一定高估风险，以及美元信用受损，都促使**国际投资者对非美资产配置的需求增加**。

一是美债实际收益率为负，促使资金流向其他收益更高的资产。截至2020年10月22日，美国十年期国债实际收益率为-0.89%，持续7个多月处于负值区间。在全球恐慌情绪逐渐平息后，国际投资者寻求收益更高的资产。

二是美股已经处于高位，有较大的回调风险。纳斯达克指数在6月初完全修复疫情冲击，并创新高，9月初的高点较6月初已经上涨了约23%。标普500指数在8月中旬完全修复疫情冲击，并创新高。道琼斯工业指数在9月初接近到达前期新高，在10月22日依然处于28 363.66的高位。美股三大指数的估值都处于历史高位。根据Wind的数据显示，截至2020年10月22日，标普500、纳斯达克和道琼斯工业指数的市盈率（TTM）分别为33.63、69.49和27.51，基本上都处于历史高位。

三是美国财政赤字激增和美元流动性泛滥有损美元信用。根据美国财政部10月16日发布的报告显示，美国在2020年财年（截至当年9月30日），财政赤字已经高达3.13万亿美元，是2019年财年9 844亿美元的3倍多。预计2021年美国联邦政府的债务水平将会超过美国的GDP。考虑到美国疫情依然较为严重，美国政府前期的纾困政策即将用完，美国两党正在就新一轮的财政刺激计划进行磋商。目前来看，两党在2020年美国大选前达成刺激计划的概率较低，但考虑到财政政策若缺位会造成违约率上升对经济稳定性形成冲击，新一轮刺激计划的落地只是时间问题。而且根据6月美联储的议息会议表明，到2022年年底之前美联储将维持现有的货币宽松政策，这都会对美元信用造成一定的负面影响。

但我们也注意到，本轮人民币升值与美元贬值的趋势有两个显著的差异性：一是人民币升值的幅度不及美元贬值的幅度；二是在5月中旬至8月底，本轮人民币升值的时间区间明显滞后于美元贬值。这可能是因为中美之间大国博弈的走势不明朗，导致投资者对持有人民币资产持较为谨慎的态度，加上2020年又是美国总统换届选举年，临近11月大选，市场担心特朗普对华政策可能会剑走偏锋。此外，人民币资本项目不能自由兑换，也在一定程度上影响了国际资本流入中国。但是，9月开始，人民币汇率和美元指数走势的同步性增加，中美疫情的对比、拜登民调大幅领先特朗普，以及中国资本市场的对外开放力度加大，正在逐渐增强国际资本对中国市场的信心。

第二，中国在全球范围内率先控制住疫情，经济率先复苏，宏观基本面较为强劲，支撑人民币走强。中国政府采取强有力的隔离措施，2个月内有效控制住了新冠肺炎疫情。3月开始，中国逐步推动复工复产和恢复社会经济秩序，目前产能已经修复至疫情前水平，服务业管制逐步放开，企业利润逐渐修复，虽然常态化防疫不能松懈，但经济复苏态势良好，三季度GDP增速达到4.9%，预计全年GDP增速约为1.9%。

然而，纵观全球疫情（截至2020年10月22日），境外累计确诊人数超过4 189万人，死亡人数超过113.8万人。其中，美国确诊人数超过866万人，死亡人数超过22.8万人；英国、法国、意大利、荷兰、德国等欧洲国家新增病例进入新一轮暴发期。海外国家一旦放松防疫管制、重启经济，疫情大概率出现反弹，加上这些国家基本难以承受再次全面封锁带来的严重后果，不得不在疫情加重和发展经济之间权衡取舍，导致其复工复产进度严重不及预期，全球产能供给受到重挫。

全球知名机构（国际货币基金组织、经济合作与发展组织、世界银行、标准普尔等）对2020年全球主要经济体的经济增速预期的趋势较为一致，基本上认为中国将会成为2020年全球GDP增速唯一正增长的主要经济体。比如，IMF在2020年10月发布的最新报告中指出，预计2020年全球GDP增速为-4.4%，美国为-4.3%，欧元区为-8.3%，印度为-10.3%，中国为1.9%，是2020年唯一一个实现GDP增速正增长的主要经济体。中国相较于全球其他国家有更强的基本面以及较为节制的货币宽松政策，令人民币资产的吸引力增加，加上中国正不断加快资本市场化改革的步伐，推进人民币国际化进程，都对人民币汇率形成有力支撑。

第三，中美利差保持在较高水平和人民币汇率升值的双重收益，使得中国债券对外资的吸引力增强，有利于外资流入。美联储已经将基准利率降至0~0.25%，6月的美联储议息会议调整了货币政策框架，美联储对于通胀超过2%的时间容忍度将会增加，而且美联储主席鲍威尔2020年9月表态称设定平均2%的通货膨胀率将为美联储提供更多的降息空间，这意味着如果美国经济出现超预期走弱的话，不排除后续美联储将会采取负利率政策，美债的实际收益率可能会在负值区间进一步下降，美债吸引力降低。Wind的数据显示，2020年1—9月美国发行了2.72万亿美元的国债，但外国投资者持有美国国债规模并没有出现明显的增加，8月外国投资者持有美国国债为7.08万亿美元，较1月只增加了539亿美元。

相对地，中国目前货币政策依然留有较多空间，从2020年4月起，LPR已经连续7个月按兵不动，10月1年期LPR利率为3.85%，5年期LPR利率为4.65%。从十年期国债收益率来看，10月22日，中国十年期国债收益率为3.17%，美国十年期国债收益率为0.87%，中美利差达到2.3个百分点。中美利差较高，有利于外资流入。根据中债登的数据显示，9月境外机构净增持中国债券1 341亿元，连续22个月增加。加上人民币汇率近期呈升值趋势，境外投资者买入中国债券不仅能获得利差收益，还能获得人民币汇率升值的收益，双重收益使得中国债券的吸引力增加。

另外，中国政府正在加大推进中国债券市场对外开放的力度。

一是促进中国政府债券被纳入国际债券指数。9月25日，富时罗素宣布中国国债将被纳入富时世界国债指数（WGBI），预计2021年10月开始纳入，据统计，未来1年半至2年内，有望新增1 200亿美元至1 500亿美元资金流入中国债市。至此，全球三大主要债券指数彭博、摩根大通和富时均将中国债券市场纳入。

二是进一步推动债券市场的自由化和便利化。9月21日，中国人民银行和国家外汇管理局发布关于《境外机构投资者投资中国债券市场资金管理规定（征求意见稿）》公开征求意见的通知，对汇出入币种匹配管理进行了优化：在本外币基本匹配的原则下，取消单币种（人民币或外币）投资的汇出比例限制；对境外机构投资者以“人民币+外币”投资的，仅对外币汇出施以一定匹配要求，并将汇出比例由110%放宽至120%，有效满足境外机构投资者资金汇出需求。9 月 23 日，国家外汇管理局向 18 家机构发放了 33.6 亿美元合格境内机构投资者（QDII）额度，时隔两年半重启 QDII 扩容，促进资本“走出去”。另外，2020 年 9 月 25 日，中国证监会、中国人民银行、国家外汇管理局发布《合格境外机构投资者和人民币合格境外机构投资者境内证券期货投资管理办法》，扩大外资投资范围；2019 年 9 月 10 日，国家外汇管理局取消了合格境外机构投资者（QFII）和人民币合格境外机构投资者（RQFII）的投资额度限制。这些举措有利于促进资金“引进来”，为中国资本市场引入长钱。

三是放开境外评级机构进入中国市场的限制，有利于促进债券信用评级机构的规范发展。2019 年 1 月标普作为首家外资评级机构获准进入中国市场，同时标普进入银行间债券市场开展债券评级业务的注册获得批准。外资的进入可以通过“鲶鱼效应”促进本土评级机构的发展，更好、更及时地识别、评估和预警信用市场的风险，促进中国债券评级机构的规范发展。

第二节　从历史实践看汇率升值的影响

从已有的国际实践经验来看，在产能供给充分和国际资本自由流动的前提下，1997 年的亚洲金融危机和 20 世纪 90 年代日本房地产泡沫破灭都为本国货币持续升值的发展上了惨痛的一课。短期来看，本国货币升值对经济的影响不明显，甚至在经济数据上面还会加速经济的过热。但长期来看，会通过降低出口创汇能力、加速经济结构失衡和积累金融风险三种途径对经济造成严重隐患，甚至发展为金融危机。

第一，本币升值降低出口创汇能力会导致创汇的成本增加，为保持国际收支平衡，政府不得不通过资本账户顺差获得外汇。对于发展中国家来说，其部分原材料、高端设备、武器等，必须通过外汇购买，自身的发展很难完全独立于其他国家。出口创汇是国家获取外汇成本最低的方式，没有资金成本也不存在还款期限。当国家出口创汇能力下降时，不得不通过资本账户顺差获得外汇。但外资的流入通常都是以债权或股权的方式存在，债务是要刚性兑付的，股权是有投资收益要求的，都很难保持长期流入的状态。虽然国际资本的流入在一定程度上可以为本国的经济发展带来技术、人力、管理经验等多种资源，促进本国产业结构的升级和经济发展，但毕竟国际投资者的目的是赚取利润，而不是与企业共成长。等投资人认为需要获利了结或者面临流动性压力大量撤资时，外资就会在短时间内集中流出，造成外汇挤兑，可能会导致本币急剧贬值。

第二，本币升值外需不振会促使政府转为刺激内需，虚拟经济快速发展，导致经济结构失衡、制造业严重被挤出。对于发展中国家而言，工业化的道路最开始一般都是通过出口发展劳动密集型产业赚取外汇后，购买本国无法生产的工业设备，再进一步发展资本密集型产业。本币升值说明发展中国家在当时经济基本面较好，经济增速较快，政府为了保持政绩，当本币升值造成出口下降时，不得不转为发展国内市场，刺激内需。前期经济增速由高到低的过程中居民收入增加但储蓄率又高，一般政府都会选择发展基建和房地产，这会导致虚拟经济快速发展，资产价格不断走高，实体经济的收益率大幅下降，制造业被严重挤出，经济结构失衡。

第三，前两者会导致外债增加和资产泡沫膨胀，加上自由流动的资本账户体系和欠缺弹性的外汇制度，积累了大量金融风险。当外资短时间内大量流出时，金融风险引爆为金融危机，金融危机若进一步向实体经济传导，甚至有可能演变为经济危机。金融风险的累积总是悄无声息的，繁荣的背后往往埋下了危机的种子。通过资本账户顺差的方式获得外汇会导致外债增加，若是资本账户顺差不及经常账户逆差，外汇储备也会不断减少。

当外资集中大量流出时，会发生外汇挤兑，若外汇储备不足以满足外汇兑换需求，汇率会急剧贬值；同时外资的大量流出会导致国内资产价格暴跌，金融机构发生流动性危机，引发金融危机。企业由于难以偿还变得更贵的外债而出现资金链紧张，银行为获得流动性又不断向企业催款，导致企业资金链更加紧张，形成恶性循环。接着，企业经营出现问题不得不降薪裁员，甚至破产，失业率上升。最终金融危机可能会传导至实体经济，演变为经济危机。国家多年的发展成果付之一炬，可能需要多年才能修复危机的冲击。

1997 年亚洲金融危机中的泰国是比较典型的案例。亚洲金融危机最开始从泰国暴发，导火索是日本银行由于资产负债表恶化从亚洲大量撤资。但这背后的原因很复杂，其中之一就是其出口创汇的能力下降。当然，泰铢升值只是泰国出口创汇能力下降的原因之一，中国制造的崛起也有一定的影响。1990—1997 年，泰国经常账户一直处于赤字状态。1996 年泰国的经常账户赤字高达 144 亿美元，占 GDP 的 7.9%。

泰国政府为了保持国际收支的平衡，不得不依靠资本账户顺差获得外汇，1990—1997 年，泰国货币市场利率（TMR）在 6.5%~14.6%之间波动，保持在较高水平，与美联储基准利率的息差保持在 3%以上。较高的利差吸引了大量热钱涌入，泰国 1996 年外债总额高达 1 087 亿元，占 GDP 的 59.8%。其中，短期外债占外债总额的比例为 43.9%，经济其实处于一个比较脆弱的平衡，经不起任何的风吹草动。热钱的涌入和国家刺激内需的政策导致泰国国内的资产泡沫不断膨胀。从 1990 年 1 月到 1994 年 1 月，泰国 SET 指数上涨了 95%。以 1991 年为基期，地价指数到 1997 年上涨了 63.4%；独栋住宅指数上涨了 44%。银行投向房地产的比例不断上涨，从 1988 年 6.3%增至 1996 年的 14.8%。金融系统与房地产市场的羁绊越来越深。

当作为泰国最主要外商投资来源的日本从泰国大量撤资时，泰国采用的盯住美元的外汇制度很快受到了冲击，泰铢急剧贬值，外汇发生了挤兑，国内资产迅速贬值，投资者恐慌情绪暴涨，国内资产价格暴跌，金融系统面临流动性危机，而金融系统又与房地产深度绑定，最终发生了金融危机。泰国的 GDP 增速由 1996 年的 5.7% 降至 1997 年的-2.8%后，1998 年降至-7.6%。不过泰国政府采取了较为恰当的应对政策，1999 年泰国经济复苏，经济增速转正。

日本 1990 年代的房地产泡沫破裂与 1997 年的亚洲金融危机本质上也非常相似。日本 1985 年签署“广场协议”后，日元持续升值，甚至出现了严重高估的情况，导致日本出口受损，政府为刺激内需转而大力发展房地产和金融行业，当美联储加息以及日本央行跟随加息时，外资大量流出，日本国内资产泡沫破裂，经济陷入萧条，步入“失去的 30 年”。

第三节　驱动人民币汇率升值因素的动能正在减弱

2020 年人民币汇率大幅升值，主要是因为美元大幅贬值，中国防疫成效显著、经济率先复苏，以及中美利差扩大吸引外资流入，但这三大因素推动人民币汇率升值的动能正在减弱。

第一，美元指数虽然处于下行通道，但年内下探 83 的概率偏低。2020 年美国无底线、宽松的货币政策，加上史无前例的财政刺激规模，使得美元指数大幅下降，包括美联储将基准利率下调 150 bp 至 0~0.25%，不设上限的 QE 和扩大 QE 的购买范围，动用流动性支持工具一级市场信贷安排（PMCCF）、二级市场信贷安排（SMCCF）和定期资产支持证券贷款工具（TALF），先后通过2.2万亿美元的经济刺激法案以及9 000亿美元的新冠肺炎疫情纾困计划等。如此大规模的货币宽松和财政刺激使得2020年美联储扩表约3万亿美元，财政赤字约3万亿美元，促使美元指数从2020年年中至2021年1月下降了约10%，那么，在2021年，美国的政策力度有可能达到如此大的规模吗？客观来看，非常困难。

从货币政策来看，美联储的基准利率已经降至0，而美联储具有投票权的官员多数不赞成采取负利率，利率进一步下降的概率偏低。同时，美联储主席鲍威尔近期的表态是在2021年年底前货币政策有望维持现状，不考虑加息。所以，2021年内美国货币政策进一步宽松的可能性不大，市场更关心的是通胀上升后美联储何时会加息的问题。从财政政策来看，拜登在1月15日刚公布了一项1.9万亿美元的财政刺激法案，虽然规模存在调整的可能性，但方案的通过只是时间问题，有望向市场注入新的流动性，促使美元指数进一步下行。综合来看，美元指数仍处于下行通道，但考虑到今年美国的刺激政策力度不及去年，美元指数下行幅度大概率不及2020年。

另外，2020年年中至2021年1月，人民币汇率的升值幅度与美元指数的降幅基本相当，都大致为10%，虽然人民币汇率中间价的锚是一揽子货币，但美元贬值仍然是人民币升值的最主要原因。人民币汇率若要破6，相对应地，美元指数需要下探83。从美元指数的历史走势来看，美元指数贬值最多的时间段分别是 1985—1987 年以及 2002—2004 年，但当时美联储的降息空间都明显高于现在。1984 年美联储的基准利率高达 8%，2001 年也有 6%。然而，2019 年美联储的基准利率最高也只有 2.5%，相对逼仄的降息空间对美元指数的降幅影响很难达到 1985 年和 2002 年。

同时，美国国内疫情形势依然较为严峻，在 2021 年上半年难以改观，美国社会的正常运转受阻，令美元的货币乘数效应受限，也制约美元指数的降幅。根据公开数据显示，美国 M2 的货币乘数从 2020 年 1 月的 4.47 降至 2020 年 12 月的 3.72。因此，我们认为，2021 年美元指数贬值空间在 5%以内的概率较高，可能在 85 以上震荡下行。但在美联储收紧货币政策之前，美元指数大概率仍将处于下行通道，可能会出现阶段性的反弹。

第二，中国经济基本面以及制度改革释放红利的吸引力随着美国以及新兴市场经济的逐步复苏或将有所减弱。拜登上台更为重视防疫以及通过基建投资提振经济，市场对美国经济复苏持乐观状态，对美元指数起到一定支撑作用。2020 年美国面临疫情冲击的影响最为严重，但随着防疫经验的积累、中国产能的修复，以及拜登上台后美国的政治经济政策有望重归正轨，市场对美国经济复苏的前景较为乐观。一方面，拜登政府非常重视防疫和疫苗接种，上台后预计会立马执行较为严格的隔离措施以及推动疫苗的快速接种。另一方面，拜登大规模的经济刺激计划主要偏向基建投资和发展新能源，有望提高美国的就业率，吸引一部分的资本回流。另外，疫情令全球都意识到保留本国核心产业供应链的稳定和产能的重要性，预计美国会出台更多政策吸引企业家加大对美国制造业的投资力度。

相对而言，中国的主要经济指标大多已经接近疫情前水平，经济复苏即将进入更加平缓的阶段。虽然疫情期间积累的诸多产业链、市场份额等优势以及制度改革进一步令中国依然具有较强的国际资本吸引力，但是亚洲其他国家也正处于经济复苏期的高速增长阶段，投资回报率较高，新兴市场对国际资本的吸引力增强，会分流掉部分资金进入新兴市场国家。另外，中美之间大国博弈的趋势不变，跨国公司为了分散风险的考量，也不愿意将生产线集中布局在中国国内，越南、缅甸、印度等新兴国家有望因此受益。

第三，十年期美债收益率走高令中美利差收窄，对国际资本流入中国有一定影响。从 2020 年 11 月，美国大选结果尘埃落定以来，中美十年期国债的收益率呈现明显的下滑趋势，利差从高点的 250 bp 降至 1 月 14 日的低点 196 bp。

一方面，美国十年期国债收益率呈走高趋势，这与美国国债发行量以及投资者的购买需求有关。随着市场从最初疫情冲击的恐慌情绪中逐渐修复，投资者开始抛售避险资产，加上拜登上台后财政刺激加码、国债发行量未来将有望在较长一段时间内维持较高水平，都推动了长久期的美债收益率的上涨。

另一方面，中国股债跷跷板现象较为明显。2020 年中国主要股指的投资回报率全球领先，债市低迷，加上 2020 年国债发行规模较大，债市收益率居高难下。但在央行多次公开表态2021年货币政策大概率会收紧影响股市涨幅，以及国债发行规模大概率低于去年的背景下，配置债券资产的吸引力上升。所以，从2020年12月以来，中国十年期国债收益率呈下行趋势，从3.3%降至近期低点的3.1%，下降了20bp。在没有“黑天鹅”事件暴发的前提下，中美利差收窄，对国际资本流入中国会有一定程度的冲击，但这种利差的收窄是否具有可持续性还有待观察，近期中美利差又出现了小幅反弹的迹象。

第四节 政策工具箱丰富令人民币汇率能够保持在均衡水平附近震荡

2020年年中人民币汇率大幅升值以来，我们看到人民币兑美元中间价基本上与在岸人民币兑美元汇率走势相符，说明政府并未采取手段直接干预人民币汇率的走势。一方面，人民币汇率的适度升值有利于人民币的国际化以及发展内循环和双循环格局；另一方面，考虑到美国对中国制裁的理由，不直接干预人民币汇率走势也有利于不给美国制裁中国留下话柄。但这并不意味着中国政府放任人民币汇率的自由游走，毕竟人民币快速升值对中国的出口以及出口企业的利润都会有一定冲击。整体来看，政府主要使用预期管理以及调节跨境资金流动政策影响人民币汇率的走势。

预期管理方面，政府通过定期举办发布会、媒体撰文、官员公开发言等方式，引导市场预期，避免强化人民币汇率的单边走势预期。比如，在2021年1月15日，国务院新闻办举行的新闻发布会上，央行官员表示："未来人民币汇率走势取决于国内外经济形势、国际收支状况和国际外汇市场变化等因素。总体来看，人民币汇率有升有贬，双向浮动将成为常态，既不会持续升值也不会持续贬值，将在合理均衡水平上保持基本稳定。"自2020年7月人民币汇率破7以来，官方在公开场合的表态基本上都保持这一基调。特别地，合理均衡水平并不意味着锚定某一数值，而是会随着内外环境变化而变化。

调节跨境资金流动政策方面，主要是稳定本外币的供给平衡以及促进人民币的国际化进程。汇率实际上反映的是本外币的供需关系，调节影响人民币和美元供给量的相关变量也能影响人民币汇率的走势，但这种方式相较于在公开市场直接投放货币干预汇率走势而言，耗费时间要更长一些。2020年年底以来，官方出台了一系列调节跨境资金流动的政策。比如，将境内企业境外放款宏观审慎调节系数由0.3上调至0.5，有利于扩大人民币的跨境使用规模；将企业跨境融资宏观审慎调节参数由1.25下调至1，降低企业通过外币加杠杆的规模；发布《关于进一步优化跨境人民币政策 支持稳外贸稳外资的通知》，放宽对部分资本项目人民币收入使用限制，便利人民币在企业和个人层面的跨境使用，以及进一步促进人民币的国际化进程。

综上所述，在没有突发“黑天鹅”事件发生的前提下，考虑到驱动人民币升值的三大因素动能趋弱以及政策工具箱丰富，我们认为，2021 年人民币汇率升破 6 的概率偏低。

第八章　财政收支现状分析[①]

2019 年以来，减税增支的积极财政政策持续发力，但受制于财政收入来源不足，从 5 月开始财政支出增速回落。同时，支撑土地财政运转的主要因素正在发生变化，这令土地财政模式的可持续存疑。

本章主要从政府公共财政收支情况、政府性基金收支情况和土地财政运行机制的可持续性三个方面，对 2019 年政府财政现状和可能出现的新趋势进行深入、细致的剖析。

政府公共财政收支包括中央一般公共预算收支以及地方一般公共预算本级收入和地方一般公共预算支出。政府性基金收支包括中央政府性基金预算收支以及地方政府性基金预算本级收入和地方政府性基金预算支出。由于月度数据缺失，本章不考虑税收返还和转移性支付的情况。

---

① 该部分内容来源于李湛、邹欣：《积极财政发力，但可持续性存疑——对 2019 年财政发展现状的分析》，2019 年 11 月 8 日首发于“财新”专栏。文中部分文字有修改。

第一节 公共财政发展现状：减税增支在路上

2019 年以来，财政支出增速一直高于财政收入增速，且两者差距保持在较高水平，主要受到减税增支的积极财政政策影响。如图 8－1 所示，2019 年以来财政收入基本呈下降趋势；财政支出增速则呈先升后降趋势，从 5 月开始回落；财政支出增速与财政收入增速的差距虽然先扩大后缩小，但一直保持了较高幅度。2019 年 1 至 9 月财政收入为 15.07 万亿元，财政支出为 17.86 万亿元，财政收支缺口（财政支出减去财政收入）为 2.79 万亿元，同比增长 60%。

2019 年财政收入增速回落，而财政支出增速维持在较高水平（见图 8－1），主要受到积极财政政策的影响。2019 年积极财政政

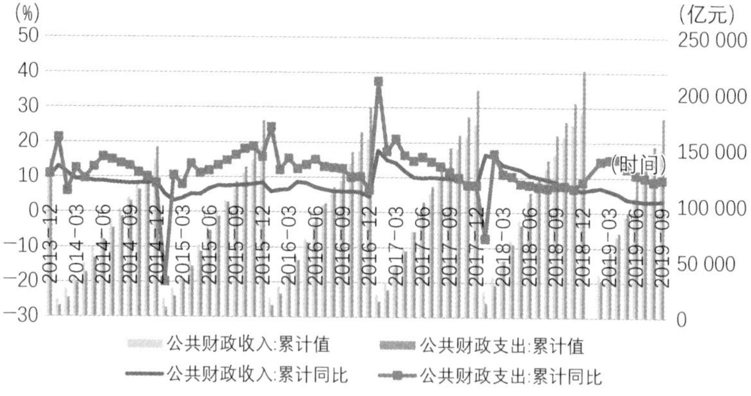

图 8－1 财政收支增速趋势

资料来源：Wind 数据库。

策与往年有所不同，不再搞“大水漫灌”式强刺激：一方面，通过大幅减税降费，增加居民收入、降低企业成本。年初的政府工作报告将今年减税降费的目标定为2万亿元，较去年增加9 000亿元，力度远超以往，主要手段包括落实2018年的个税改革、调低增值税税率和社保费率、对小微企业定向减税等。另一方面，在2018年12月底提前下达新增地方政府专项债部分额度8 100亿元（2018年地方政府专项债额度1.35万亿元的60%），为地方政府基建项目提供资金来源，所以，从2019年3月开始，财政支出规模就超出财政收入规模（往年要在6月以后）。

从财政收入结构来看，超过80%的财政收入来自税收收入；2019年以来，税收收入增速与非税收入增速走势有所分化，非税收入对财政收入增长的支撑作用增加；非税收入快速增加主要来自盘活国有资金和资产。财政收入绝大部分来自税收收入，2019年1至9月税收收入占财政收入的比例为84.3%，同比减少3.2个百分点。今年以来，税收收入累计增速同比由2月的6.6%降至9月的-0.4%，减少7个百分点；非税收收入累计增速同比由2月的10.8%增至2019年9月的29.2%，增加18.4个百分点；今年非税收入对财政收入增长支撑作用明显增强。非税收入快速增长，根据官方解释①，主要是政府利用多渠道盘活国有资金和资产增加财政收入，并不是通过收取费用的方式增加收入。

① 参见http：//news.youth.cn/gn/201907/t20190717_ 12011504.htm。

从税收收入结构来看，主要税种为增值税、消费税、企业所得税和个人所得税，2017 年以后占比之和近 80%；2019 年以来增值税、消费税、企业所得税和个人所得税增速全面下滑。2015 年至 2019 年，消费税、企业所得税和个人所得税累计收入占税收累计收入的比例较为稳定，分别在 8%、25%和 7%上下波动，而增值税累计收入占税收累计收入比例出现了明显地上升，从 2016 以前的 24%上下波动到 2018 年的 38%上下波动，主要是因为受 2016 年“营改增”政策的影响；2019 年 9 月，增值税、消费税、企业所得税和个人所得税累计收入分别占税收累计收入的比例为 38.9%、9%、24.9%和 6.3%，合计占比 79%。

如图 8－2 所示，2019 年以来，受到减税降费政策的影响，主要税收收入来源税种增速全面回落：增值税增速由 2 月的 11.3%降至 9 月的 4.2%，减少 7.1 个百分点；消费税增速由 2 月的 26.7%降

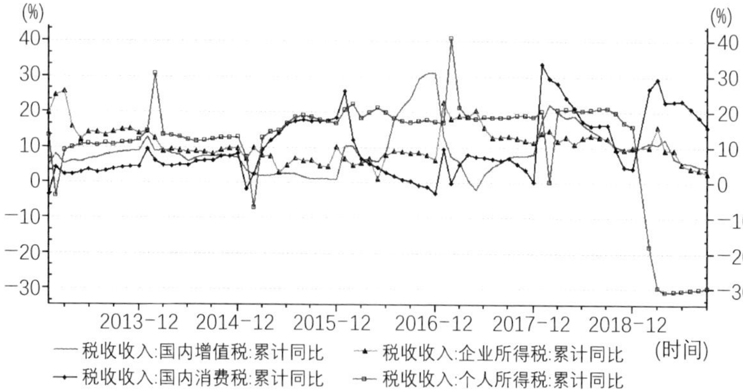

图 8－2　2019 年以来主要税收来源税种增速全面下滑

资料来源：Wind 数据库。

至9月的15.8%，减少10.9个百分点；企业所得税增速由2月的10%降至9月的2.7%，减少7.3个百分点；个人所得税增速由2018年年底的15.9%降至2019年2月的-18.1%后，继续下滑至9月的-29.7%，较2月减少11.6个百分点。主要税种增速的全面下滑，说明今年以来政府的减税降费政策颇有效果，为企业和个人减轻了一定程度的税收负担。

从支出结构来看，财政主要用于民生事务支出，2019年以来，用于教育、城乡社区事务、农林水事务以及交通运输的支出增速较2018年年底均有提升。2015年至2019年，财政在教育、社会保障和就业、城乡社区事务、农林水事务以及交通运输的累计支出占财政累计支出比例较为稳定，分别在15%、15%、10%、8%和5%上下波动；2019年9月，教育、社会保障和就业、城乡社区事务、农林水事务以及交通运输分别占财政累计支出的比例为14.6%、13.4%、11.9%、8.1%和5%，合计占比为53%。

如图8-3所示，2019年以来，用于教育、城乡社区事务、农林水事务以及交通运输的累计支出增速较去年年底有所提升。教育累计增速同比由2018年12月的6.7%增至2019年2月的14.4%后，小幅回落至8月的9.2%，增至9月的9.7%；社会保障和就业累计增速同比由2月的8.6%降至5月的4.5%后，增至9月的9.2%，社会保障和就业增速没有出现明显上涨，可能是因为社保相关的收支有专门的社保基金调配；城乡社区事务累计增速同比由2018年12月的10.2%增至2019年2月的23.1%后，回落至8月的9.3%，增至

9月的12.6%；农林水事务累计增速同比由2018年12月的9.9%降至2019年2月的4.7%后，增至2019年4月的16.4%，之后又回落至8月的8.6%，微增至9月的8.7%；交通运输累计增速同比由2018年12月的3.7%增至2019年2月的55%后，回落至9月的8.5%。

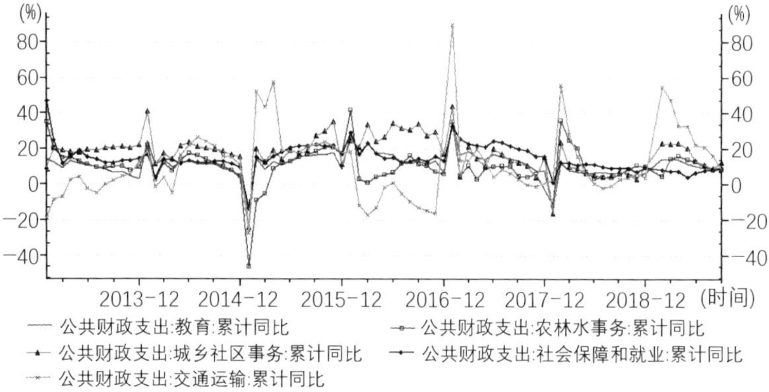

图8-3 2019年以来，多数支出项目增速较去年有所提升

资料来源：Wind数据库。

无论是财政支出的整体增速还是其细分项增速，从5月开始基本上均呈现回落趋势，主要受到财政收入来源减少以及相关政策的约束。一是受到财政赤字率约束（2019年目标为2.8%），减税降费导致财政收入来源减少，制约了财政支出的扩张空间。二是今年新增的地方政府债券额度（3.08万亿元，其中，一般债务9 300亿元，专项债务2.15万亿元）在9月基本使用完毕，后续加码空间要等相关政策的落地。三是近年来，政府对地方政府融资严监管的态度不变，地方政府难以像过去那样通过政府信用背书过度举债的方式筹集项目资

金，仅靠财政收入和公开发债的资金来源难以支撑较重的支出任务。

从央地结构来看，中央和地方的财政收入比例较为均衡，但是地方承担了主要的财政支出任务，2018 年以来的减税降费同时降低了央地财政收入增速，并从 2019 年 5 月开始对央地财政支出增速的增长空间形成了实质性制约。2019 年 1—8 月，中央和地方财政收入的比例为 48%：52%，中央和地方政府的财政收入增速从 2018 年开始均呈下行趋势，主要受到减税降费力度增强的影响。2019 年 1—8 月，中央和地方财政支出的比例为 14%：86%，中央和地方的财政支出增速在 2019 年一季度大幅增加后，从 5 月开始，受制于收入来源不足，央地财政支出增速均出现明显回落。

第二节　政府性基金发展现状：土地收支增速双双回落

由于地方政府承担主要的基建任务，但是地方公共财政收支缺口较大，难以满足其较为旺盛的基建投资需求。所以，政府成立专门的政府性基金用于支持基建项目和社会事业发展。政府性基金的征收与公共财政有一定差别，不是强制和无偿的，具有专项性和有偿性。事实上，政府性基金反映出地方政府对土地财政的严重依赖。

2019 年以来，政府性基金支出增速高于收入增速，主要是收

入增速较去年出现了明显回落，政府性基金收支缺口较去年明显扩大。如图 8－4 所示，政府性基金收入增速较去年大幅降低后，从 4 月开始小幅反弹；政府性基金支出增速在一季度异常飙升后，回落至正常区间。2019 年 1—9 月，政府性基金收入为 5.32 万亿元，政府性基金支出为 6.18 万亿元，政府性基金收支缺口（政府性基金支出减去政府性基金收入）为 8 600 亿元，较去年同期增加 8 225 亿元。特别地，2017 年以前政府性基金收支基本平衡，但今年以来，政府性基金收支缺口较去年明显扩大。

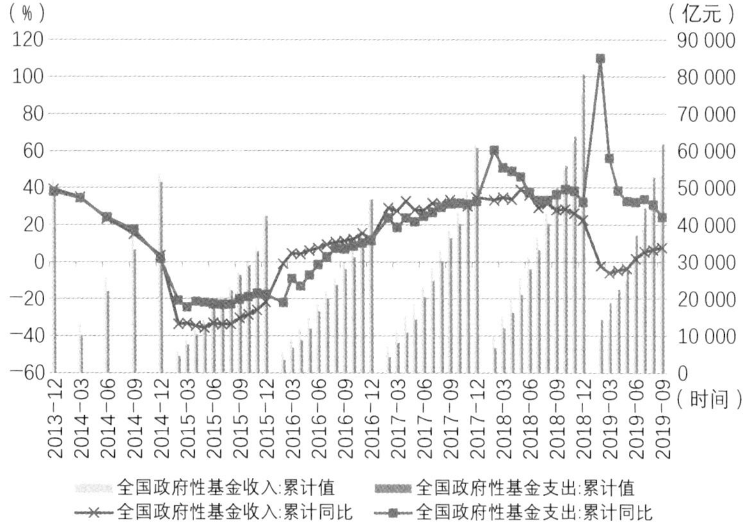

图 8－4 政府性基金收支增速趋势

资料来源：Wind 数据库。

政府性基金收入增速在一季度大幅回落后小幅回升，可能与土地市场部分回暖有关。如图 8－5 所示，政府性基金收入增速与房企购置土地面积增速密切相关，主要是因为政府性基金收入绝大部分以国有土地出让金为主（下文有具体的数据分析）。从 2019 年二季度开始，房企购置土地面积的增速底部小幅反弹，主要原因有：

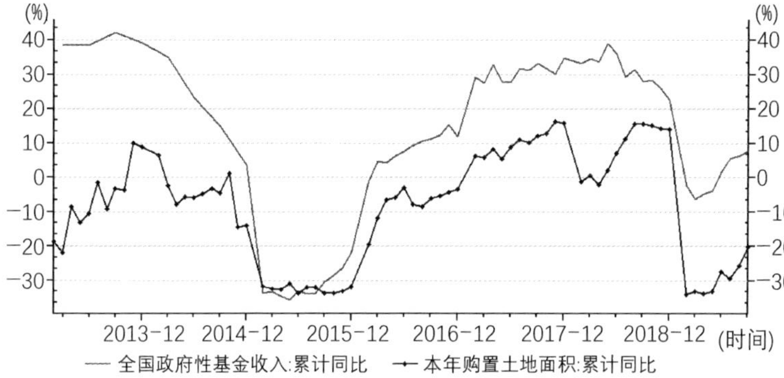

图 8－5 政府性基金收入增速与房企购置土地面积增速密切相关

资料来源：Wind 数据库。

一方面，虽然受到房地产调控政策较紧的影响，房企购置土地的行为较为谨慎，但由于房企近年来一直在加快销售、回笼资金，且已有储备土地大部分已经在建或者竣工，库存持续减少，房企是有购置土地修复库存动机的。

另一方面，2019 年二季度以来，政府出台了多项政策促进部分一、二线城市的发展，比如，《国务院关于印发 6 个新设自由贸易试验区总体方案的通知》《国务院关于印发中国（上海）自由贸易试验区临港新片区总体方案的通知》《中共中央 国务院关于支持深圳建设中国特色社会主义先行示范区的意见》等。这导致房企看好一、二线城市的房地产市场，集中在一、二线相关城市拿地，比如，2019 年 6 月 24 日，深圳出让 5 宗住宅地块，超过 80 家房企参与竞拍，最终出让收入合计 223.84 亿元，超出起拍总价 45%。

政府性基金支出增速在一季度异常飙升后回落至正常区间，可能与基建项目在一季度集中推出有关。根据国家发展和改革委员会官方公布的信息显示[①]，2019 年 1 月—2019 年 10 月，发改委审批通过的基建项目有 43 个，涉及投资金额为 6 601 亿元，而在一季度批复通过的项目有 21 个，涉及投资资金为 3 234.5 亿元，占 2019 年 1—10 月投资金额的比例为 49.7%。考虑到政府性基金支出主要用于基建项目，一季度政府性基金支出增速的异常飙升，可能与发改委在一季度加快基建项目的审批通过有关系，这可能是受到 2018 年年底中央经济工作会议和中共中央政治局会议中对积极财政政策定调的影响。

从央地结构来看，政府性基金收入和支出均以地方政府为主，中央的政府性基金收入增速较为稳健，2019 年以来地方政府性基金收入增速较去年出现断崖式回落；中央和地方的政府性基金支出在一季度异常飙升后又回落至正常水平。2019 年 1 至 9 月中央和地方政府性基金收入比例为 6%：94%。2019 年以来中央政府性基金收入增速基本呈下滑趋势；但 2019 年年初地方政府性基金收入增速较去年出现了断崖式下滑后，从 4 月开始逐渐回升。2019 年 1 至 9 月中央和地方政府性基金支出比例为 3%：97%；2019 年以来，

① 参见 http://zfxxgk.ndrc.gov.cn/web/dirlist.jsp? dirid=5&pid=5。

中央和地方政府性基金支出在一季度出现异常飙升后，回落至正常区域，一季度飙升的原因和前文提到的基建项目集中推出有关。

从政府性基金收入结构来看，政府性基金收入大部分来自土地出让收入，2019 年以来，土地出让收入增速较去年明显回落。2019 年 9 月土地出让收入占政府性基金收入的比例为 84.2%，较 2018 年 2 月高点的 87.9%，减少 3.7 个百分点；土地出让收入增速由 2018 年 12 月的 25%骤降至 2019 年 2 月的-5.3%后，下跌至 3 月的-9.5%，随后回升至 9 月的 5.8%。

2019 年 3 月以后，土地出让收入增速的反弹主要受到区域性发展政策改变房企购置土地预期的影响。2018 年年底到 2019 年一季度由于“房住不炒”基调不变，虽然政府边际放松了金融条件，但房企由于对未来房地产市场发展的预期不乐观，土地购置面积增速出现了断崖式下降。二季度以来，随着 4 月市场传言长三角要新增自贸区到 8 月落地、新增上海临港试验区、深圳建设中国特色社会主义先行示范区等一系列区域发展政策出台，改变了房企对未来市场布局的预期，加大了对相关城市土地购置的力度。

从政府性基金支出结构来看，政府性基金支出大部分用于土地出让相关支出，2019 年以来用于土地出让相关支出增速明显回落，但考虑到政府性基金支出增速维持在高位，说明用于除土地出让相关支出以外项目的支出增速明显增加。2019 年 9 月土地出让支出占政府性基金支出的比例为 68.7%，较 2018 年 2 月高点的 91.2%减少 22.5 个百分点；土地出让支出增速由 2018 年 12 月的 34.2%增至

2019年2月的110%后，一路回落至2019年9月的-1.7%。

2019年以来，土地出让支出增速出现了明显回落，即政府用于征地和拆迁补偿、土地开发、城市建设等方面（见图8-6，2014年征地和拆迁补偿、土地开发以及城市建设占土地出让支出的86%）的支出增速回落，但政府性基金支出增速在较高水平保持平稳，说明政府用于除土地出让支出以外项目支出增速明显增加。根据财政部的说明[①]，政府性基金支出一般可以分为七类：交通基础设施建设、水利相关工程、城市维护建设（土地出让收入支出在此类中）、社会事业发展、移民和社会保障、生态环境建设以及其他项目。所以，政府应该是在除城市维护建设以外的项目上投入有所增加。

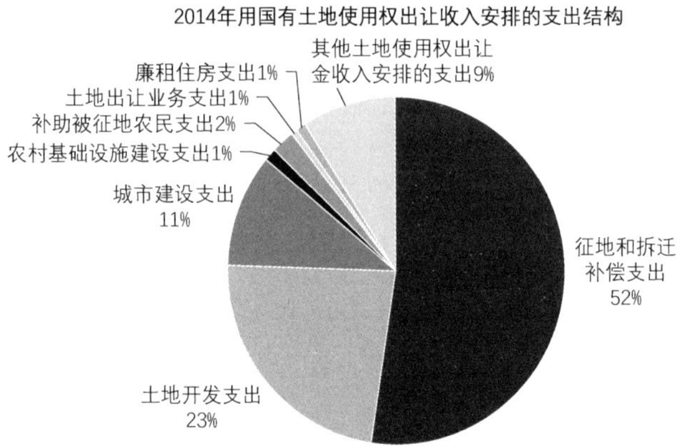

图8-6　土地出让支出主要用于征地和拆迁补偿、土地开发[②]

资料来源：Wind数据库。

① 参见http://www.mof.gov.cn/zhuantihuigu/czjbqk1/czzc/201405/t20140507_1076098.html。

② 公开数据只公布到2014年。

第三节　土地财政的可持续性存疑

政府性基金收支结构反映出地方政府对土地财政的高度依赖性，但从2019年开始支撑土地财政运转的主要因素正在发生变化，这令土地财政模式的可持续存疑，究其原因，同时受到经济内在规律以及政府主动转型的共同影响。1994年分税制改革以后，地方政府财权和事权不匹配的问题逐渐突出，特别是2008年金融危机以后，2009年出台刺激计划，进一步加剧了地方政府财权和事权的冲突。在此背景下，地方政府对土地财政的依赖越来越严重，这也导致了地方财政与房地产市场之间的深度绑定。

如图8－7所示，我们简要勾勒了土地财政与房地产市场之间的关系。对于地方政府而言，地方政府通过卖地获得土地出让金收入，一部分土地出让金用于征地和拆迁补偿，由于中国土地制度的特殊性（在2019年新修订土地管理法前，只有国有土地才能交易），地方政府可以征收大量廉价土地再进行转卖；一部分被用于城市建设，改善城市的基础设施环境，刺激购房需求进而推高周边房价，促进房企买地。对于房企和建筑商而言，房企从地方政府手中拿地开发，交给建筑商施工建设，竣工后可以选择销售，也可以选择持有出租。对于购房者而言，他们从房企手中购买或者租赁房产。

中国的房价则同时受到买卖双方供求因素的影响，从供给的角度来看，房企推盘的速度受到库存、资金链、当期房价、购房需

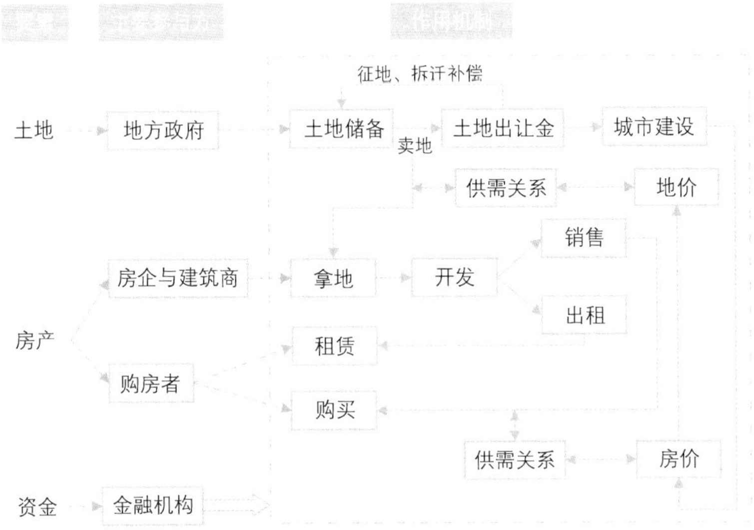

图 8-7　土地财政与房地产市场的关系

资料来源：自行整理。

求、市场预期等因素影响；从需求的角度来看，居民购房决策受到人口结构、居民收入水平、居民负债水平、房贷利率、市场预期等因素影响。中国自 2001 年 11 月加入 WTO 之后，经济快速发展、居民收入随之增加，住房市场化改革加上恰逢 20 世纪 80 年代婴儿潮的人口步入适婚年龄，推动了房价持续上涨。

房价的上涨推动了地价的上涨，使得地方政府尝到了甜头。在 2009 年刺激计划以后，宽松的货币政策、较重的基建负担、较大的财政收支缺口以及政绩诉求，使得地方政府对土地财政的依赖度越来越高。而 2015 年推出的抵押补充贷款（PSL）以及大规模的棚改计划，进一步强化了土地财政与房地产市场之间的紧密联系。金融机构作为资金的供给方，深度参与到土地储备、土地交易、房产交易等多个环节之中，起到推波助澜的作用。

综上，维持现有土地财政的持续运行基本上至少需要满足以下五个条件：一是地方政府购置土地储备的成本与卖地收入之间有足够的价差，也就是说地方政府可以以较为廉价的资金购置土地后，又能以较高的价格出让土地；二是地方政府有充足的土地储备，或者说地方政府有能力在有需求时购置土地储备；三是房价持续上涨促进房企持续的买地需求；四是地方政府用卖地的收入投入城市建设，改善相关配套设施，既可以达到通过基建拉动投资的目的和绩效考核要求，又可以刺激购房需求推动房价上涨、促进房企买地；五是适婚人口保持稳定增长状态。

2019 年以来，事情发生了一些变化，令以往的土地财政发展模式受到冲击。

一是新修订的土地管理法对政府购地成本、土地供应产生冲击。2019 年审议通过的新土地管理法允许集体经营性建设用地入市，改变了过去集体建设用地只有先被征为国有土地后方可转让的现状，增加了土地定价的市场化程度、提高了土地的供应量。

二是 2019 年 9 月国务院常务会议明确规定“专项债资金不得用于土地储备和房地产相关领域、置换债务以及可完全商业化运作的产业项目”，限制了地方政府购置土地储备的资金来源，以及通过棚改刺激购房需求。

三是 2019 年 4 月以来政府加强了对房企融资的监管，对房企的买地、房地产投资开发行为形成制约，导致房企更加依赖通过加速销售回款缓解资金链压力，抑制房价上涨空间。比如，2019 年 8 月以来，多家知名房企均在加大打折促销力度。同时，政府加大了保障房（廉租房、经济适用房、限价商品房、共有产权房等）的供给力度，满足部分工薪阶层人口的住房需求。

四是 2019 年以来的财政政策更加注重加力提效，要求加大新型基建的投资力度。在 7 月 30 日的中共中央政治局工作会议上提到："实施城镇老旧小区改造、城市停车场、城乡冷链物流设施建设等补短板工程，加快推进信息网络等新型基础设施建设"。过去大规模的棚户区改造、修路、造桥等传统基建项目投入力度可能会逐渐回落。另外，目前政府正在淡化"唯 GDP 论"的考核方式，将绿色、生态、扶贫等更具可持续性发展的指标纳入考核评价指标体系之中。

五是人口红利基本已经消失，人口老龄化问题逐渐突显，制约购房需求。劳动力人口占总人口的比例持续下滑，根据官方数据，15—59 岁人口占比由 2011 年的 69.8%一路降至 2018 年的 65.26%，人口拐点已现。虽然从 2016 年以来已经全面放开二胎，但人口出生率持续下滑，2018 年是 10.94‰，创历史新低。

上述分析表明，现有的土地财政模式可持续性存疑。一方面，有经济发展的内在因素限制，比如，人口拐点已到、经济下行居民收入增速放缓、居民杠杆率较高等；另一方面，可能政府已经意识到"基建+房地产"的模式不利于提高中国企业的国际竞争力，有很多局限性，正在下定决心推动经济结构转型。

第四节 结　论

我们对公共财政和政府性基金的收支结构进行了归纳，如表8-1所示。

表8-1 政府财政收支结构特点

主要特点	公共财政		政府性基金	
	一般公共财政收入	一般公共财政支出	政府性基金收入	政府性基金支出
组成结构	以税收收入为主，主要税种为增值税、消费税和所得税	主要用于民生支出	以土地出让收入为主	以土地出让支出为主，土地出让支出主要用于征地和拆迁补偿、土地开发、城市建设等
央地结构	中央和地方比例较为均衡	地方承担主要支出任务	以地方政府为主	以地方政府为主

根据前文分析，本文的主要结论如下：

第一，2019年以来，公共财政支出增速一直高于财政收入增速，且两者差距保持在较高水平，主要受到减税增支的积极财政政策影响。但受制于财政收入来源不足，从5月开始财政支出增速回落。

第二，从公共财政收支结构来看，财政收入以税收收入为主，但2019年以来，非税收入对财政收入增长的支撑作用增加；非税收入快速增加主要来自盘活国有资金和资产。财政支出主要用于民生事务支出。中央和地方的财政收入比例较为均衡，但是地方承担了主要的财政支出任务。

第三，2019 年以来，政府性基金支出增速高于收入增速，主要是收入增速较 2018 年出现了明显回落，政府性基金收支缺口较去年明显扩大。政府性基金收入增速在一季度大幅回落后小幅回升，可能与土地市场部分回暖有关。政府性基金支出增速在一季度异常飙升后回落至正常区间，可能与基建项目在 2019 年一季度集中推出有关。

第四，从政府性基金收支结构来看，政府性基金收入以土地出让收入为主。政府性基金支出主要用于土地出让相关支出。虽然 2019 年以来用于土地出让相关支出增速明显回落，但考虑到政府性基金支出增速维持在高位，这说明用于除土地出让相关支出以外项目的支出增速明显增加。政府性基金收支基本上等同于地方政府性基金收支，地方政府对土地财政较为依赖。

第五，政府性基金收支结构反映出地方政府对土地财政的高度依赖性，但从 2019 年开始支撑土地财政运转的主要因素正在发生变化，这令土地财政模式的可持续存疑，究其原因，在于受到经济内在规律以及政府主动转型的共同影响。

第九章　地方财政收支缺口分析[①]

本章先是从全国层面，对目前不同口径的地方政府财政收支缺口的结构和趋势进行详细剖析。然后，从省级层面，通过分析不同省市财政公共支出与本级财政收入的缺口以及对土地财政的依赖度，揭示不同省份的财政压力。同时，我们还研究了地方政府财政资金再平衡调节的主要方式（中央对地方的税收返还和转移支付、地方财政使用结转结余及调入资金，以及地方政府专项债券收入）在维系地方政府财政收支平衡中的重要作用。

① 该部分内容来源于李湛、邹欣：《财政收支承压，积极财政加码有待开源节流》，2019年11月12日首发于“财新”专栏。文中部分文字有修改。

第一节 全国层面地方财政收支缺口分析

由于地方政府隐性债务的估算较为复杂，考虑到篇幅问题，本章对广义财政赤字的测算只考虑了对公共财政收支表、政府性基金收支表两张表的公开数据口径的分析。不过，即便是使用政府公开的地方政府财政数据信息，也可以洞悉地方政府财政的一些趋势性特点。

我们将地方政府广义财政赤字分为两个部分（见图 9-1）。

一部分是政府口径公布的每年地方政府财政赤字目标。计算方式使用的是地方政府财政支出减去地方政府财政收入。地方政府财政支出指的是地方政府一般公共预算支出；地方政府财政收入包括地方政府一般公共预算收入和地方政府财政使用结转结余及调入资金，地方政府一般公共预算收入包括地方政府本级收入与中央对地方的税收返还和转移支付。

政府口径的地方财政赤字基本上经历了两个阶段：

第一阶段，地方财政收支平衡期（1993—2008 年）。根据当时的预算法，该阶段地方政府禁止发债，而且地方政府的财政预算编制遵循收支平衡原则。

第二阶段，地方财政允许赤字期（2009—2019 年）。这一阶段地方政府发债经历了“代发代还”（2009—2010 年）、“自发代

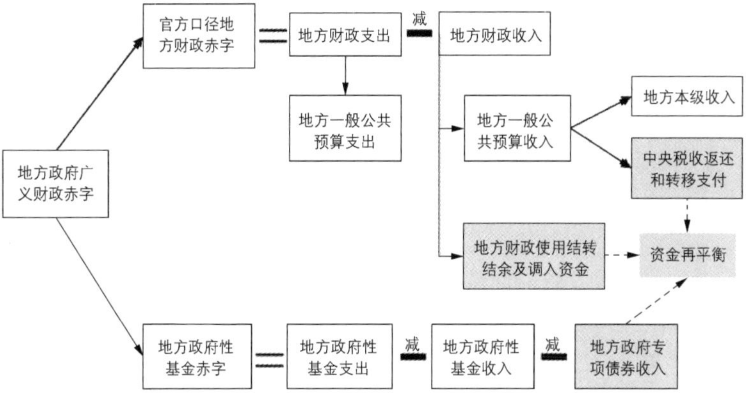

图 9-1 广义财政赤字组成结构

资料来源：自行整理。

还”与“代发代还”并存（2011—2013 年）、“自发自还”（2014—2019 年）三个时期。主要是因为 2008 年金融危机后，政府在 2009 年提出刺激计划，为缓解地方财政压力，政府对地方政府发债的政策发生了相应的变化。2014 年新预算法以及《国务院关于加强地方政府性债务管理的意见》发布后，地方政府发债的模式稳定为“自发自还”式。

因此，2009 年以来，开始出现政府口径的地方政府财政赤字。具体而言，根据每年政府工作报告中的措辞，2009—2013 年使用的口径是代发地方债目标值，2014 年以后使用的口径是地方财政赤字目标值。基于此，本章对地方财政赤字分析的样本时间段选取 2009—2018 年。

地方政府广义财政赤字的另一部分是地方政府性基金赤字。具体的计算方式是地方政府性基金支出减去地方政府性基金收入减去地方政府专项债券收入。特别地，中央对地方的税收返还和转移支付、地方财政使用结转结余及调入资金，以及地方政府专项债券收入是有效调节地方政府财政资金再平衡的主要手段。

虽然大部分地方政府性基金项目的设立和征收可以追溯到1980年代，但是地方政府性基金的编制和管理在很长一段时间内处于比较混乱的状态，相关数据的披露也不透明。2009年10月财政部发布《关于进一步加强地方政府性基金预算管理的意见》，规范地方政府性基金的管理和编制，**从2010年开始财政部定期披露地方政府性基金收支的主要数据。**

2014年国务院印发《关于加强地方政府性债务管理的意见》，将地方政府债券分为一般债券和专项债券。从2016年开始，每年的政府工作报告会确定当前地方政府专项债的新增发行限额。根据官方的数据显示，**新增地方政府专项债的数据是从2015年开始公布的。**

地方政府广义财政收支缺口的发展趋势难以反映出地方政府存在的巨大财政压力。如图9－2所示，地方政府广义财政赤字由2009年的2 000亿元降至2010年的−675亿元后，持续呈上升趋势至2016年的4 213亿元，2017年回落至−55亿元，2018年略降至−64亿元。仅从数值上来看，地方政府的广义财政赤字规模较低，部分年份甚至出现了财政黑字，特别是2017年和2018年基本上是财政平衡的，似乎地方政府的财政收支情况良好。

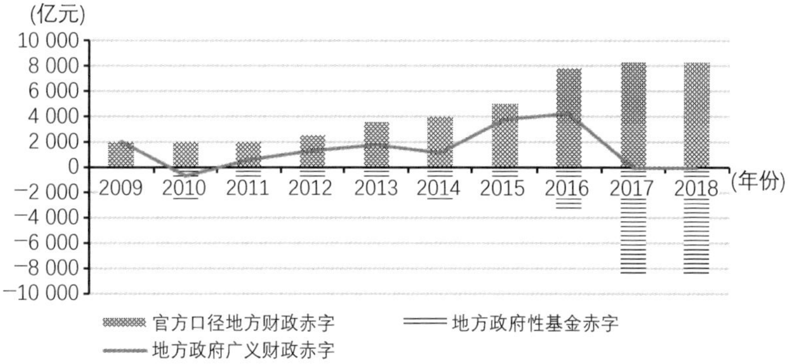

图 9－2　2018 年，地方政府广义财政收支缺口由赤字转黑字

资料来源：财政部、Wind 数据库。

从组成结构来看，政府口径的地方政府财政赤字基本上是呈上升趋势，由 2009 年的 2 000 亿元增至 2018 年 8 300 亿元。地方政府性基金收支缺口一直呈黑字状态，地方政府性基金财政黑字呈 W 形，由 2010 年的 2 675 亿元降至 2012 年的 1 241 亿元后，增至 2014 年的 2 861 亿元，又降至 2015 年的 1 236 亿元，从 2016 年开始呈上升趋势且黑字规模明显增加，增至 2018 年的 8 364 亿元。

从政府口径的地方政府收支结构来看，财政资金再平衡项目（中央税收返还和转移支付、结转结余及调入资金）在很大程度上掩盖了地方财政无法依靠本级收入实现收支平衡的事实。政府口径的地方政府财政赤字相较于地方财政收入和支出的规模而言，是非常低的，不会超过 5.2%。但是，如果剔出资金再平衡项目（中央税收返还和转移支付、结转结余及调入资金）影响的话，即用地方财政支出减去地方本级收入，地方财政收支的缺口大幅增加，由

2009 年的 2.84 万亿元增至 2018 年的 9.03 万亿元，基本上是政府口径地方政府财政赤字的 10 倍以上。

详细分析公共财政中资金再平衡项目的结构：以中央税收返还和转移支付为主，且逐年增加；2015 年以来，中央对地方的结转结余及调入资金由负转正。这些均说明地方政府对财政资金再平衡项目的依赖（见图 9－3），地方政府的财政压力较大。**中央税收返还和转移支付**由 2009 年的 2.86 万亿元增至 2018 年的 6.97 万亿元，**基本上占地方本级收入的 70%以上。**

结转结余及调入资金在 2009—2014 年间为负值，于－1 000 亿元上下波动，说明加上中央对地方的税收返还和转移支付后，地方政府当年的财政是有结余的。**从 2015 年开始**，结转结余及调入资金为正值，基本呈上升趋势，2018 年为 1.23 万亿元，占当年地方本级收入的 13%，说明**中央对地方的税收返还和转移支付已经无法弥补地方政府的财政收支缺口，还需要动用往年结余账户的资金弥补收支缺口。考虑到官方口径还给予了地方政府一定的财政赤字空间**，说明即使使用公开数据口径，也**反映出地方政府的财政收支压力较大。**

地方政府性基金收支基本平衡，但地方政府性基金存在结构性问题，地方政府过于依赖土地财政，而且土地出让收支基本平衡，这导致地方政府用于其他项目的支出收入来源不足，也是 2016 年以前大量隐性债务形成的主要原因之一。地方政府性基金收支缺口（地方政府性基金支出减去地方政府性基金收入）与地方政府性基

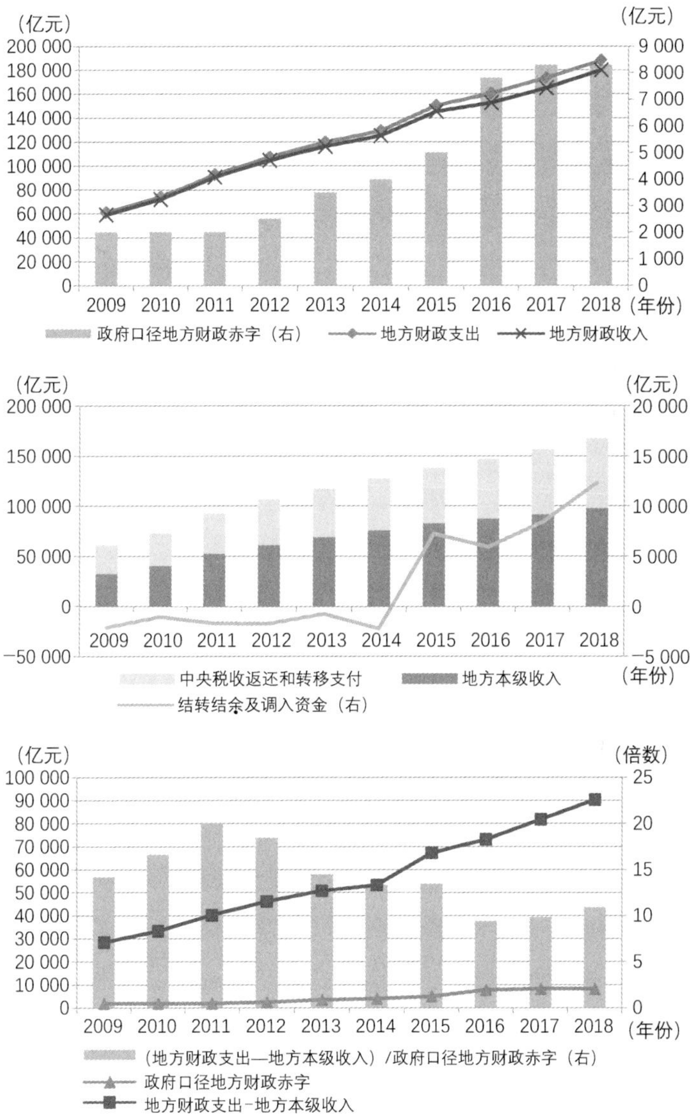

图 9-3 地方公共财政对资金再平衡调节较为依赖

资料来源：财政部、Wind 数据库。

金赤字之间的差距明显增加是从 2015 年开始的，主要原因是从 2015 年开始政府公布了每年的地方政府专项债新增限额。

地方政府专项债新增限额由 2015 年 1 000 亿元迅速增至 2018 年的 1.35 万亿元。快速增长的地方政府专项债新增限额是导致地方政府性基金黑字从 2016 年开始迅速增加的主因。但是，不论是地方政府性基金收支缺口还是地方政府性基金赤字，从规模上来看，相较于地方政府性基金收支而言，都比较小（见图 9－4），基本上可以认为地方政府性基金收支是较为平衡的。

图 9－4　地方政府性基金赤字与其收支缺口间差异较小

资料来源：财政部、Wind 数据库。

从前文的分析中我们可以看到，地方政府性基金收支是存在结构性问题的，约 80%的地方政府性基金收入来自土地出让收入，约 80%的地方政府性基金支出用于土地出让支出。同时，地方政府的土地财政收支基本上是呈平衡状态的（见图 9－5）。这种结构性失衡存在较大的问题：

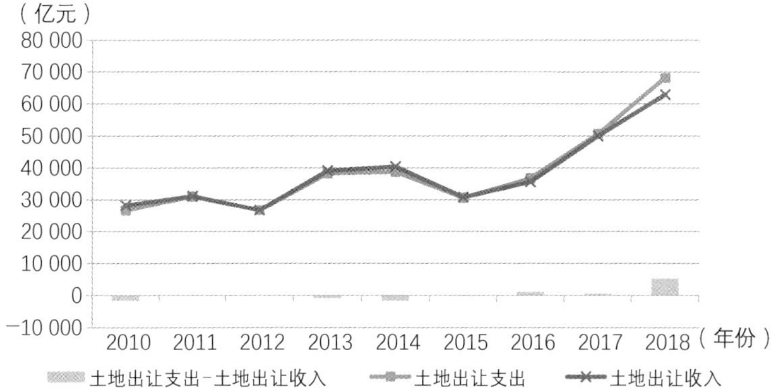

图 9-5 土地财政收支基本呈平衡状态

资料来源：财政部、Wind 数据库。

一方面，除土地出让收入之外的其他收入只占地方政府性基金收入的约 20%，在现有的税制下，地方政府性基金不存在能与土地出让收入相当的收入来源。一旦土地出让收入减少，如果没有新的税收来源以及没有相应扩大地方政府专项债的规模，地方政府性基金的收支平衡将会被打破。

另一方面，除土地出让支出以外的支出项目只占地方政府性基金支出的 20%，但地方政府还承担大量交通、水利、环保、民生等领域的相关基础设施建设任务。这意味着地方政府性基金收入基本上无法满足地方政府在土地征收和开发、拆迁安置以外的支出需求。在 2009—2016 年间，地方政府通过地方政府融资平台大量举债来满足自身的基建支出需求，由于存在预算软约束、业绩考核、监管缺位等因素，地方政府容易过度举债，导致该阶段地方政府隐性债务大量积累。

第二节　不同省市财政压力分析

根据前文的分析，我们从两个维度分析全国不同省市的财政压力：一是公共财政压力。在不考虑资金再平衡项目的前提下，使用地方本级财政收入，需要多少年才能弥补当年地方公共财政支出与地方本级财政收入的缺口。我们定义公共财政压力指数为，某年的地方公共财政支出与地方本级公共财政收入的差值除以当年地方本级公共财政收入。二是土地支出压力。在不考虑资金再平衡项目的前提下，使用地方政府性基金收入，需要多少年才能覆盖当年土地出让支出。我们定义土地支出压力指数为，某年的土地出让金支出除以当年的地方政府性基金收入。

需要特别指出的是，我们所使用的两个指标，即使数值较高，也不代表地方政府财政会面临立即破产的困境。一方面，由于存在财政资金再平衡机制，仅从地方政府的财政决算收支表来看，财政赤字并不严重。另一方面，地方政府可以通过发新债还旧债的形式筹集资金，只要能保证本期收入够支付当期利息以及发行的政府债券顺利卖出，政府是可以维持正常运转的，像美国、日本等国家政府杠杆率虽然超过100%，但国家信用并没有破产。所以，**本部分研究聚焦于哪些省市具有较大的财政压力，导致部分省市具有较高财政压力的原因有哪些，不同省市的财政压力是否有加重的趋势。**

公共财政压力指数方面，根据2018年公共财政压力指数的数值区间，我们将31个省市分为5个梯队（见图9-6）：第一个梯队，公共财政压力指数在0—5之间，有北京、上海、广西、宁夏、新疆、天津、广东、重庆和山西，共9个省市；第二个梯队，公共财政压力指数在5—10之间，有海南、河北、陕西、西藏、内蒙古和吉林，共6个省市；第三个梯队，公共财政压力指数在10—15之间，有四川、黑龙江、湖南、贵州和甘肃，共5个省市；第四个梯队，公共财政压力指数在15—30之间，有云南、福建、青海、江西、安徽和浙江，共6个省市；第五个梯队，公共财政压力指数在30以上，有山东、江苏、河南、湖北和辽宁，共5个省市。

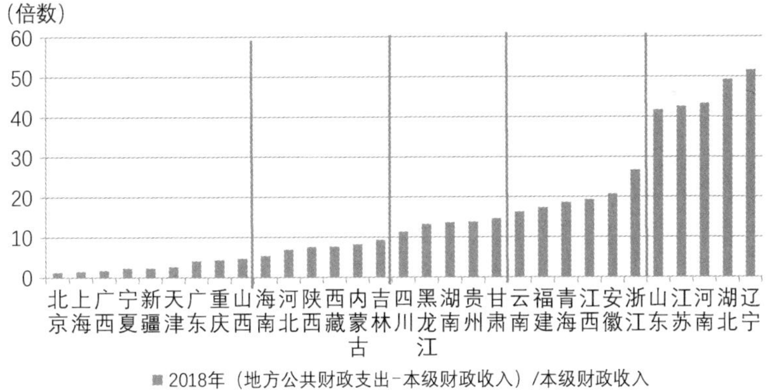

图9-6 中东部经济较为发达的省市公共财政压力指数更大

资料来源：Wind数据库。

总体而言，31个省市公共财政压力指数分布主要有3个特点：**一是公共财政压力更重的省市多集中于中东部地区。**中东部地区多数省市如果以本级财政收入来偿还当年的公共财政支出与本级财政收入之间的缺口至少需要 10 年以上。**二是基本上所有省市都有一定的公共财政压力，难言乐观。**即使公共财政压力指数最低的北京，数值上也达到了 1.22 年，而且这只是单一年份地方政府用本级财政收入偿还当年公共财政支出与本级财政收入之间缺口的时间，如果拉长时间看累计值，这一数值可能会高得多。**三是北京、上海和广东的公共财政压力相对较低。**这与其他中东部经济较为发达地区的情况不太一样，可能是因为其经济发展状况确实处于全国领先地位，税收来源更为丰富。但围绕在上海、广东周边的长三角、珠三角及其腹地，或多或少存在过度举债发展的现象。

中东部经济较为发达的地区之所以地方财政压力指数更高，是因为同时受到基建需求较多、银行信贷意愿较强以及地方官员政绩考核的影响。中东部地区经济发展较快，当地经济主体为提升经济生产效率，自身就有大量的修路建桥、修建机场港口、改善城市排水供气、完善通信设备等需求。经济较为发达、经济发展前景好、融资需求旺盛，决定了当地企业、特别是有政府背景的当地龙头企业，能够成为银行的优质客户，享有较高的银行授信额度，当地企业发行的债券也是供不应求。而且，当地的地方官员出于政绩考核的需求，基建投资有过剩的冲动，加上地方政府的预算软约束作为信用背书，最终导致多数中东部省市的地方财政压力指数较高。

另外，公共财政压力指数偏低的省市并不意味着其财政状况较好，可能只是当地政府没能力过度举债。比如，西北部地区公共财政压力指数普遍偏低，但其经济较为落后，也没有发展较好的产业，人口呈净流出状态，导致其对外的融资能力较弱，政府即便想要加大基建投资力度，但受制于其较低的财政收入和有限的银行授信，并没有过度举债的能力。

土地支出压力指数方面，根据2018年土地支出压力指数的数值区间，我们将20个省市分为3个梯队（见图9－7）：第一个梯队，土地支出压力指数低于0.8，有黑龙江、贵州、广西、陕西、上海和云南，共6个省市；第二个梯队，土地支出压力指数在0.8—1之间，有广东、辽宁、天津、河北、四川、江苏、浙江、甘肃和福建，共9个省市；第三个梯队，土地支出压力指数在1以上，有江西、内蒙古、海南、吉林和北京，共5个省市。

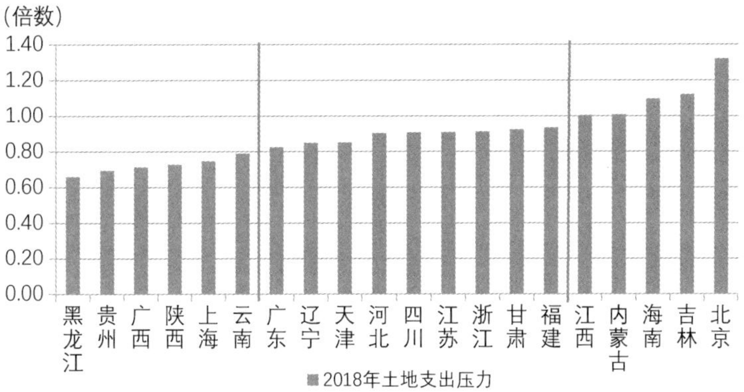

图9－7　不同省市土地支出压力普遍较重，部分中西部省市数据缺失

资料来源：Wind数据库。

有11个省市由于计算指标所需的部分数据缺失而没有被纳入样本内，分别为安徽、山东、河南、湖北、湖南、重庆、山西、西

藏、宁夏、青海和新疆。其中，6 个省市位于中东部地区，1 个省市位于西部地区，4 个省市为自治区。如果说 4 个自治区由于经济较为落后，政府性基金收支编制不规范，导致部分数据未披露，其他 7 个省市则为经济较为发达的地区。结合前文对公共财政压力指数的分析，可见这 7 个省市的公共财政压力指数偏高，这样也能解释这些省市为什么未披露相关信息。

以上 20 个省市土地支出压力指数分布，明显显示出中国地方政府对土地财政的依赖性，地方政府的大部分政府性基金收入都被用于土地出让金支出，甚至部分省市的政府性基金收入还不够覆盖当年的土地出让金支出。即使是土地支出压力指数数值最低的黑龙江也有 0.66，说明黑龙江政府性基金收入中的 66%用于土地财政支出。政府性基金收入本来就是被用于地方政府专门的基建项目的资金，结果近 10 年来基本上都被用于土地出让金支出，这可能也是中国房价始终居高不下的原因之一。

第三节　结　　论

综上所述，我们的主要结论如下：

第一，仅看地方政府广义财政收支缺口的发展趋势难以看出地方政府存在的巨大财政压力。主要是因为财政资金再平衡项目（中央税收返还和转移支付、结转结余及调入资金）在很大程度上掩盖了地方财政无法依靠本级收入实现公共财政收支平衡的事实。地方政府性基金收支虽然基本平衡，但地方政府过于依赖土地财政，这导致地方政府用于其他项目的支出收入来源不足，也是2016年以前大量隐性债务形成的主要原因之一。

第二，从31个省市公共财政压力指数分布来看，基本上所有省市都有一定的公共财政压力，难言乐观。公共财政压力更重的省市多集中于中东部地区，同时受到基建需求较多、银行信贷意愿较强以及地方官员政绩考核影响。另外，公共财政压力指数偏低并不意味着省市财政状况较好，可能只是当地政府没能力过度举债。

第三，从20个省市土地支出压力指数分布来看，明显显示出中国地方政府对土地财政较强的依赖性，地方政府的大部分政府性基金收入都被用于土地出让金支出，甚至部分省市的政府性基金收入还不够覆盖当年的土地出让金支出。另外，有11个省市由于数据缺失未被纳入样本，除4个自治区外，基本上以中部地区为主。

第十章　对国内重要事件的评论

本章挑选了9篇具有典型意义的国内事件评论文章，包括对2021年政府工作报告、2021年中央一号文件、2021年通胀风险、2021年年初房价上涨、2020年外商投资净流入、2020年中央经济工作会议、“十四五”规划和2035年远景目标建议、深圳改革试点方案以及新基建的分析和评论。

第一节　重提经济增速目标，推动经济高质量发展行稳致远[①]

2021年3月5日上午，十三届全国人大四次会议开幕，发布了

---

① 该部分内容来源于李湛、邹欣：《重提经济增速目标，推动经济高质量发展行稳致远》，初稿完成于2021年3月5日。文中部分文字有修改。

2021 年的政府工作报告。报告肯定了 2020 年的政府工作，对当前国内外经济形势进行预判，提出了十四五规划和 2021 年的主要目标，最后对 2021 年的重点工作进行部署。对 2021 年的政府工作报告，我们的评论如下：

第一，重提经济增速目标，将 2021 年 GDP 增速目标定位在 6%以上。2020 年由于新冠肺炎疫情这一突发事件，当时的“两会”推迟到 2020 年 5 月召开，并且没有提出具体的经济增速目标。在国内疫情得到有效控制以及经济运行恢复正常以后，重提经济增速目标，是合理且恰当的。市场在去年年底对今年经济增速的预期普遍在 9%左右，今年的政府工作报告将 GDP 增速的目标定位在 6%以上，预留了较大的回旋余地，基本上实现的难度不大。报告指出：“今年预期目标设定为 6%以上，考虑了经济运行恢复情况，有利于引导各方面集中精力推进改革创新、推动高质量发展”。中国经济去年已经在全球范围内率先复苏，今年政府工作的首要目标不是追求经济增速的高增长，而是注重经济发展的质量以及解决经济发展过程中的结构性问题。

第二，宏观政策强调不急转弯。报告指出：“今年要保持宏观政策连续性稳定性可持续性，促进经济运行在合理区间”，“在区间调控基础上加强定向调控、相机调控、精准调控”，“宏观政策要继续为市场主体纾困，保持必要支持力度，不急转弯，根据形势变化适时调整完善，进一步巩固经济基本盘”。从 2020 年年底的中央经济会议开始，政府多次表态宏观政策不会急转弯。一方面，是为了稳定市场预期，避免在经济复苏尚且较为脆弱的阶段突然收紧流动性可能引发的风险；另一方面，2020 年特殊时期的政策在经济步入正轨后有序退出是大概率事件，预计 2021 年下半年政策将会明显收紧，但收紧后若是引发信用风险上升，可能会适度调整政策力度。

第三，积极财政政策提质增效、更具可持续性，扩大有效投资和支持乡村振兴将会是主要发力点。2021 年赤字率拟安排 3.2% 左右，地方政府专项债券拟安排 3.65 万亿元，不发行抗疫特别国债。财政政策更讲究针对性，并未提出减税降费的具体规模，更多的是强调政府要过紧日子、财政支出要偏向民生支出、财政资金要提高直达效率。2021 年的财政政策力度不及 2020 年，但依然好于预期。考虑到国内消费的复苏仍然较为疲软，政府投资要承受一定的稳增长重担。

扩大有效投资和支持乡村振兴将会是主要发力点。扩大有效投资方面，主要包括“继续支持促进区域协调发展的重大工程，推进‘两新一重’建设”，“政府投资更多向惠及面广的民生项目倾斜，新开工改造城镇老旧小区 5.3 万个，提升县城公共服务水平”。支持乡村振兴方面，主要包括“要加强种质资源保护利用和优良品种选育推广，开展农业关键核心技术攻关”，“强化农村基本公共服务和公共基础设施建设，促进县域内城乡融合发展”，“启动农村人居环境整治提升五年行动”，“保障农民工工资及时足额支付”，“加快发展乡村产业，壮大县域经济，拓宽农民就业渠道”，基本与 2021 年年初公布的中央一号文件相一致。

第四，稳健货币政策灵活精准、合理适度，强调防风险和服务实体经济。防风险方面，主要是稳杠杆和稳汇率。“货币供应量和社会融资规模增速与名义经济增速基本匹配，保持流动性合理充裕，保持宏观杠杆率基本稳定”，“保持人民币汇率在合理均衡水平上的基本稳定”。考虑到去年较为宽松的流动性在一定程度上推高了房地产市场的价格，稳定房价是控制杠杆率的重要途径之一，所以，2021 年报告再次强调，“坚持房子是用来住的、不是用来炒的定位，稳地价、稳房价、稳预期”。服务实体经济方面，主要是解决小微企业融资难题。比如，延续已有的小微企业优惠政策，引导资金流向小微企业、个体工商户、新型农业经营主体，创新供应链金融服务模式，推动小微企业综合融资成本下降等。

第五，稳就业依然是政府工作的重心所在。2021 年的就业目标是城镇新增就业人口 1 100 万人，比 2020 年增加 200 万人；城镇调查失业率在 5.5%以内，比 2020 年减少 0.5 个百分点。虽然 2021 年的经济形势明显好转、就业目标高于去年，但 2021 年的就业形势依然不容乐观。2021 年全国高校毕业生人数将高达 909 万人，再创历史新高。2021 年的稳就业工作思路主要是稳定现有岗位、积极创造新的就业岗位，以及对有困难的失业人群进行针对性的帮扶。

第六，明确扩大消费的主要方向是扩大县乡消费、大宗消费和服务消费，鼓励新业态的消费模式以及提升消费能力。报告提道：“健全城乡流通体系，加快电商、快递进农村，扩大县乡消费”，“稳定增加汽车、家电等大宗消费，取消对二手车交易不合理限制，增加停车场、充电桩、换电站等设施，加快建设动力电池回收利用体系”，“发展健康、文化、旅游、体育等服务消费”，“运用好‘互联网+’，推进线上线下更广更深融合，发展新业态新模式”。提升消费能力主要增加居民收入、降低税费、改善消费环境，以促进居民的消费意愿。

第七，报告还提到了推进重点领域改革、提升科创能力、稳定产业链供应链、实行高水平对外开放、深化多边和区域经济合作、加强污染和生态建设、做好碳达峰和碳中和、促进教育公平、推进卫生健康体系建设、加强民生保障等工作，与十四五规划目标基本一致。

第二节　全面推进乡村振兴步入快速发展阶段[①]

2 月 21 日，中央一号文件《中共中央 国务院关于全面推进乡村振兴加快农业农村现代化的意见》发布。文件从总体要求、实现巩固拓展脱贫攻坚成果同乡村振兴有效衔接、加快推进农业现代化、大力实施乡村建设行动以及加强党对“三农”工作的全面领导

---

① 该部分内容来源于李湛、邹欣：《全面推进乡村振兴步入快速发展阶段》，初稿完成于 2021 年 2 月 22 日。文中部分文字有修改。

五个层面提出了 26 条意见。我们的评论如下：

第一，"三农" 重要性上升至新高度。文件指出："解决好发展不平衡不充分问题，重点难点在'三农'，迫切需要补齐农业农村短板弱项，推动城乡协调发展；构建新发展格局，潜力后劲在'三农'，迫切需要扩大农村需求，畅通城乡经济循环；应对国内外各种风险挑战，基础支撑在'三农'，迫切需要稳住农业基本盘，守好'三农'基础"。在中美大国博弈、新冠肺炎疫情全球蔓延以及构建国内国际双循环格局的背景下，解决好"三农"问题是全党工作重中之重，要举全党全社会之力加快农业农村现代化。

第二，工作重心由脱贫攻坚向全面推进乡村振兴转移。2020 年是全面建成小康社会目标实现之年，是全面打赢脱贫攻坚战收官之年；2021 年是"十四五"开局之年。在巩固拓展脱贫攻坚成果的前提下，2021 年的中央一号文件将工作重心由脱贫攻坚向全面推进乡村振兴转移。全面推进乡村振兴包括推进乡村产业、人才、文化、生态、组织等多方面振兴，使得乡村面貌发生显著变化、乡村活力充分激发、乡村文明得到提升、农民生活水平明显改善。

第三，强调粮食安全和种子安全。2020 年的非洲蝗灾、非洲猪瘟、新冠肺炎疫情导致全球运输受阻以及逆全球化的浪潮兴起，使得我们深刻认识到粮食安全和种子安全的重要性，2020 年年底的中央经济会议和十四五规划建议都强调要保障粮食安全和种子安全。保障粮食安全方面，主要是保障粮、棉、油、糖、肉等主要农产品的产能供给以及减少生产、流通、加工、存储、消费环节的粮食损耗浪费。保障种子安全方面，目前中国的种子较为依赖进口，主要是提高育种的研发能力以及支持发展种业龙头企业。

第四，农业科技与农机装备是实现农业现代化的重要抓手。农业科技和农机装备都强调独立自主，也是为了避免核心技术被欧美发达国家卡脖子。具体而言，主要措施有“完善农业科技领域基础研究稳定支持机制”，“布局建设一批创新基地平台”，“支持高校为乡村振兴提供智力服务”，“深入推行科技特派员制度”，“打造国家热带农业科学中心”，“支持高端智能、丘陵山区农机装备研发制造，加大购置补贴力度，开展农机作业补贴”，“强化动物防疫和农作物病虫害防治体系建设”。

第五，财政支出向乡村公共基础设施建设、农村人居环境整治以及农村基本公共服务倾斜。将农业农村作为一般公共预算优先保障领域，预计2021年对“三农”的财政支出将会聚焦于乡村公共基础设施建设、农村人居环境整治以及农村基本公共服务。乡村公共基础设施建设方面，主要包括农村道路建设，农村供水保障，乡村清洁能源建设，农村千兆光网、5G、移动物联网建设，农业农村遥感卫星等天基设施建设，发展智慧农业，建立农业农村大数据，完善农业气象综合监测网络等。农村人居环境整治方面，主要包括推进农村厕所革命、建设污水处理设施、健全农村生活垃圾收运处置体系等。农村基本公共服务方面，主要包括提高农村教育质量、推进健康乡村建设、健全县乡村衔接的三级养老服务网络、推进农村公益性殡葬设施建设等。

第六，以县域为切入点促进城乡融合。在人口老龄化和城镇化的背景下，考虑到生活成本、就业机会以及基础设施配套的影响，农村人口向县城流动、县城人口向大中城市流动的趋势难以避免。发展县域经济，促进城乡融合基本上是大势所趋。与此相关的县域基础设施建设和民生配套有望得到进一步发展。文件指出："壮大县域经济，承接适宜产业转移，培育支柱产业。加快小城镇发展，完善基础设施和公共服务，发挥小城镇连接城市、服务乡村作用。推进以县城为重要载体的城镇化建设，有条件的地区按照小城市标准建设县城。积极推进扩权强镇，规划建设一批重点镇。"

第三节　通胀的风险有多高？[①]

2021 年以来，随着疫苗接种的逐渐铺开以及全球疫情有所好转，大宗商品价格暴涨、十年期美债收益率突破 1.6%以及美国 1.9 万亿美元刺激计划通过，再通胀的预期被不断推高。市场担心中国面临输入型通胀的风险，而输入型通胀可能会对货币政策形成掣肘，可能会导致中国央行不得不提前收紧流动性，对资本市场的走势形成冲击。我们认为，2021 年 CPI 和 PPI 将呈现分化格局，主要

① 该部分内容来源于李湛、邹欣：《通胀的风险有多高?》，初稿完成于 2021 年 3 月 17 日。文中部分文字有修改。

是由于猪周期和工业周期错位的影响，但上游原材料价格上涨对终端消费品价格的传导大概率受阻，经济全面通胀的概率较低，对货币政策的掣肘有限。

一、全球再通胀预期不断攀升

2021 年以来，与通胀高度相关的指标明显上涨。一是 10 年盈亏平衡的通胀率在 1 月 4 日突破 2%，3 月 16 日已经升至 2.3%，创 2014 年以来的新高。10 年盈亏平衡通胀率是衡量通胀预期的关键指标，一般国际上货币政策的目标通胀率不超过 2%，该指标突破 2%，说明市场对通货膨胀上升的担忧加剧。二是原油、有色等大宗商品价格暴涨。年初至 3 月 16 日，布伦特原油价格累计上涨超过 32%，美油价格累计上涨超过 34%，伦敦金属交易所（LME）铜价格累计上涨超过 33%，LME 铝价格累计上涨超过 11%，LME 锡价格累计上涨超过 23.7%，LME 钴价格累计上涨超过 52.3%。三是美国 2 月 CPI 指数为 1.7%，距离 2020 年 2 月疫情前的 2.3%的水平正在不断缩小。

美国疫情好转、经济复苏预期强劲以及美元流动性泛滥，是全球再通胀预期不断走高的主要原因。

一是自拜登上台后，美国政府通过推广疫苗接种、限制社交距离、做好个人防护等措施，加上天气变暖，使得美国国内疫情明显好转。截至 2021 年 3 月 16 日，美国的疫苗接种已经超过 1 亿剂，疫苗接种率达到 32.62%；单日确诊人数已经从年初高峰的超过 30

万人降至当前的5万人。目前，全球疫苗订购主要集中在欧美发达国家，预计到2021年年底欧美发达国家的疫苗接种率有望达到全体免疫所需比例。

二是随着天气变暖以及全球疫情逐渐受控，主要经济体将陆续放松防疫措施、重启经济活动，市场对全球经济复苏的前景预期变得更为乐观。OECD最新发布的全球经济展望显示，将全球2021年的GDP增速预期由4.2%上调至5.6%，美国2021年的GDP增速预期由3.2%上调至6.5%，将欧元区2021年的GDP增速预期由3.6%上调至3.9%，将英国2021年的GDP增速预期由4.2%上调至5.1%，将日本2021年的GDP增速预期由2.3%上调至2.7%，将中国2021年的GDP增速预期由8%下调至7.8%。

三是2021年美国的货币政策大概率保持宽松以及财政政策将发挥更为重要的作用，使得美元流动性更加泛滥。美联储主席鲍威尔表示当前美联储的货币政策目标是实现最大就业以及容忍平均通货膨胀率在较长一段时间内保持在2%左右。这意味着2021年美联储的基准利率将维持在0~0.25%附近。而且，近期十年期美债收益率正不断上涨，市场预期美联储后续可能会采取收益率曲线控制（YCC）或者扭曲（OT）操作，美联储的货币政策有望进一步宽松。

同时，美国2021年的财政政策将大幅加码。拜登已经签署1.9万亿美元的经济复苏计划，拜登后续可能还会推出更多的财政刺激计划。根据拜登的竞选纲领，市场预期拜登最早可能在2022年3月底之前公布约2万亿美元的关于基础设施和清洁能源的详细刺激法案。另外，随着经济活动逐渐恢复正常，美元的流通速度将加快，这会使美元的货币乘数走高，进而导致美元的供应量大幅提升。

二、中国物价数据的冰火两重天

中国的 CPI 和 PPI 走势从 2019 年开始一直呈现明显的分化格局，主要是由于猪周期和工业周期呈现明显的错位特征。2019 年以来，CPI 的走势明显受到猪肉价格走势的影响。2019 年国内暴发非洲猪瘟，导致猪肉供给大幅下滑、猪肉价格飙升，经历了一年半左右的时间，非洲猪瘟逐渐得到控制、猪肉产量稳中有升、猪肉价格呈明显的回落趋势。据统计，2019 年猪肉产量同比下降 21.3%，2020 年一季度猪肉产量增速甚至一度下降至低点的-29.1%，之后猪肉产量增速反弹，到 2020 年猪肉产量同比下降 3.3%。猪肉价格同比由 2019 年 1 月的-3.2%升至 2020 年 2 月 135.2%的高点，目前回落至 2021 年 2 月的-14.9%。猪肉价格的回落导致今年 CPI 同比在 1 月和 2 月转负，考虑到 2021 年猪肉供给可能会进一步增加，受猪肉价格拖累，预计 2021 年 CPI 同比大概率在 2%以内低位震荡。

PPI 的走势主要受国际油价的影响。2019 年中美贸易摩擦以及原油高库存和高产能的背景下，原油价格呈下行趋势。2019 年全球原油日产量约为 9 800 万桶/天，较 2018 年基本持平。OPEC 国家减产较多，但非 OPEC 国家减产执行力度较弱。2019 年中美贸易摩擦导致全球对原油的需求有所回落，原油库存增加。美国库欣原油库存在 2019 年上半年持续走高，2019 年 6 月中旬达到 5 358 万桶，下半年有所回落，但依然基本上在4 000万桶以上的水平。2019年布伦特原油在63美元/桶上下波动，较2018年高点的84美元/桶下降了约25%。2020年受新冠肺炎疫情以及沙特发起的原油价格战的影响，在当年4月布伦特原油跌至低点19.9美元/桶，到12月底布伦特原油价格重回50美元/桶上方。2021年年初原油价格突破60美元/桶，1月和2月PPI同比已经转正，预计2021年5月PPI同比可能会突破5.5%，全年PPI同比大概在3%以内。

另外，从PPI的分项指标来看，生产资料和生活资料同比的走势呈现明显分化的格局。2019—2020年生产资料同比明显在生活资料同比下方，2021年1月开始生产资料同比超过生活资料同比。对于企业利润来说，2019—2020年中下游企业利润增厚，但2021年开始，上游原材料价格上涨但终端价格基本保持平稳，导致中下游企业利润承压。这种现象的发生主要是由于消费没有出现报复性反弹，下游终端可选消费需求疲软，导致中上游原材料价格的上涨向下游终端产品的传导受阻。至于消费为什么没有出现报复性反弹？一方面，虽然海外新增确诊病例下降，但输入型病例依然存在，常态化的防疫令线下服务业受到冲击；另一方面，2020年为应对疫情冲击，企业大多采取降成本的方式增厚企业利润，工薪阶层的收入并没有明显的增长，加上居民预防性储蓄倾向上升，也限制了消费需求。另外，我们也注意到，奢侈品消费需求不降反增，说明疫情和宽松的货币政策可能进一步加剧了收入差距的分化。

整体而言，中国的 CPI 和 PPI 增速由于结构性原因出现了分化的格局，在 2021 年 PPI 高于 CPI 的分化格局可能持续存在。一方面，猪肉产量的供给还未恢复至非洲猪瘟之前，供需缺口的填补尚需要时间；另一方面，美元流动性泛滥令大宗商品价格缺乏大幅下行空间，至少在美联储收紧流动性之前，大宗商品价格都将维持高位。

三、中国通胀的风险可控

目前市场较为担心的是美元流动性泛滥以及大宗商品价格上涨是否会导致中国出现输入性通胀。我们认为，中国通胀的风险是可控的。主要理由如下：

一是美元泛滥的背景下能源大宗商品价格虽然有望维持在高位，但主动减产维持的低供给和需求疲软难以支撑大宗商品价格持续暴涨。3 月初 OPEC+的会议显示，除哈萨克斯坦和俄罗斯外，其他成员国将延长减产计划，沙特将从 5 月开始逐步缩小 100 万桶/日的减产规模，此举对目前较高的油价形成阶段性支撑。但如果油价进一步上涨，根据博弈论，寡头垄断维持的高油价格局很容易被打破，一旦供给大幅上升，并快于需求增加，会遏制油价的上涨空间。另外，中美都在大力推动新能源和绿色产业的发展，对原油的依赖估计会逐渐减弱。

二是中国的纾困政策相对于全球其他经济体更为克制。从 2020 年开始，美国推出了近 5.3 万亿美元的刺激计划，美联储基准利率降至0并开启无底线放水模式。相对地，中国不但没有搞“大水漫灌”，在经济恢复正常后，正打算逐步退出疫情时期特殊的救助政策。通胀本质上是货币现象，如果货币的供给可控，通胀也在可控区间之内。不过，国内较为克制的货币政策可能对人民币汇率产生一定的升值压力，但考虑到中国汇率的市场化程度不断推进，还有中国目前具有丰富的政策工具箱，人民币汇率大概率可在合理均衡水平附近波动。

三是中上游原材料价格的上涨很难全面向下游终端传导，主要是因为国内终端的居民消费需求较为疲软。海外的需求之所以能够快速复苏，主要是由于他们大多采取了直接给居民发钱的模式，但这种方式的副作用非常明显，不是每个国家都能像美国一样通过印钞向其他国家收取铸币税的。

四是统计局调整了相关指标的权重，有利于平滑物价的波动。根据统计局的资料显示，新一轮CPI基期的轮换中，食品烟酒、衣着、教育文化娱乐、其他用品及服务权数约比上轮分别下降了1.2、1.7、0.5和0.4个百分点，居住、交通通信、医疗保健权数约比上轮分别上升了2.1、0.9和0.9个百分点。食品和能源的影响相对而言有所降低，有利于平滑结构性因素对物价的影响。

综上，**2021年物价有一定的上涨压力，但压力依然在可控范围之内。**而且，2021年的政府工作报告将CPI目标定在3%左右，较2020年减少0.5个百分点，也说明官方预判2021年物价上涨形势尚在可控范围之内。

第四节 警惕房价泡沫的隐忧[①]

在“房住不炒”的基调下，我国房价保持了近40个月的增速放缓趋势，但房价增速放缓拐点在2020年逐渐显现，其在2020年年中表现出增速上涨的势头。这与疫情期间我国货币政策、信贷政策、国际货币环境存在显著联系。

疫情期间，我国实施了积极的货币政策，M2增速从3月至12月始终维持在10.7%水平，打破了之前连续35个月M2增速围绕在8.5%上下波动的格局，这构成了房价上涨的货币环境。此外，2020年年中，房地产企业大量债务面临到期，叠加疫情下经济疲弱，政府也适当放松了房贷政策，以缓解房地产企业的债务压力，避免可能出现的房地产市场危机，同时在一定程度上起到了托底宏观经济的作用。与此同时，随着美国疫情愈演愈烈，美联储从2020年3月开始实施极度宽松的货币政策，联邦基金利率从1.59%快速降至0附近。一方面，这使得国际市场货币流动性过剩，过多的货币会通过各种方式推高资产价格；另一方面，美国极度宽松的货币政策会产生外溢效应，从而使得各国竞相实施宽松货币政策，进一步加剧了资产价格的上涨。

在2020年极其特殊的宏观经济环境背景和货币环境下，2021

---

① 该部分内容来源于李湛、张泽华：《警惕房价泡沫的隐忧》，2021年3月15日首发于“财视中国”专栏。文中部分文字有修改。

年年初以来我国房地产市场的变化具有如下特征：

第一，全国百城住宅价格仅在2021年2月和3月环比变动累计录得负增长，其中2月环比跌幅为-0.24%，3月环比变动为0.14%，在随后的11个月里，百城价格指数连续录得正涨幅，这也使得百城房价同比下降趋势得到逆转，价格指数环比累计涨幅达到了3.94%。

第二，在城市方面，一线城市房价最为坚挺，2月价格与1月持平，随后便一直维持上涨趋势，12个月环比累计涨幅为3.05%；二线城市房价在2月环比跌幅最大，达到-0.38%，随后开始上涨，涨幅为3.73%；三线城市房价在疫情初期环比也呈现明显跌幅，为-0.24%，随后12个月涨幅为4.97%。一线城市房价最为坚挺，但涨幅较弱，三线城市房价涨幅最大。

第三，对于二手房价格而言，一线城市与二、三线城市二手房价格表现出明显的差异化特征，一线城市二手房价格在2~3月份维持平稳之后，便开启快速上涨行情，环比累计涨幅达到9.2%；而二、三线城市二手房价格并没有显著上涨，其中二线城市二手房价格从5月之后逐渐企稳，维持在2.1%~2.2%水平波动，三线城市二手房价格呈现出逐渐下跌走势。

由此可见，从全国层面来看，房价自新冠肺炎疫情暴发以来涨幅约为3.74%，二手房涨幅约为2.30%，新房表现出更大幅度的涨幅。由于一线城市新房价格受到限价影响，新房价格波动弱于二、三线城市，但其二手房价格快速上涨，这也导致一线城市新房和限价盘频现“万人摇”现象。在热点财经事件中，2020年深圳南山、宝安等区域房价快速攀升，2021年年初上海房价不断升高均成为社会广泛探讨的话题。这也使得房价调控政策进一步升级，主要包括升级限购、限贷、限价、限售和增加房地产交易税费五方面内容。其中，深圳限购政策力度最为及时和严苛，2020年7月便颁布了史上最严限购新政，尤其是对本地户籍家庭、夫妻离异购房行为进行了限制，包括户籍家庭购房限制提高至需要连续缴满3年个税或社保，而非户籍人口需要5年社保，并且对离婚夫妻的购房资格需倒追3年计算套数，这些政策在全国都是首次出现。其他城市也陆续在既定限购政策下提高门槛，严堵政策监管漏洞，其中，宁波强化购房资格管控，对父母投靠子女落户加上落户年限和社保限制，杭州提高“无房家庭”认定标准等。

从国际对比来看，我国房价收入比、售租比已远超主要发达经济体。根据Numbeo数据库统计的2020年年末数据，当前我国房价收入比为29.02，居于世界最前列，是韩国的1.23倍（23.63），日本的2.23倍（13.04），德国的3.18倍（9.13），美国的7.27倍（3.99）。从售租比来看，我国住宅售租比为61.92，租金回报率为1.6%，售租比仅低于韩国的88.33，而远高于日本的43.41，德国的29.63，美国的10.98。在家庭房贷按揭方面，当前我国按揭收入比为232.37%，远高于韩国的163.61%，日本的75.2%，德国的54.68%，美国的29.42%。可见，我国房价主要估值指标均远高于美日德，仅在租售比方面优于韩国，而在房价收入比也远高于韩国水平。从房贷状况来看，我国居民按揭收入比处于高位，大部分居民每月均面临较大额度的按揭支出，这使得我国家庭每月收支受到刚性约束，并对家庭消费等其他支出产生负向影响。

新冠肺炎疫情使得国际国内货币环境产生了显著变化，导致我国房价泡沫问题凸显，推升了居民债务水平，长此以往将会妨碍我国通过扩大内需实现畅通国内大循环的新发展格局目标。从历史经验来看，房地产市场繁荣是经济持续发展的形式之一，但是房价非理性上涨将不仅可能会引发系统性金融危机，而且错误的处理方式将会使得一国经济陷入持久的衰退，日本的房价泡沫破裂和美国的金融危机都为房地产市场的非理性繁荣可能产生的危害提供了负面例证。因此，消化房价泡沫成为我们这个时代必须面对和必然解决的问题。2021 年是“十四五”开局之年，两会关于楼市的定调备受关注，2021 年政府工作报告中共有 142 个字提及房地产市场，连续三年强调“房住不炒”的定位，房地产市场的健康发展仍是政府 2021 年工作的重要内容之一。当前，房地产政策因城施策更多是从需求侧对房地产市场进行约束，虽然对房产投机性行为进行了遏制，但同时也对刚需部分造成了抑制。因此，对房地产市场进行供给侧改革成为缓解住房难题的重要方式，需要进一步提高房屋供给的多样性，规范发展长租房市场，提供多种类多层次的住房类型，增加保障性租赁住房和共有产权住房供给，从而从供需两端对房地产市场的长期稳定提供保障。

第五节　中国外商投资逆势增长，2021 年有望保持净流入[①]

根据联合国贸易和发展会议发布的《全球投资趋势监测报告》显示，2020 年全球国际直接投资（FDI）总量为 8 590 亿美元，同比减少 42%。其中，发达经济体 FDI 为 2 290 亿美元，同比减少 69%；发展中经济体为 6 160 亿美元，同比减少 12%。但中国 FDI 为 1 630 亿美元，同比增长 4%，超过美国的 1 340 亿美元，成为全球最大的外资流入国。从结构来看，FDI 主要流入信息技术和医疗行业。

中国成为全球最大的外资流入国，主要原因如下：

第一，中国在全球范围内率先控制住新冠肺炎疫情。虽然短期内中国经济暂时停摆，但实现了阶段性的国内疫情清零后，社会生产和生活秩序快速恢复。中国在遭遇新冠肺炎疫情时，采取了居家隔离和分级分区防疫的措施，在两个月内有效控制住了国内疫情。当时，国际上还在讨论中国模式、日本模式、新加坡模式、英国模式、美国模式等不同防疫模式的优劣性，国际上很多人认为中国模式付出的成本太大，不具有可操作性，当然，这也是因为大家对新冠病毒缺乏了解，出现了很多误判。多数国家领导人在经济发展和疫情防控之间左右摇摆，结果错过了控制疫情的最佳时间窗口。事

① 该部分内容来源于李湛、邹欣：《中国外商投资逆势增长，2021 年有望保持净流入》，初稿完成于 2021 年 1 月 29 日。文中部分文字有修改。

后看来，在本国疫情不能彻底清零和有效疫苗未能大量上市的背景下，疫情的不断反复暴发，会严重阻碍社会经济的正常运转，付出的代价更大。截至2021年1月27日，国外新冠病毒的累计确诊人数已经超过1.01亿人，累计死亡人数超过219万人。其中，美国的累计确诊人数超过2 633万人，累计死亡人数超过44.3万人。除中国以外的其他国家，疫情基本上已经失控，唯有寄希望于新冠疫苗的大量接种，以达到群体免疫的效果。但新型变种病毒的出现以及发达国家内部民众接种新冠疫苗的意愿偏低，令海外国家控制疫情的前景蒙上阴影。

第二，中国经济领先全球率先复苏，海外的供需缺口由中国填补，令中国在市场份额、产业链配套和基础设施建设层面的优势进一步积累。2020年中国GDP增速为2.3%，成为G20中唯一实现经济正增长的国家。从目前的数据来看，全球三大制造业中心中，只有以中国为主的制造业中心受到的冲击最小，产能修复最快。为应对新冠肺炎疫情对经济的影响，各国基本上都采取了宽松的货币政策+大规模的经济刺激计划，但由于疫情对复工复产的负面影响，导致产能供给一直低于预期，供需出现缺口。中国率先恢复生产，在一定程度上填补了这种供需缺口。同时，中国在产能供应上的优势以及不断增加对新基建的投入令中国企业在全球供应链中的重要作用得到进一步增强。虽然，疫情在中国暴发的初期，考虑到中美两国博弈的不确定性，很多外企曾经计划增加在东南亚的投资布局以分散投资风险，但由于海外疫情的扩散，中国市场供应链配套、基础设施和人力资本优势凸显，令中国对海外资本的吸引力不减反增。

第三，中国进一步扩大对外开放和加强体制改革，降低外资准入门槛以及促进跨境投资的便利化和自由化，有助于促进外资流入。一方面，在中美大国博弈的背景下，中国需要通过继续发展多边主义和全球化，广结善缘，扩大朋友圈。比如，RCEP、中欧投资协定的签订，有助于增强中国与亚太地区、欧洲地区的经贸往来。另一方面，为更好地拥抱全球化，中国目前的经济、政治、法律等基础制度也有必要进行进一步的改革，以更好地对标国际，吸引外资流入。比如，放开外资进入金融业的限制、修订外商投资负面清单、发展海南自贸港等措施。外资本来就对中国巨大的国内市场非常感兴趣，这些年来，外资对中国的投资从未间断过，中国目前的体制改革使得中国市场更加透明化、国际化和法制化，无疑会增加中国市场对外资的吸引力。

另外，在全球放水的背景下，中国宽松的货币政策更加克制，形成较高的中美利差以及升值的人民币兑美元汇率，进一步促进了外资流入。据统计，2020 年境外机构累计增持人民币债券达到 10 078.1 亿元，连续 25 个月增持人民币债券。但我们也需要警惕全球疫情过后，美联储加息、美元指数反弹可能引发的外资流出风险。

展望 2021 年，考虑到去年的低基数效应，以及全球经济有望弱复苏，预计中国的 FDI 占全球的份额大概率将回落，但不改中国的 FDI 增速增长趋势。考虑到中国服务业加快对外开放以及中国持续推进的产业结构升级，**预计外资将会进一步流入金融业、高技术服务业、高端制造业等行业。**

第六节 对2020年中央经济工作会议的理解[①]

2020年12月18日晚间，中央经济工作会议通稿公布，与12月11日召开的中共中央政治局会议传递信号相比，基本上符合预期。我们的评论如下：

第一，确定稳中求进总基调，政策操作强调不急转弯，保持连续性、稳定性和可持续性。2021年是“十四五”开局之年，建党100周年，是非常重要的历史节点，要确保开好局。虽然中国疫情防控在全球范围内做得最好，但考虑到外部不确定性较多，内部发展不平衡、结构性问题也不容忽视，内外风险交织加剧未来全球经济的不确定性，明年政策依然要坚持“六稳”和“六保”底线思维，保持经济在合理区间运行。

第二，继续实施积极的财政政策和稳健的货币政策，财政政策以服务国家重大战略以及调节收入分配、扩大内需为主，货币政策

① 该部分内容来源于李湛、邹欣：《对2020年中央经济工作会议的点评》，初稿完成于2020年12月18日。文中部分文字有修改。

需把握好稳增长、防风险和调结构的平衡。“积极的财政政策要提质增效、更可持续，保持适度支出强度，增强国家重大战略任务财力保障，在促进科技创新、加快经济结构调整、调节收入分配上主动作为，抓实化解地方政府隐性债务风险工作，党政机关要坚持过紧日子。”科技创新一方面是要提高创新能力，实施科技强国战略；另一方面要促进科技自主，实现关键核心技术的突破，保证产业链和供应链的稳定。产业结构调整则是在供给侧改革的基础上，加强需求侧管理，实现供需的动态平衡。特别地，本次会议并没采用中共中央政治局会议所提出的需求侧改革的说法，但我们认为实质上还是要通过促进消费升级和提高有效投资扩大内需。调节收入分配上，主要是增加就业，改善农村地区和低收入人群的生活水平，扩大需求。

“稳健的货币政策要灵活精准、合理适度，保持货币供应量和社会融资规模增速同名义经济增速基本匹配，保持宏观杠杆率基本稳定，处理好恢复经济和防范风险关系，多渠道补充银行资本金，完善债券市场法制，加大对科技创新、小微企业、绿色发展的金融支持，深化利率汇率市场化改革，保持人民币汇率在合理均衡水平上的基本稳定。”政府多次在公开场合表态 2021 年货币政策要在适当时候逐渐恢复常态化，但从本次会议来看，央行对货币政策节奏和力度的把握将会更加灵活，我们可以对 2021 年货币政策收紧的程度更加乐观一些。

第三，会议还提到全面推进改革开放、解决好种子和耕地问题、强化反垄断和防止资本无序扩张、发展保障性住房、节能减排

等重点工作议题。全面推进改革开放方面，除了国企改革、资本市场改革和市场化改革之外，提到了“要积极考虑加入全面与进步跨太平洋伙伴关系协定”，在 RCEP 的基础上，我们还要积极加入全面与进步跨太平洋伙伴关系协定（CPTPP），预计亚太经济一体化进程将会加速。解决好种子和耕地问题方面，在 2020 年疫情以及虫灾、洪灾、旱灾等自然灾害的背景下，我们深刻认识到粮食安全的重要性，未来将会在粮食安全上投入更多。强化反垄断和防止资本无序扩张方面，在肯定平台经济的重要作用的基础上，强调要加强对平台经济的监管，防止风险的不断积累。在发展保障性住房方面，在“房住不炒”的前提下，发展长租市场。2020 年发生了一些长租公寓暴雷的事件，如何平衡盈利和稳健发展的问题值得深思。节能减排方面，我国二氧化碳排放力争 2030 年前达到峰值，力争 2060 年前实现碳中和，预计新能源和绿色经济将会迎来较大发展机遇。

第七节　坚持以经济建设为中心，强调科技自主[①]

2020 年 10 月 29 日，第十九届五中全会审议通过了《中共中央

---

① 该部分内容来源于李湛、邹欣：《坚持以经济建设为中心，强调科技自主》，初稿完成于 2020 年 10 月 30 日。文中部分文字有修改。

关于制定国民经济和社会发展第十四个五年规划和2035年远景目标的建议》。会议公报总结了十三五期间的经济发展成果，对现阶段中国所面临的国际国内形势进行判断，并对“十四五”和2035年远景目标进行了规划。我们的评论如下：

第一，外部不确定性较多，没有给出GDP增速的定量目标，更关注国内市场的发展和建设，重心在于补短板。会议公报指出，当今世界正经历百年未有之大变局，国际环境日趋复杂，不确定性明显增加，国际力量对比深刻调整，和平与发展仍然是时代主题，要深刻认识我国社会主要矛盾变化带来的新特征新要求，深刻认识错综复杂的国际环境带来的新矛盾新挑战，增强机遇意识和风险意识，立足社会主义初级阶段基本国情，保持战略定力，办好自己的事。

在新冠肺炎疫情和中美大国博弈的大背景下，世界经济、政治、军事、外交、文化等各方面正在发生深刻变化。近年来，“黑天鹅”事件频发，全球面临的不确定性增加，不论外部环境如何变化，我们需要保持定力，做好自己的事，加大力度补短板，强化自身实力，增强自身抵御外部风险的能力。会议没有给出GDP增速的具体目标，更关注经济发展的质量和结构平衡，主要聚焦六个方面补短板：突破核心技术瓶颈、发展内需市场、深化社会主义市场经济制度改革、推进乡村振兴、优化国土空间布局、扩大对外开放。

第二，着重强调科技自主，坚持创新在现代化建设中的核心地位。自2018年中美贸易摩擦拉开帷幕以来，中美之间的贸易战打打停停，但是美国对中国的科技制裁却从未停歇，特别是在5G、芯片、人工智能等新一代信息技术领域，甚至步步紧逼、层层加码。

一方面，新一代信息技术的发展关系到谁能在新一轮技术革命中抢占先机以及影响未来全球格局的变化。虽然美国综合科技能力明显领先中国，但中国在5G领域快速发展，目前已经具备弯道超车能力，引起了美国深深的忌惮。加之美国国内新冠肺炎疫情失控、民粹主义盛行和美国大选临近，急于推卸责任和转移矛盾，使得中美关系更加紧张。

另一方面，中国在芯片制造领域相对薄弱，在美国看来，如果不趁着中国还没有掌握芯片制造的核心技术时压制中国，以目前中国制造的发展速度，可能再过10年，美国就会失去遏制中国科技崛起的筹码。通过与美国来来回回多轮的磋商和谈判，中国已经深刻意识到实现科技自主的重要性。这不仅关系着中国经济结构能否实现向高质量转型，还关系着中国能否在中美博弈中获得更多筹码。所以，“十四五”规划和2035年远景目标都将科技自主、突破关键核心技术瓶颈放在重要位置。

第三，发展内循环和双循环格局，促进实体经济发展。考虑到新冠肺炎疫情的影响以及全球经济将长期处于高负债、低利率、低增长的阶段，外需低迷可能是未来10年内较为确定性的事件。中国作为世界最重要的制造业中心之一，外需低迷会导致产能过剩，对企业的盈利能力和可持续发展会产生较大冲击。目前，中国人均GDP已经接近1万美元，中等收入人群规模达到4亿人，中国具有广阔的国内市场，具备形成强大国内市场的能力。

同时，随着中国居民收入水平的提高和购买力的增加，居民对产品质量和服务品质的追求也相应提升，可以促进企业从产业链、价值链低端向中高端转型，为国内市场提供更加本土化、多元化、专业化的优质产品和服务。消费升级也可以进一步创造更多的就业岗位和市场机会。另外，促进实体经济的发展，需要遏制房地产的投资属性，不然，房地产的投资回报率一枝独秀，对其他行业会形成挤出效应。这可能是本次会议全文没有提到房地产的主要原因之一。

第四，进一步推动市场化改革和对外开放，优化资源配置，释放增长活力。一是明确政府和市场的边界，减少政府对市场的不必要干预，提高资源配置效率。预计“十四五”期间国企改革和资本市场市场化改革将会加速。二是完善宏观经济治理。2008年以来逆周期政策的频繁使用导致周期被熨平，加之透支未来需求的模式不具有可持续性且后遗症较多，未来宏观政策调控可能更加注重结构性、精准性和滴灌性，为应对未来宏观不确定性预留更多政策空间。三是扩大对外开放，分享中国经济增长的成果。会议公报提到，推动贸易和投资自由化便利化，推进贸易创新发展，推动共建“一带一路”高质量发展，积极参与全球经济治理体系改革。

此外，2020年11月和2021年年初可能会发布“十四五”规划的更多政策细节，后续可以进一步关注是否有更多新的政策和措施。

第八节　深圳改革迎政策利好，多领域赋权释放增长红利[①]

2020年10月11日，中共中央办公厅、国务院办公厅印发《深圳建设中国特色社会主义先行示范区综合改革试点实施方案（2020—2025年）》（下文简称《方案》），在2019年8月印发的中共中央、国务院《关于支持深圳建设中国特色社会主义先行示范区的意见》（下文简称《意见》）的基础上，以设立经济特区40周年为契机，进一步细化和完善了深圳建设中国特色社会主义先行示范区的试点实施方案。我们对此的评论如下：

第一，多领域赋予更多自主权，为深圳进一步发挥改革开放排头兵的作用铺平道路。《方案》对深圳综合授权改革试点的赋权基本上是全方位的，在赋予更多省级管理权限的基础上，进一步细化了对要素市场化改革、优化营商环境、统筹利用城市空间等重要领域的赋权改革措施。《方案》提到，依法依规赋予深圳更多省级经济社会管理权限，按程序赋予省级电视剧审查等管理权限，按程序赋予深圳占用林地省级审核权限，按程序赋予深圳在干部和机构管理、统筹使用各类编制资源等方面更大自主权，探索扩大在深高等学校办学自主权，等等。从实质上来看，《方案》落地后，深圳的

① 该部分内容来源于李湛、邹欣：《深圳改革迎政策利好，多领域赋权释放增长红利》，初稿完成于2020年10月12日。文中部分文字有修改。

行政管理权限与直辖市相当，不排除未来深圳由经济特区升级为直辖市的可能性。深圳行政管理权限的增加，有利于深圳在改革试点政策上的创新，以及扫平制度上的多种阻碍。

第二，土地制度方面增加土地供给和提高土地利用效率，有利于稳定深圳的地价和房价。《方案》主要提到了三种方式增加深圳和邻深片区的土地供给和提高土地利用效率：**一是**将国务院可以授权的永久基本农田以外的农用地转为建设用地审批事项委托深圳市政府批准。深圳的土地资源一直就比较紧缺，不适合发展农业，将农用地转为建设用地是非常合理的，可以集中资源发展深圳的优势产业。**二是**盘活利用存量工业用地和存量建设用地，实行二、三产业混合用地。盘活存量工业用地和建设用地，可以促进将闲置的工业厂房和商业写字楼转为住宅用途，提高土地利用效率。实行二、三产业混合用地，可以打破地块用途的限制，一栋楼可以同时设立工厂和写字楼，提高建筑的容积率。**三是**深化深汕特别合作区等区域农村土地制度改革。深汕特别合作区有 468.3 平方公里，农业用地占比超过 60%，深化深汕特别合作区等区域农村土地制度改革可以进一步提高深圳和邻深片区的土地供给。

根据深圳“十三五”规划要求，到 2020 年深圳工业用地不低于 30%，生态用地不低于 50%。目前，深圳住宅用地的比例大约在 18%，远低于全国平均的 33%，以及国际上 40%以上的水平。考虑到深圳流动人口约为 2 000 万人，常住人口 1 300 多万人，住宅长期处于供不应求的局面，导致深圳房价持续上涨。根据中国房价行情网的数据显示，2020 年 9 月深圳的房价均价达到 7.6 万元/平方米，是上海 5.8 万元/平方米的 1.3 倍，是北京 6.4 万元/平方米的 1.18 倍。增加深圳的土地供给和提高土地利用效率有利于缓解深圳过快上涨的房价和地价，避免资源集中流向房地产。

第三，针对深圳在资本市场领域的市场化、国际化和对外开放的措施更多，赋予了深圳在科创中心之外的更多定位。2019 年 8 月的《意见》更多的是将深圳定位为科创中心，在资本市场和金融领域的笔墨较少。这次的《方案》与《意见》相比，资本市场相关内容明显增加。《方案》提到，推进创业板改革并试点注册制；试点创新企业境内发行股票或存托凭证（CDR）；建立新三板挂牌公司转板上市机制；优化私募基金市场准入环境；探索优化创业投资企业市场准入和发展环境；依法依规开展基础设施领域不动产投资信托基金试点；在中国人民银行数字货币研究所深圳下属机构的基础上成立金融科技创新平台；支持开展数字人民币内部封闭试点测试，推动数字人民币的研发应用和国际合作；支持符合条件的在深境内企业赴境外上市融资；开展本外币合一跨境资金池业务试点；支持深圳在推进人民币国际化方面先行先试，推动完善外汇管理体制；支持符合条件的外资金融机构在深圳依法发起设立证券公司、基金管理公司；支持符合条件的外资机构在深圳依法合规获取支付业务许可证；推动构建与国际接轨的金融规则体系。考虑到香港近几年的乱象以及美国取消香港特殊关税区的待遇，深圳在承接香港部分金融功能中的作用更加突出，这对于深圳发展多层次资本市场是一个重要利好，同时也有利于为深圳的科创企业匹配更丰富的融资渠道。

第四，首次提到深圳要加快培育数据要素市场。率先完善数据产权制度，有利于对数据资源的定价和交易，这在国际上还未出现先例；探索数据产权保护和利用新机制，有利于保护以轻资产为主的新经济企业，以及对国际相关制裁的正当法律反制。2020 年以来，美国陆续对中国的抖音、微信（WeChat）进行制裁，以及近期有传言称美国将要对蚂蚁集团和腾讯控股有限公司进行制裁，所用的理由基本上是威胁美国国家安全。对于这些互联网公司而言，数据资源是其核心竞争力，如何保护数据产权的合法性和可交易性，是面对这类制裁时所需要考虑的核心问题。

第五，促进补齐深圳在民生和社会保障领域的短板。《方案》提到，探索扩大在深高等学校办学自主权；在符合国家相关政策规定前提下，支持深圳引进境外优质教育资源，开展高水平中外合作办学；赋予深圳对企业博士后科研工作站分站的设立和撤销权限；支持在深圳开展国际前沿药品临床应用；探索完善医疗服务跨境衔接，建立与国际接轨的医学人才培养、医院评审认证标准体系；支持建设全新机制的医学科学院；探索公共服务多元化供给新机制，加快构建以促进健康为导向的创新型医保制度。深圳在教育和医疗资源方面一直面临优质服务较为稀缺的问题，《方案》的出台有利于深圳提升公共服务的质量，促进深圳教育和医疗机构的国际化水平。

第九节　新老基建将在较长一段时间内并存[①]

在中美大国博弈的背景下，新基建是中国势必要坚持的发展方向，新冠肺炎疫情只是加速了新基建的推进。但考虑到体量、稳就业和所处产业周期的限制，新老基建在较长一段时间内并存可能是目前政府逆周期调控的最优选择。

一、什么是新基建?

2020 年年初以来，随着新冠肺炎疫情对经济的影响不断发酵，政府的高层会议中频繁提及新型基础设施建设（简称新基建）一词。根据央视新闻给出的定义，新基建指的是“发力于科技端的基础设施建设，主要包含 5G 基建、特高压、城际高速铁路和城际轨道交通、新能源汽车充电桩、大数据中心、人工智能、工业互联网等七大领域，涉及通信、电力、交通、数字等多个社会民生重点行业”。

而传统基础设施建设（简称老基建）主要包括电力、热力、燃气和水的生产和供应业，交通运输业，仓储业，邮政业，水利、环境和公共设施管理业，等等。老基建主要与钢筋水泥、土

① 该部分内容来源于李湛、邹欣：《新老基建将在较长一段时间内并存》，2020 年 3 月 10 日首发于“财新”专栏。文中部分文字有修改。

木建设有关，从2008年开始一直是作为中国经济逆周期调节的重要手段。

与老基建相比，新基建主要有以下三点特殊之处：

一是从技术上来看，新基建有一定的准入门槛。由于发展新基建的目标是为相关高新技术产业的发展铺平道路，所以从技术上来看，新基建涉及的领域均有一定的准入门槛，属于技术密集型，需要有专业的公司完成专业的分工，可替代性较弱。

二是新基建与战略性新兴产业有密切关系，是孕育经济新动能的重要摇篮。如表10－1所示，我们列出了新基建主要应用的行业。5G基建、新能源汽车充电桩、大数据中心、人工智能和工业互联网都对战略性新兴产业的发展有重要作用，而特高压则主要用于远距离电力传输和电网稳定建设，城际高速铁路和城际轨道交通主要是为了缩短交通运输的时间成本、提高人员和物流的周转效率。总体来看，发展新基建有利于战略性新兴产业的发展，是孕育经济新增长点的必要条件。

表10－1　新基建与战略性新兴产业密切相关

新基建细分领域	涉及行业
5G基建	新一代信息技术的基础，主要用于TMT细分行业
特高压	电力等能源行业
城际高速铁路和城际轨道交通	交通运输行业
新能源汽车充电桩	新能源汽车行业

续 表

新基建细分领域	涉及行业
大数据中心	信息基础设施建设，可用于征信、金融科技、人工智能等
人工智能	智能经济的基础，可与下游需求密切结合，比如家居、教育、客服、视频、娱乐、零售、医疗等
工业互联网	智能制造的基础

三是新基建未来发展前景有一定的不确定性，这意味着其投入产出效益也面临一定的不确定性。在新一轮科技革命未发生之前，我们不确定新一轮科技革命会以何种方式到来，哪些行业会引领新一轮科技革命。这意味着我们对新基建的前期投入有一定“广撒网”的成分，其投入产出效益面临一定的不确定性，即部分新基建的投入有可能成功，也有可能失败。但由于新基建关系着中国未来能否占据新一轮科技革命的战略制高点，因此这种投入又是必不可少的。

二、为什么选择当前时间点加速发展新基建?

如表 10 - 2 所示，高层会议中有关新基建的表述首次出现在 2018 年年底的中央经济工作会议中，其后在季度、半年度和年度的重要会议中均有提及。但从 2020 年年初以来（截至 2020 年 3 月 6 日），已经有 4 次重要会议提及加快新基建的建设。为什么政府选择在当前时间点加速推动新基建？我们认为主要原因如下：

表 10-2 主要高层会议中涉及新基建的具体表述

时 间	会 议	相关措辞表述
2018年12月19日	中央经济工作会议	我国发展现阶段投资需求潜力仍然巨大，要发挥投资关键作用，加大制造业技术改造和设备更新，加快5G商用步伐，加强人工智能、工业互联网、物联网等新型基础设施建设
2019年3月5日	政府工作报告	加大城际交通、物流、市政、灾害防治、民用和通用航空等基础设施投资力度，加强新一代信息基础设施建设
2019年7月30日	中共中央政治局会议	稳定制造业投资，实施城镇老旧小区改造、城市停车场、城乡冷链物流设施建设等补短板工程，加快推进信息网络等新型基础设施建设
2019年12月10日	中央经济工作会议	要着眼国家长远发展，加强战略性、网络型基础设施建设
2020年1月3日	国务院常务会议	大力发展先进制造业，出台信息网络等新型基础设施，投资支持政策，推进智能、绿色制造
2020年2月14日	中央全面深化改革委员会第十二次会议	基础设施是经济社会发展的重要支撑，要以整体优化、协同融合为导向，统筹存量和增量、传统和新型基础设施发展，打造集约高效、经济适用、智能绿色、安全可靠的现代化基础设施体系
2020年2月21日	中共中央政治局会议	加大试剂、药品、疫苗研发支持力度，推动生物医药、医疗设备、5G网络、工业互联网等加快发展
2020年3月4日	中共中央政治局常务委员会	加大公共卫生服务、应急物资保障领域投入，加快5G网络、数据中心等新型基础设施建设进度

一是2018年以来的中美贸易摩擦使得中国清醒地认识到中美在科技领域的矛盾难以调和，加快新基建的建设以促进战略新兴产业的发展势在必行，这关系到我们在中美大国博弈中能否取得优势地位。自2018年4月中美贸易摩擦正式拉开帷幕起，中美之间的

贸易谈判经历了多轮的协商、暂停、升级的过程。虽然在2020年1月初中美已经签署第一阶段贸易协议，但是美国对中国在科技领域的打压却从未放松过，这是在位守成大国对新兴追赶大国的战略打压，关系到国家的长远发展前景和国际格局的稳定。所以，从2018年年底开始，政府高级别会议中均有提及加快建设新型基础设施，这是中国经济向高质量转型的发展方向，政府一定会坚持推进新基建，为战略新兴产业的壮大铺平道路，只是节奏和程度方面可能会出现阶段性的调整。

二是新冠肺炎疫情对经济的冲击加速了我们发展新基建的计划。2020年1月下旬以来，为应对新冠肺炎疫情在中国境内的暴发，政府采取了强有力的隔离措施，全国的生产生活基本处于停滞状态，这无疑会对一季度的经济产生较大冲击。2月23日的统筹推进新冠肺炎疫情防控和经济社会发展工作部署会议中指出："我国经济长期向好的基本面没有改变，疫情的冲击是短期的、总体上是可控的，只要我们变压力为动力、善于化危为机，有序恢复生产生活秩序，强化'六稳'举措，加大政策调节力度，把我国发展的巨大潜力和强大动能充分释放出来，就能够实现今年经济社会发展目标任务"。为完成今年经济增速翻一番的目标，新基建是逆周期调节的重要手段之一。所以，新冠肺炎疫情加速了政府推动新基建发展的计划。

三是老基建的投入已经趋于饱和，对投资的拉动作用边际递减，而且还有一系列的结构问题难以解决，构成风险隐患，新基建

可以起到一定替代作用。从需求端来看，拉动经济增长的“三驾马车”分别是进出口、消费和投资。由于新冠肺炎疫情在全球蔓延的影响，外需受到冲击，2020年进出口增速大概率难有明显起色。考虑到新冠肺炎病毒的传染性非常强、疫苗从研发到应用至少需要一年时间，未来我们可能需要做好在较长一段时间内与新冠肺炎病毒共存的打算，这意味着新冠肺炎病毒对线下消费的冲击可能会持续较长时间，加上居民的杠杆率较高以及为预防未来可能出现的不确定性居民的边际消费倾向降低，短期内消费也难有大幅反弹空间。所以，2020年政府逆周期调控扩大内需的方式主要是加大投资力度。

从投资的组成结构来看，制造业投资一般具有顺周期性，民企在经济下行周期难有余力扩大再生产，能活下来可能是更为重要的目标。房地产投资由于2015年以来的去库存、期房销售和交房压力，2019年仍然具有较高韧性，但是2020年随着前期期房交付以及在房住不炒前提下居民购房需求回落，2020年房地产投资增速大概率呈下行趋势。政府逆周期调控的手段基本上要依靠扩大基建投资。但是2008年的刺激投资使得老基建已趋于饱和，并且新增项目对投资的拉动作用边际递减。而且“基建+房地产”的模式导致地方政府和居民的杠杆率处于历史较高水平，埋下较大风险隐患。如果现在重走老路，不仅前期去杠杆的努力白费，未来还可能会暴发更为严重的系统性风险。所以，加大新基建的投入既符合中国经济长远发展的利益，还能在一定程度上替代老基建起到稳增长的作用。

三、新基建的投资空间估算

根据前文提到新基建的七个领域，我们对新基建做一个初步测算，结果如下：

5G基建预计2020年投资规模为2 400亿~4 800亿元。根据中国信通院的预测，到2025年中国5G基建投资5年累计规模将达到1.2万亿元，如果2020年按总额的20%至40%计算，2020年5G基建投资规模在2 400亿~4 800亿元。

特高压预计2020年投资规模为816亿~1 224亿元。国家电网2020年的投资计划为4 080亿元，假设特高压占比在20%至30%之间，预计2020年特高压的投资规模为816亿~1 224亿元。

城际高速铁路和城际轨道交通预计2020年投资规模为5 600亿~7 200亿元。根据发改委新闻发言人的表态，2020铁路建设的重点为"将推进川藏铁路规划建设，加快推进长江沿江高铁、沿海高铁等'八纵八横'高铁骨干通道项目和中西部铁路建设，积极支持京津冀、长三角、粤港澳大湾区等重点城市群、都市圈城际铁路、市域（郊）铁路规划建设，推进枢纽配套工程和铁路专用线等'最后一公里'项目建设"。2019年铁路投资约为8 000亿元，假设2020年与2019年基本持平，其中70%至90%的项目用于城际高速铁路和城际轨道交通，那么2020年城际高速铁路和城际轨道交通投资预计为5 600亿~7 200亿元。

新能源汽车充电桩预计2020年投资规模为120亿~360亿元。据统计，截至2019年年底，新能源汽车保有量为381万台。根据《电动汽车充电基础设施发展指南（2015—2020年）》中的规划，到2020年计划新能源汽车的保有量达到500万台。那么，2020年新增新能源汽车约有120万台，按照车桩比在1∶1~3∶1之间计算，预计2020年充电桩在40万台至120万台之间，假设一个充电桩的平均成本在3万元左右，预计2020年新能源充电桩投资规模为120亿~360亿元之间。

大数据中心预计2020年投资规模约为1 800亿元。根据《全球智慧城市支出指南》（*IDC Worldwide Smart Cities Spending Guide*, *2019H1*）的预测，2020年中国IDC的支出约为266亿美元，约合人民币1 800亿元。

人工智能预计2020年投资规模为200亿~300亿元。根据中商产业研究院的估算，2020年人工智能产业规模将达到710亿元，较2019年增加210亿元。所以，我们预测2020年人工智能投资规模为200亿~300亿元。

工业互联网预计2020年投资规模约为1 000亿元。根据前瞻产业研究院的测算，预计2020年工业互联网产业规模将达到7 000亿元，较2019年增加约1 000亿元。所以，我们预计2020年工业互联网投资规模约为1 000亿元。

综上，预计2020年新基建的投资规模在1.19万亿~1.67万亿元，占2019年固定资产投资规模(55万亿元）的2%~3%，占

2019年基建投资规模（18.2万亿元）的6.5%~9.2%。

另外，需要说明的是，我们对2020年新基建投资规模的测算是在既定假设下得出的，现实情况可能会由于新冠肺炎疫情的发展、政府逆周期调节力度、海外不确定性事件冲击等因素导致新基建实际投资规模较估算值出现较大变化。

四、新老基建将在较长一段时间内并存

近期，多个省市发改委公布了2020年的投资计划规模，据统计13个省市预计投资规模达到25万亿元，2020年度计划约为5万亿元。市场将这一数字与2008年的进行比较，认为基建投资将会迎来新一轮井喷。特别地，政府高度重视新基建，部分观点认为新基建将会类似2008年那样迎来新的发展高峰期。但是，从体量、就业和产业周期来看，我们认为，对新基建能否替代老基建应保持谨慎态度，主要理由如下：

从体量规模来看，新基建短期内不具备取代老基建的可行性。如前文的测算显示，新基建占基建投资规模的比例不足10%。虽然由于低基数可以实现较高的增速，但是至少5年内新基建在规模上难以超过老基建。

从稳就业的角度来看，新基建属于技术密集型产业，吸纳就业的能力有限。中国目前14亿的人口，以60%的城镇化率计算，城镇人口规模约为8.4亿人，假设适龄劳动人口占比为60%，那么城镇适龄劳动力约为5亿人。而中国目前的科技巨头——腾讯和阿里

的雇员人数分别约为6万人和10万人，合计才16万人，吸纳就业人口的能力非常有限。特别是在新冠肺炎疫情对经济冲击较大的时候，许多中小企业和民企面临生存危机，加上2020年有870万应届毕业生，不论从职业种类还是数量来看，新基建都难及老基建对中低端劳动力的吸纳能力。

从所处产业周期来看，部分新基建所处行业还处于产业生命周期的早期，离大量投产和规模应用还有相当长一段距离，短期内经济效益不明显，缺乏商业吸引力。部分新基建还未形成完整的产业链条，下游需求并未完全释放，要实现供需之间的良性循环可能还需要较长一段时间。比如，目前政府正在积极推进的5G建设，虽然发展前景广阔，但是对于手机用户而言，5G在终端上的体验与4G没有明显差异。5G的应用价值更多体现在智能制造、自动驾驶、智慧医疗等中高端产业领域，但这些领域还处在产业生命周期早期，也没有形成完整的产业链条，相关产品还在研发之中。所以，5G基建要实现较高的投资回报率可能还需要相当长一段时间。

因此，即便目前政府加快新基建的建设步伐，新基建离完全替代老基建还需要较长一段时间，难以挑起稳增长的重担，预计新老基建将在较长时间内并存。

当然，新基建的投入产出率可能会呈现某种非线性特征，即当对新基建的投入超过一定阈值后，或许会引发新的技术革命，带来社会组织生态的改变，从而实现中国经济新旧动能的转换。只要这种可能性存在，发展新基建就具有重要的战略价值和现实意义。

基于此，现阶段投资者对新基建的追捧可能更多是概念层面的，其能否具有持续发展潜力可能才是相关上市公司是否具有投资价值的决定因素。

PART 4

中国资本市场的发展形势分析

第十一章　结构补涨与估值抬升或主导 A 股走势[①]

2020 年**沪深指数实现普涨，总体震荡上行、局部显著性趋势上行**。截至 2020 年 11 月 20 日，沪深主要指数最低涨幅约为 10.74%［上证综指］，最高涨幅为 48.33%［创业板指］；结构方面，沪深指数先后经历了 2 月“宅家”行情与 3 月中下旬至 7 月复苏性反弹。其中，2 月“宅家”行情带来沪深主要指数最低涨幅 11.84%［上证综指］、最高上涨 23.21%［中证 1000］；3 月中下旬至 7 月复苏性反弹行情中指数最低涨幅 26.19%［上证综指］，最高涨幅 58.15%［创业板指］（见表 11－1）。总结沪深主要指数整体及其结构性行情规律发现，2020 年沪深主要指数虽整体呈现不同程度的涨幅，但表现出明显的结构性特征，即上证综指、沪深 300、中证 500 等周

① 该部分内容来源于李湛、阳建辉：《结构补涨与估值抬升或主导 A 股走势——中山金融工程 2020 年年终策略报告》，初稿完成于 2020 年 12 月 11 日。文中部分文字有修改。

期或蓝筹占主导指数涨幅，逊于医药生物、TMT 类、可选消费为主导的深证成指、创业板指以及中小板指。

表 11－1 沪深主要指数 2020 年涨跌幅及关键行情涨跌幅

指数名称	最新点位	涨跌幅（%）	2—3 月行情时间	2—3 月行情涨跌（%）	3—7 月行情时间	3—7 月行情涨跌（%）
上证综指	3 377.73	10.74	02－04 至 03－05	11.84	03－19 至 07－13	26.19
深证成指	13 852.42	32.80	02－04 至 02－25	21.23	03－24 至 07－13	45.99
沪深 300	4 943.29	20.67	02－04 至 03－05	14.05	03－23 至 07－13	32.84
中证 500	6 422.99	21.93	02－04 至 02－25	20.09	03－24 至 07－13	38.02
中证 1 000	6 766.06	21.54	02－04 至 02－25	23.21	03－24 至 07－13	36.67
上证 50	3 411.93	11.38	02－04 至 03－04	8.08	03－20 至 07－09	33.94
中小板指	9 135.08	37.73	02－04 至 02－25	22.50	03－19 至 07－13	45.94
创业板指	2 667.09	48.33	02－03 至 02－25	18.65	03－24 至 07－13	58.15
万得全 A	5 294.05	22.65	02－04 至 03－05	16.56	03－24 至 07－13	37.74

资料来源：Wind 数据库，截止时间：2020－11－20。

第一节　沪深指数盈利与估值特征走势分析

一、上证综指长—短周期结构特征分析

我们曾基于历史规律、周期特征，采用统计的方法，对沪深两市主要指数未来季度或半年度走势做出预判。经跟踪研究发现，若以上证指数为研究标的，**A 股市场存在一个约 8 年的长周期与约 4 年的短周期**。在 8 年长周期框架下，A 股市场第 3 轮周期自 2013 年 6 月 25 日—2020 年 11 月已经历 7 年余 3 个月，当前尚处于长周期熊市期的末期（见表 11－2）。此外，在长周期中，熊市期存在 3 轮调整，相对应的存在 3 轮调整反弹期。自 2015 年 6 月 15 日以来，A 股市场已先后进行了 3 次反弹（见表 11－3），且各轮反弹具有如下特点：其一，前次反弹起始时间，相对上次反弹高点的时间间隔约为 1 年；其二，摒弃贸易战引致的恐慌情绪低点（第 2 次反弹的低点），各轮反弹的低点在 2650 点左右；其三，在第 3 轮大周期中，历次反弹的最高点为 3587.03，据此认为 **3600 点是 A 股市场破局上行的重要阻力位**。

表 11－2　各轮周期在不同阶段的时间区域划分表

股市周期	第 1 轮	第 2 轮	第 3 轮
周期时间	1997－09－24 至 2005－06－05	2005－06－06 至 2013－06－24	2013－06－25 至 2020－11－20

续 表

股市周期	第 1 轮	第 2 轮	第 3 轮
调整期	1997-09-24 至 1999-05-18	2005-06-06 至 2005-12-09	2013-06-25 至 2014-07-09
牛市期	1999-05-19 至 2001-06-14	2005-12-12 至 2007-10-16	2014-07-10 至 2015-06-12
牛回头期	2001-06-15 至 2001-10-22	2007-10-17 至 2008-11-04	2015-06-15 至 2016-01-27
熊市期	2001-06-15 至 2005-06-03	2007-10-17 至 2013-06-24	2015-06-15 至 2020-11-20

资料来源：Wind 数据库，测算截止时间：2020 年 11 月 20 日。

表 11-3　第 3 轮周期历次反弹时间及其极点分布表

第 3 轮周期	起 止 时 间	最 高 点	最低点
第 1 次反弹	2016-01-27 至 2018-01-29	3587.03	2638.30
第 2 次反弹	2019-01-04 至 2019-04-08	3288.45	2440.91
第 3 次反弹	2020-03-09 至 2020-11-20	3458.79［暂时高点］	2646.80

资料来源：Wind 数据库，测算截止时间：2020 年 11 月 20 日。

总结长—短周期结构，不难发现，上证综指一个长周期基本包括两个短周期，在长—短周期结构中，两轮长周期间存在 1 轮短周期（简称夹层短周期，下同），夹层短周期结束期与新 1 轮长周期开始后存在 1 个反弹期，幅度约 20%~35%不等，且反弹期过后存在相对长期的震荡下行期，诸如 2003 年 11 月 14 日—2004 年 4 月 6 日（反弹幅度约为 35%）对应的震荡下行期 2004 年 4 月 6 日—2005 年 6 月 3 日（回调幅度约为 43%）、2012 年 12 月 7 日—2013

年2月8日（反弹幅度约为20%）对应的下行期2013年2月8日—2013年6月26日（回调幅度约为20%）等。

短周期方面，A股市场已然经历7轮完整的短周期，按短周期长度尽可能接近短周期长度等规则，统计发现第7轮周期末的截止时间：2020年3月20日，当前尚处于短周期第8轮周前期。在周期结构上，当前尚处于第3轮长周期末端与第8轮短周期前期的结构交替期，且2020年3月20日—2020年11月20日期间的最大涨跌幅接近30%。根据历史经验，在前期约有30%的反弹以及长—短周期结构交替期，后期可能存在回调风险。

二、上证综指PE规律及结构特征分析

前述分析阐述了两个观点：其一，2020年沪深指数整体上行，时间与指数类别结构行情相对明显；其二，2020年处于长周期末端与新一轮短周期前期，且已有约30%的反弹，后期可能存在回调风险。沪深主要指数特别是上证综指后期走势是结构性补涨、还是顺周期规律回调呢？有必要基于盈利基本面与估值的角度，做出进一步分析与判断。

归纳发现，1997年9月24日以来，上证综指走势与其PE_ TTM高度相关，一般情况下，指数上行对应着PE_ TTM上行，反之则反；还注意到，在局部高点出现PE_ TTM震荡，指数反弹的迹象，如2010年等。上证综指3轮长周期的数据表明，**PE_ TTM估值处于整体震荡下行，周期递衰现象明显**。从初始阶段约66倍

估值，至 2007 年的约 56 倍，再到 2015 年的约 21 倍，下探到目前的 15.28 倍左右；PE_ TTM 在周期低点也出现衰减现象。

自 1997 年 9 月 24 日以来，随着上证综指周期的不断递进，PE_ TTM 估值在各周期末端随着指数调整，不断探新低，且牛市高点的比例调整值不断降低。比如在第 1 轮周期的末端，PE_ TTM 估值约在中位数水平；第 2 轮周期末端或接近末端期点，PE_ TTM 下探 25 分位数值。在牛市高点，仅第 1 轮与第 2 轮超 75 分位数，第 3 轮周期的 PE_ TTM 值仅略超 50 分位数水平。

长周期态势显示，PE_ TTM 整体的运行趋势与上证指数的趋势基本吻合，在上探 75 分位数后，目前 PE_ TTM 值约为 15.66 与第 3 轮周期 75 分位数 16.65 相近，刚好触及 75 分位数水平值。历次触及 75 分位数及以上的时间节点：2015 年大牛市行情、牛回头后的反弹行情以及夹层周期的局部高点（2018 年 1 月）。

短周期细看 PE_ TTM 发现，**PE_ TTM 自 2020 年 7 月以来围绕 2016 年 1 月 29 日至 2020 年 3 月 20 日期间的 75 分位数值上下震荡调整**。与长周期分位数不同的是，在 2016 年 11 月至 2018 年 3 月期间，PE_ TTM 值也是总体围绕着 75 分位数上下波动。在当前短周期指数价格波动与第 7 轮周期的相似性较高的定调下，**上证综指 PE_ TTM 或延续高位震荡偏多格局**。

三、上证综指 PB 规律及结构特征分析

数据显示，**上证综指 PB_ LF 当前值约为 1.50，接近于长一**

短周期的中位数水平，与其对应 75 分位数的空间约为 11.34%与 7.33%。若以 PB_ LF 长—短周期中的 75 分位数为后势判断基准，认为后市上升空间将相对有限，对的涨幅空间约为［7%，11%］。若以 2020 年 11 月 20 日收盘价 3 377.73 为基准，则上证综指上涨的空间范围为［3 600，3 750］，PB 规律间接验证周期中 3 600 为重要阻力位的观点。

结构方面，2013 年 6 月 25 日至 2020 年 11 月 20 日与 2016 年 1 月 29 日至 2020 年 11 月 20 日期间，上证综指 PB_ LF 上探 75 分位数的时间段与 PE_ TTM 比较相似。但从数值水平上看，PB_ LF 值处于相对合理的水平，比如 PE_ TTM 在不同时间段略超或接近 75 分位数，PB_ LF 尚处于 50 分位数或均值附近（见表 11 - 4），就上证综指当前价格及其盈利水平估值而言，其净资产所对应的价格水平估值或更为合理，但也暴露出如下问题：上证综指虽有相对较高的净值产，但其利润创造能力相对较低，这或与其成分股的权重结构有关，其中银行［16.3%］、非银金融［12.5%］与房地产等金融类行业权重占比约为 31.67%，传媒与 TMT 等成长类行业权重占比约为 12.47%，食品饮料与医药生物等消费类 9 个行业的权重占比约为 24.64%，以及汽车、化工与有色金属等 10 个周期性行业权重占比 31.22%。金融类与周期类行业的权重高达 62.89%，周期类与金融类行业行情变化是驱动上证综指波动的主导因素。

表 11－4　长—短周期中的 PB_ LF 描述性统计数据表

	2013－06－25 至 2020－11－20	2016－01－29 至 2020　11－20
均　值	1.56	1.50
50 分位数值	1.50	1.51
75 分位数值	1.67	1.61
最大值	2.77	1.82

资料来源：Wind 数据库，测算截止时间：2020 年 11 月 20 日。

四、上证综指 PEG 规律及结构特征分析

PEG 高达 2.584，远大于 1，PEG 调整具有高波动特征，上证综指或经调整后震荡上行。若以一致预测净利润 2 年复合增长率为测算标准，当前 PEG 值约为 2.584，处于自 2015 年以来的 98 分位数水平，远高于其均值 1.23 与中位数值 1.07。

若单纯从 PEG 角度看，基于历史规律不难发现，目前上证指数价格相对未来两年的预期净利润水平存在严重虚高，且每次 PEG 在高位时，都出现不同程度的高幅度调整，比如 2015 年“牛回头”行情、2017 年 11 月局部高点行情等。需提醒的是，PEG 每次调整完成后，上证综指后期趋势以震荡或震荡上行为主。据此认为，**PEG 在当前状况下或存在一个比较大的回调幅度，后期上证综指或以整体区间震荡或震荡上行为主。**

第二节　沪深其他指数盈利与估值特征分析

一、沪深主要指数大类权重结构分析

报告以申万一级行业为基础，将申万除综合以外的其他 27 个行业，归类为周期、金融、成长与消费等四大类别（见表 11－5），以分析沪深主要指数在各大类别的权重分布特征，为预判沪深指数走势提供结构性参考。

表 11－5　沪深主要指数各大类行业权重分布数据表①

	周期类行业（%）	金融类行业（%）	成长类行业（%）	消费类行业（%）
上证综指	31.22	31.67	12.47	24.64
深证成指	17.65	11.03	33.39	37.93
沪深 300	18.95	31.00	17.69	32.36
中证 500	34.26	8.93	25.9	30.91
上证 50	14.23	49.03	7.12	29.62
中小板指	19.03	7.46	46.66	26.85
创业板指	8.41	6.20	46.05	39.34
万得全 A	27.54	19.91	23.34	29.21

资料来源：Wind 数据库。

① 周期分类按申万一级为基础，归为周期类、金融类、成长类与消费类四大行业。其中，周期类行业：交通运输、公用事业、化工、建筑材料、建筑装饰、有色金属、机械设备、汽车、采掘、钢铁；金融类行业：房地产、银行、非银金融；成长类行业：传媒、电子、计算机、通信与电气设备；消费类行业：休闲服务、农林牧渔、医药生物、商业贸易、国防军工、家用电器、纺织服装、轻工制造与食品饮料。

沪深主要指数在各大类行业的分布各有侧重。其中，万得全A指数在各大类的权重分布相对均衡；上证综指以周期与金融类为主，消费类次之；深证成指、创业板指与中小板指则以成长类与消费类为主，沪深300与上证50以金融类与消费类为主，中证500指数则以周期类与消费类为主，成长类相对次之。

具体而言，上证综指以金融与周期大类为主，消费类其次，权重较大的行业分布在食品饮料［9.84%］、医药生物［6.88%］、化工［4.86%］与电子［4.58%］等。深证成指则以成长与消费类为主，食品饮料［8.23%］、家用电器［7.34%］、计算机［7.26%］与电气设备［5.42%］的权重相对较高。沪深300指数以金融与消费类为主，其中银行［12.55%］与非银金融［15.01%］的权重合计27.56%，消费类主要以食品饮料［12.74%］、医药生物［9.04%］与家用电器［5.18%］为主。中证500指数在周期、成长与消费三大类中占比相对均值，其中医药生物［14.48%］、电子［7.64%］、计算机［6.48%］、化工［8.14%］。上证50金融与消费类的占比约为78.65%，其中，银行［21.33%］、非银金融［26%］、食品饮料［16.67%］、医药生物［7.91%］。中小板指以成长类为主，其他次之，其中电子［27.34%］、计算机［8.50%］、医药生物［8.45%］、农林牧渔［6.99%］。创业板指成长与消费类行业的权重为85.39%，其中医药生物［39.78%］、电气设备［16.20%］、计算机［10.27%］、电子［10.47%］、传媒［6.33%］与非银金融［6.20%］。相对其他主要指数而言，万得全A在成长、消费、周期与金融等四大类的占比相对均衡（各比例测算以自由流通市值为基础转换），其中医药生物［9.85%］、电子［8.82%］、非银金融［8.65%］、食品饮料［8.16%］、银行［8.09%］、化工［5.60%］与计算机［5.00%］。

二、长周期结构下沪深指数估值指标特征分析

根据长周期统计规律发现，上证综指、深证成指、沪深300、中证500、上证50、中小板指、创业板指与万得全A的均值周期分别为8年、8年、7.5年、7年、7.5年、7年、7年与8年，对应的起始时间节点分别为：2013年6月25日、2013年6月25日、2012年12月10日、2012年12月4日、2012年12月4日、2012年12月4日、2012年12月4日与2013年6月25日。需说明的是，沪深300、中证500、上证50、中小板指与创业板指在此新一轮周期结束时间为2019年1月7日，为规避周期诊断可能存在偏差影响，在测算其估值分位数值时向前移1个周期（见表11－6）。报告以上述时间节点为参照，测算各估值指标在长周期框架下的分位数水平。

表11－6　长周期结构下沪深主要指数核心估值指标及其分位数值表

	测算始点	PE_TTM值	PE分位数值	PB_LF值	PB分位数值	PEG	PEG分位数值
上证综指	2013－06－25	15.84	78.94	1.52	52.46	2.61	77.83
深证成指	2013－06－25	31.10	83.42	3.41	88.72	0.98	65.28
沪深300	2012－12－10	15.33	95.66	1.64	78.33	2.12	70.01

续 表

	测算始点	PE_TTM 值	PE 分位数值	PB_LF 值	PB 分位数值	PEG	PEG 分位数值
中证 500	2012-12-04	29.83	45.10	2.13	28.95	1.14	56.86
上证 50	2012-12-04	12.03	93.96	1.27	65.74	5.51	72.24
中小板指	2012-12-04	36.00	83.28	4.39	80.29	0.89	16.41
创业板指	2012-12-04	63.05	81.84	7.39	86.02	1.13	53.45
万得全 A	2013-06-25	22.94	93.75	1.99	59.92	1.92	78.05

资料来源：Wind 数据库，统计截止时间：2020-11-20。

估值指标及其分位数数据表明，以周期与金融等行业为主导的上证综指的 PB 估值处于相对合理水平，在 50 分位数附近；PE 值虽超 75 分位数值，但相对深证成指等其他指数的分位数水平值较低。此外，以成长与消费类为主导的深证成指、创业板指与中小板指的 PEG 在 1 附近波动（深证成指 0.98、中小板指 0.89 与创业板指 1.13），2020 年以来，深市指数虽有相对较高的涨幅，但盈利预期增长水平基本可以抵消股价上涨所带来的 PE、PB 估值提升。

长周期估值逻辑发现，**若基本面未出现严重超预期的回调，沪深 A 股指数或以结构性交替上涨逻辑为主线**。即以周期类行业占主要成分的上证综指、上证 50 等 2020 年低涨幅指数出现补涨行情，以成长类行业为主的深市指数或以区间震荡为主；上证综指等指数经补涨后提升整体估值水平，市场风格或切换至深证成指、创业板指与中小板指等成长类与消费类为主导的指数板块。

三、短周期结构下指数盈利与估值特征分析

短周期方面，上证综指、深证成指、沪深 300、中证 500、上证 50、中小板指、创业板指与万得全 A 的均值周期分别约为 4 年、3.36 年、3.36 年、3.36 年、3.4 年、3.9 年、3.9 年与 4 年，对应的起始时间节点分别为：2016 年 1 月 29 日、2019 年 1 月 4 日、2019 年 1 月 4 日、2019 年 1 月 4 日、2016 年 2 月 26 日、2017 年 1 月 20 日、2016 年 12 月 30 日与 2016 年 1 月 29 日。上证综指、中小板指、创业板指与万得全 A 指数最新周期结束时间在 2020 年 3 月，考虑到周期划分可能存在偏差，报告以前 1 周期的始点作为测算时间节点（见表 11－7）。

表 11－7　短周期结构下沪深主要指数核心估值指标及其分位数值表

	测算始点	PE_TTM 值	PE 分位数值	PB_LF 值	PB 分位数值	PEG	PEG 分位数值
上证综指	2016－01－29	15.84	80.29	1.52	50.85	2.61	46.59
深证成指	2019－01－04	31.10	87.55	3.41	90.61	0.98	80.13
沪深 300	2019－01－04	15.33	100.00	1.64	97.59	2.12	49.34
中证 500	2019－01－04	29.83	76.42	2.13	84.93	1.14	15.28
上证 50	2016－02－26	12.03	96.19	1.27	78.57	5.51	58.17
中小板指	2017－01－20	36.00	91.97	4.39	86.72	0.89	28.91
创业板指	2016－12－30	63.05	89.98	7.39	91.03	1.13	48.95
万得全 A	2016－01－29	22.94	98.38	1.99	61.95	1.92	52.82

资料来源：Wind 数据库，统计截止时间：2020－11－20。

不难发现，除上证综指与上证50的PB估值在短周期中处于相对低的分位数水平外，其他指数的PE、PB值的分位数远超75分位数水平；PEG除深证成指超80分位数外，其他指数当前的PEG分位数值处于50分位数附近或以下。低PEG使得当前以成长类与消费为主的指数具有相对较好的盈利支撑，若国内基本面继续向好或未有严重超预期的调整，盈利增加或抬升PE与PB的估值水平。长—短周期的估值特征显示：**若基本面未有超预期的回调，沪深指数或在结构性补涨后，出现整体估值抬升行情。**

四、行业结构下指数盈利与估值特征分析

考虑到申万行业各大类别数据周期的非一致性，报告统一以2016年2月1日作为测算申万一级行业各核心估值指标分位数水平的起始节点，借以考察相同时间段申万各行业核心估值指标最新值及其所处的分位数水平。

申万行业的PB结构表明，**周期与金融类行业的PB估值相对较低，成长与消费类行业的估值相对较高**，各大类别结构分化相对明显。其中，金融类中的非银金融与周期类中化工、汽车等行业的PB分位数水平明显强于同类别的其他行业，金融类与周期类的其他行业处于50分位数附近或以下。成长类的电子、电气设备，消费类的休闲服务、家用电器、食品饮料与医药生物几乎处于自2016年以来的高位，成长与消费类的其他行业的PB估值在70分位数以下水平。

比较 PE_ TTM 与 PB 同期分位数水平发现，周期类中的交通运输、化工、有色金属与汽车等行业的 PE_ TTM 分位数水平高于 PB，在股价相同的情况下，说明以上行业总体股价的涨幅高于其盈利水平增长率，周期类行业的上涨未得基本面支撑。消费类行业的休闲服务、医药生物、家用电器与食品饮料同期 PE_ TTM 与 PB 的分位数水平相当，相对于上述周期类行业而言，消费类核心行业的整体估值与其盈收状况基本处于同一分位数水平。金融类行业银行与成长类行业计算机的估值水平或缺乏盈利支撑，其他行业的估值相对合理。

相对预期盈利而言，周期类行业的交通运输、钢铁，成长类中的计算机，消费类中的休闲服务、商业贸易、家用电器、纺织服装以及金融类的银行等，处于高估值水平，其 PEG 分位数值都超 90 或接近自 2016 年以来的高点。消费类、周期类、成长类与金融类其他行业，整体处于一个相对合理的水平，部分行业虽有高的 PEG 数值，但其 PEG 分位数值尚处于中等偏上的水平，存有上升空间。

综上所述，沪深 A 股指数未来走势的基本逻辑：**以金融类与周期类为主要占比的指数因缺乏盈利水平的支撑，经短期情绪驱动补涨，并带动估值抬升后，或转换至盈利状况与其估值水平相对合理的指数，结构交替行情或是 2021 年的主要走势。**

第三节　情绪驱动下的沪深主要指数中短期走势分析

一、北上资金与国内主力资金动态分析

从中长期看，沪深主要指数基本以补涨与估值抬升的结构性行情为主。短期资金流显示，沪深两市资金周频整体呈净流出状态，且周边际增量自 2020 年 8 月以来呈趋势性下行后，实际边际企稳迹象。注意到上证综指在资金净流出额边际放大的情况，未见显著的下行调整，且局部出现资金动态与指数走势背离迹象。

北上资金方面，自 2020 年 5 月以来，上证综指与北上资金的运行规律基本保持一致，但也存在局部背离，比如 2020 年 5 月下旬至 2020 年 7 月。自 2020 年 11 月以来，上证综指与北上资金出现明显的剪刀差，且呈放大迹象。在国内资金总体震荡偏空调整、北上资金边际企稳、整体偏多，上证综指等指数震荡上行的情况下，沪深指数短期内或进入存量博弈下结构性震荡偏多行情。

结构方面，尾盘主力近期净流入有色金属、电气设备、银行以及大消费类行业；在化工、电子、医药生物与非银金融等行业的净流出比较明显。整体方面，相对周频在成长类的电子，消费类的医药生物、食品饮料与农林牧渔，金融类的非银金融等行业的净流出额强于其他，周期类与金融类行业资金的稳定性相对强于成长类与消费类，间接验证报告中的结构性行情的观点。

二、沪深两市多空信号强度及其结构分析

据最新数据显示，当前沪深两市的多信号强度约为0.4左右，全市场发出或维持看多信号的个股整体偏弱，市场赚钱效应偏弱。近5个交易日内，周期类行业、消费类行业与金融类行业的多信号强度及其边际变化明显强于成长类行业，多信号强度再次支撑结构行情的观点，诸如创业板指与中小板指等成长类行业起主导作用的行业，其市场表现或逊于其他。

中短期资金流与多信号强度等情绪指标表明，受益于尾盘主力资金与国内资金的结构性偏好，周期类、金融类与消费类指数多信号强度在短期内有相对显著的边际改善以及其整体相对较高的多信号强度值。短期内指数或延续上证综指、沪深300等蓝筹指数相对较强，以成长类行业为主导的创业板指与中小板指相对较弱的格局。短期市场情绪依然支持基于市场估值做出的结构调整行情判断。

第十二章　两融规模持续上升，短期内涨势不改[①]

截至 2021 年 1 月 15 日，两融余额 16 801.7 亿元，两融规模明显处于 2015 年 4 月来的相对高位。两融规模从 2020 年 4 月开始持续快速或震荡拉升，进入 2021 年后，A 股市场各主要指数在大盘股的拉动下再次快速上升，两融余额也再次随之快速攀升且保持向上趋势。

两融余额作为杠杆资金，是市场投资者风险偏好的重要衡量指标，当前两融余额已创阶段性新高且有继续快速上升的趋势，两融余额占 A 股流通市值比也处于相对高位，需关注两融业务可能增加近期证券市场的波动率，放大市场风险。

以两融交易额占 A 股成交额的比值来观察两融交易的活跃度，

---

① 该部分内容来源于李湛、刘波：《两融规模持续上升，短期内涨势不改》，初稿完成于 2021 年 1 月 20 日。文中部分文字有修改。

可以看到比值在［8.21%，12.26%］间震荡，均值9.77%，中位数9.6%，当前值为10.64%，高于均值和中位数，两融市场活跃度有所上升。

今年来申万行业融资融券余额14 880.15亿元，存量规模相较去年同期大幅提升60%，28个申万行业两融净买入额中25个行业为正，整体呈净流入状态。

两融ETF标的增只同时增量，相对2020年ETF两融市场景气程度大幅上升。以融资买入额视为做多资金，以融券卖出额视为做空资金，当前ETF的融资净买入和融券净卖出都偏向宽基指数类ETF以及行业指数ETF，市场存在一定分歧，但从量上来看仍以净买入看多为主。

第一节　沪深两市融资融券总体概况

一、融资融券余额规模及流通市值占比

2019年年初，两融余额触及相对低位后（7 170亿元，2019年2月1日），逐渐开始快速或震荡拉升，2020年9月下旬达15 000亿元以上，时隔6年两融余额再次站上1.5万亿规模。其后依旧保持涨势，至今达16 801.7亿元（2021年1月15日），最高达16 860.6亿元（2021年1月13日）。根据图12－1所示历年两融余额规模走

势可以明显看出，**当前两融余额规模已经处于 2015 年 4 月来的历史高位。**

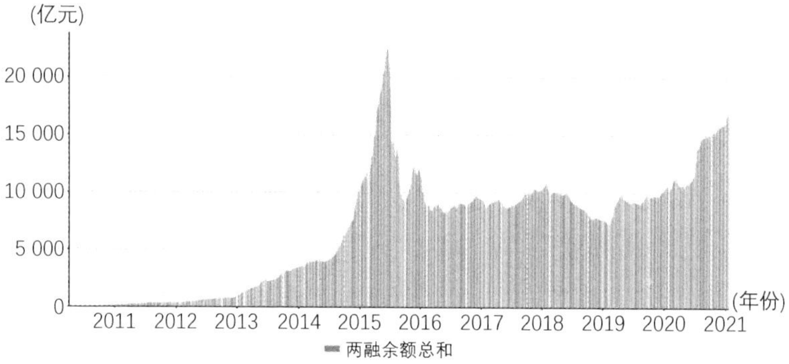

图 12－1　历年两融余额规模走势

资料来源：Wind 数据库。

自 2020 年以来，即使在 A 股市场经历 1 月下旬至 3 月下旬近两个月的震荡下跌或探底，两融余额始终稳定在万亿元以上。随后，A 股在 6 月开始走牛，两融余额也开始快速拉升。7 月初 A 股市场由快速拉升转为横向震荡后，两融余额随之进入边际增长放缓期，9 月下旬以来稳定在 1.5 万亿元以上，相较于 2020 年年初，已有超 52%的涨幅，且稳定保持小幅增长。进入 2021 年，A 股市场各主要指数在大盘股的拉动下再次快速上升，两融余额也再次快速攀升且保持向上趋势。

当前两融余额 16 801.7 亿元，其中融资余额规模为 15 365.5 亿元，融券余额 1 436.3 亿元。若以两融余额占 A 股流通市值比例来衡量杠杆资金的占比，从杠杆资金的结构显示，2021 年来比值主要在［2.1%，2.6%］区间震荡，当前值为2.56%，相当接近2020年9月的高点2.59%，且有向上趋势（见图12－2）。**两融余额作为杠杆资金，是市场投资者风险偏好的重要衡量指标，当前两融余额已创阶段性新高且有继续快速上升的趋势，两融余额占A股流通市值比也处于高位，需要关注两融业务可能增加近期证券市场的波动率，放大市场风险。**

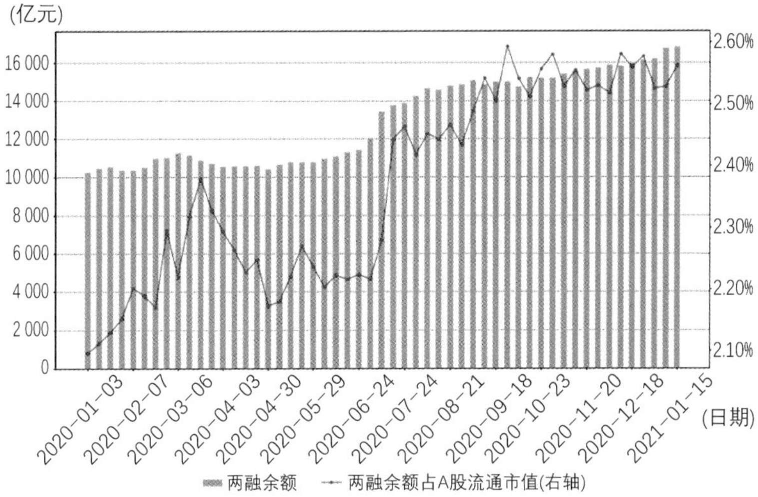

图12－2　两融余额及其占A股流通市值比例走势

资料来源：Wind数据库。

分别单独观察融资余额和融券余额，可以发现2020年至2021年1月融券余额占两融余额的比值在［0.8%，8.7%］区间，对两融余额起主导地位的依旧为融资余额，因此，融资余额走势大体与两融余额走势表现相近，即2020年6月开始快速拉升，7月初A股市场由快速拉升转为横向震荡后，9 月下旬开始表现出高位边际钝化或企稳特征，11 月开始小幅上升。进入 2021 年 1 月后，上升速度开始加速。其原因可能有二：**其一，全球经济持续修复，其中 2021 年内地经济增长预期尤为良好。在此大背景下，2021 年开年 A 股市场强势上行，多个指数创阶段性新高；其二，年初明显的赚钱效应也吸引着公募基金和险资加大对股票的配置力度，同时北上资金持续净流入，A 股增量资金明显放大。**以上两点使得融资市场尤为活跃，融资余额加速上行。

融券余额方面，自 2020 年 2 月上旬的低点约 85 亿元，逐步拉升，上涨至近期高点（2021 年 1 月 8 日）约 1 462 亿元，相对 2020 年 2 月低点涨幅超 17 倍，虽然当前融券余额相对于高点而言有小幅下降，但依旧处于上行趋势当中。同时，当前融券余额占两融余额比达 8.55%，也已处于高点。**从融券属性看，融券余额的快速攀升间接反映出部分投资者对当前 A 股市场大涨背后的不确定性趋于谨慎。**

二、融资融券交易额及占 A 股成交额走势

2020 年至 2021 年 1 月，相较于两融余额的先增长后稳定，两融交易额整体波动幅度较大，低点在 2020 年 1 月初，仅为 1 600 亿元左右，高点则可达万亿元以上，发生在 2020 年 7 月上旬，涨幅超 537%。其中，两融交易额随 A 股在 2 月的反弹和 7 月的走牛，出现两个明显的峰值，分别为 6 706.85 亿元（2020 年 2 月 28 日）

和 10 034.61 亿元（2020 年 7 月 10 日）。如图 12－3 所示，两融交易额在 2020 年 7 月上旬达到 2020 年以来的最大值后，随着 A 股市场的横向震荡，市场热度有所减退，两融交易额开始从高位逐渐回落，2020 年 9 月底达相对低点（9 月 30 日，1 958.97 亿元）。随着 2021 年开年 A 股的强劲表现，两融交易额又开始有所反弹，当前为 6 056.7 亿元。

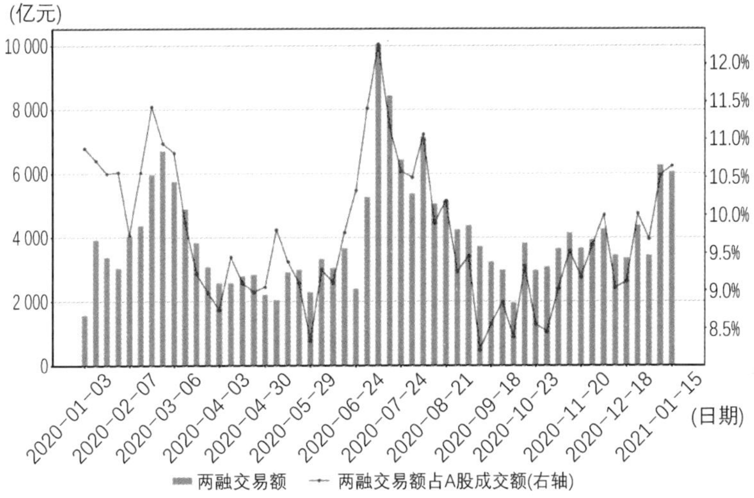

图 12－3　2020 年以来两融交易额及其占 A 股成交额走势

资料来源：Wind 数据库。

借两融交易额占 A 股成交额的比值来观察两融交易的活跃度，可以看到比值在［8.21%，12.26%］间震荡，均值 9.77%，中位数 9.6%，当前值(2021 年 1 月 15 日）为 10.64%，高于均值和中位数，两融市场活跃度有所上升。

分别单独观察融资买入额和融券卖出额，同样，由于融券卖出额仅占两融交易额极小部分（最大不到7.5%），两融交易额中依旧以融资买入额占主导地位，因此融资买入额走势与整体两融交易额走势相近，最高为9 774.75亿元（2020年7月10日），当前为576.97亿元。融券卖出额与两融交易额走势的同步性不如融资买入额显著，但同样存在波动较大的特征，低值仅为13.65亿元（2020年2月7日），峰值达318.16亿元（2020年7月17日），相差22倍以上，当前为292.73亿元。

第二节　行业融资融券概况

一、行业融资融券余额及占该行业流通市值比

截至2021年1月15日，申万行业融资融券余额14 880.15亿元，存量规模相交去年同期大幅提升60%。其中以非银金融、电子和医药生物3个行业居前，两融余额在1 000亿元以上。若以两融余额占该行业流通市值的比例来衡量杠杆资金的占比，杠杆资金的结构显示，农林牧渔、通信、有色金属、综合、国防军工、计算机、非银金融和传媒共8个行业的杠杆资金占比较高，超3%以上。休闲服务和食品饮料杠杆资金占比较低，在1%以下，其余行业杠杆资金占比维持在［1%，3%］之间。

二、行业两融净买入额

2021年1月，28个申万行业两融净买入额中25个行业为正，呈净流入状态，其中非银金融、电子和医药生物融资买入额远超其他行业，在60亿元以上。另外，28个申万行业中，仅综合、休闲服务和纺织服装3个行业为负，呈净流出状态，其中休闲服务净流出居前，达8.6亿元（见图12－4）。

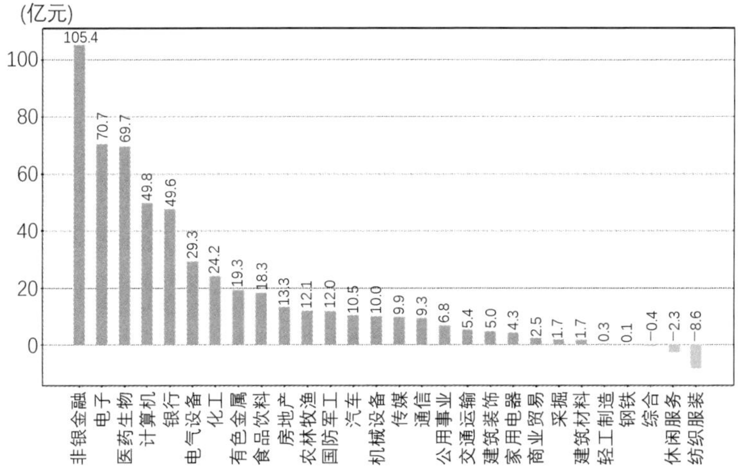

图12－4 申万行业融资融券净买入额

资料来源：Wind数据库。

三、ETF融资融券概况

当前融资融券ETF标的共124只，较去年同期79只，增长了57%；两融余额1 852.15亿元，与去年同比上升54%，**可以发现无**

论从 ETF 数量还是规模来看，都有大幅增长，ETF 增只同时增量，相对 2020 年 ETF 两融市场景气程度进一步上升。

从 ETF 融资净买入额来看，此前长期居前的黄金类 ETF 都已掉出前十，当前融资净买入以宽基指数 ETF 和行业指数 ETF 为主，前三分别为华泰柏瑞沪深 300ETF、华泰柏瑞中证光伏产业 ETF 和易方达创业板 ETF，融资净买入额在 4 000 亿元以上，其中华泰柏瑞沪深 300ETF 高达 7 485 亿元。

而从融券净卖出额方面来看，融券净卖出额同样以宽基指数 ETF 和行业指数 ETF 为主，前三分别为平安沪深 300、易方达创业板 ETF 和国泰中证军工 ETF，融券净卖出额在 1 000 亿元以上。

以融资买入额视为做多资金，以融券卖出额视为做空资金，当前 ETF 的融资净买入和融券净卖出都偏向宽基指数类 ETF 以及行业指数 ETF，市场存在一定分歧，但从量上来看仍以净买入看多为主。

第十三章　五大因素或驱动指数回调后区间震荡[①]

外来风险是当前国内及资本市场面临的主要风险。美国国债十年期利率上行，中美十年期国债利差由 2021 年的最高 2.13%［2021-01-28］，缩减 40 bp 至 1.73%［2021-03-04］，短期内十年期国债利差收窄引发资本市场对美国货币、财政政策收紧的预期。此外，国内 A 股市场还存在高估值蓝筹抱团瓦解，杀估值回调整，以及流动性主动或被动收紧超预期等问题。受此影响，自 2020 年 1 月 8 日以来，国内主要股指出现回调调整，相关数据如表 13-1 所示：

① 该部分内容来源于李湛、阳建辉：《五大因素或驱动指数回调后区间震荡》，初稿完成于 2021 年 3 月 5 日。文中部分文字有修改。

表 13－1 2020 年 1 月 28 日以来，全球关键资产价格涨跌幅简表

指数名称	区间涨跌幅（%）	最大回撤（%）
道琼斯工业指数	2.05	3.25
纳斯达克指数	－2.06	9.73
上证综指	－1.95	4.15
沪深 300	－4.47	9.07
创业板指	－13.08	16.46
深证成指	－6.47	9.69
万得全 A	－3.31	6.07

资料来源：Wind 数据库，时间范围：2020－01－28 至 2021－03－04。

除道琼斯工业指数在区间内小幅上涨外，纳斯达克指数、上证综指、沪深 300、创业板指等出现不同程度的下跌，其中创业板指区间内涨幅约为－13.08%，最大跌已超 16.46%；纳斯达克指数、沪深 300、深证成指自前期高点回撤幅度接近 10%。

在外围因素超预期、国内蓝筹杀估值回调，周期等主线尚不清晰或处于混乱状态的前提下，当前 A 股市场出现以下几个典型的特征：

其一，沪深主要指数位处估值高位，沪深 300 等指数 PE 估值接近 95 分位数水平。自 2016 年以来，除中证 500 与中证 1000 尚处于相对较低的分位数水平，值分别为 66 与 47 分位数外，沪深其他指数的 PE 估值接近或位处相对较高的分位数水平，其中，万得全 A 的 PE 值 23.42 超 96.73 分位数，沪深 300 的 PE 值 16.51—94.24 分位数（见图 13－1）。

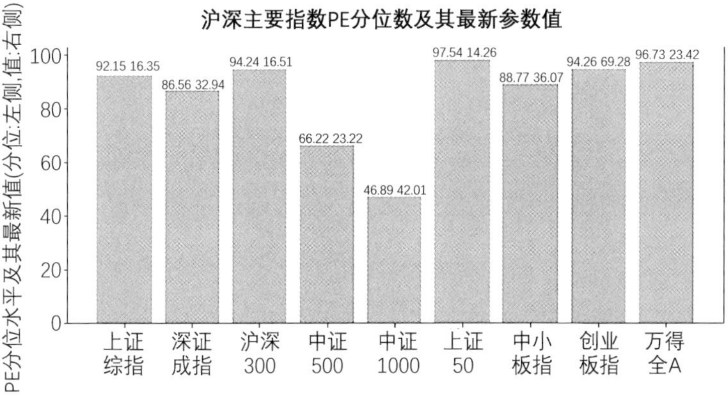

图 13－1　沪深主要指数的 PE 估值接近或位处相对较高的水平

资料来源：Wind 数据库。

其二，指数破均线，反弹动能不足；“头尖顶”形态显现，且破颈线。①沪深主要指数先后破 20 日均线，出现大盘蓝筹回调调整与小盘股反弹无力（中证 1000 上攻受阻，且处于下行通道中）的双重现象，两市量能缩量至约 9 000 亿元。观察发现，若沪深两市指数当日反弹上涨伴随轻微缩量，反弹动能不足。②沪深指数的技术形态步入“头尖顶”触及颈线的关键期，除上证综指外，其他主要指数已破颈线，警惕稳量或放量破颈线继续下探风险。

其三，择时信号中短期内维持看空股指。沪深主要指数中—短期择时信号：中短期内，沪深两市主要指数维持空信号（见表 13－2）；且个股多信号整体强度虽由 0.52 增到 0.60，暂破前期强调的以蓝筹为主线下的多信号幂定律分布规律，A 股市场出现主线缺失或新主线未能获得估值与基本面支撑，导致新主线难以形成市场凝聚力与羊群效应，市场或暂进入混乱状态。

表 13-2 沪深两市主要指数多空择时判断

指数名称	指数代码	判断日期	多空判断
沪深 300	000300	2021-02-22	维持看空
上证综指	000001	2021-02-22	维持看空
上证 50	000016	2021-02-22	维持看空
创业板指	399006	2021-01-26	维持看空
中小板指	399005	2021-02-22	维持看空
中证 500	000905	2021-02-23	维持看空

资料来源：Wind 数据库。

其四，主力资金净流出规模与边际明显放大。自 2020 年 10 月以来，国内主力资金整体处于净流出状态，A 股市场近期处于主力资金回撤、指数上涨的态势（见图 13-2）。最新动态方面，除中小板指北上资金回流外，沪深其他主要指数出现北上资金净流入、尾盘主力净流出、资金整体净出等，北上资金边际缩量，主力资金大规模净流出约 1 270 亿元，主力资金大规模回撤，引发蓝筹抱团瓦解与指数回调调整。

其五，公募机构减仓明显，中位数仓位降至 0.82 左右。数据显示，公募机构基金总体仓位约为 0.86，减仓相对明显；公募机构仅在采掘与纺织服装存量资金规模相对较小的两个行业做出适当的增持；易方达等规模居前 10 的基金公司仓位出现主动或被动一致

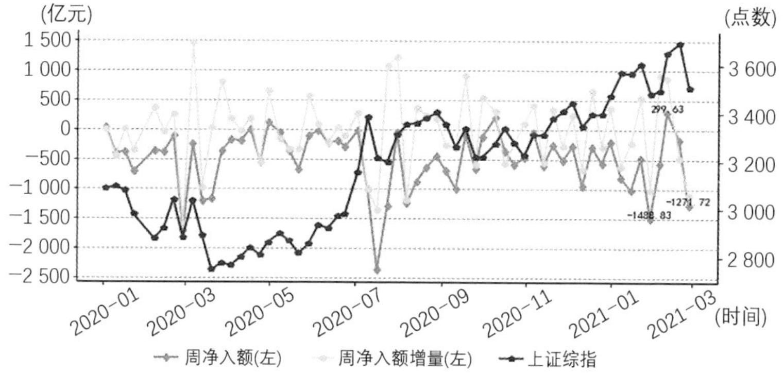

图 13-2　沪深两市主力资金总体净流出与边际净流出趋势

资料来源：Wind 数据库。

性减仓，中位数仓位缩减至 0.82 左右。公募机构动态主动或被动降仓反映出市场对后市的不乐观预期。

在轻微缩量破趋势线震荡，指数形态触及或破颈线，中短期空信号占优且主线混乱或持续性受到市场质疑，公募机构一致性减仓，以中证 1000 为代表的中小盘指数向上突破受阻、未能挑起大梁等五大因素的综合影响下，沪深指数或经回调后步入区间调整阶段，警惕混乱状态下的不乐观情绪驱动，导致指数从技术形态上继续下探风险。

第十四章　通胀预期攀升对资本市场走势的影响[1]

自新冠肺炎疫情冲击以来，美联储为缓解疫情的冲击影响，先后向市场投放近 20 万亿美元，目前看持续宽松政策未获得基本面支撑，反而刺激美股接连创新高、美元贬值，埋下通胀与资产泡沫的隐忧。当前的资本市场结构上表现出原油等商品价格上涨，其与美元、黄金的经验关系局部失真，有限供给与缺乏信用背书下的比特币（BTC）疯狂，商品价格大概率由上游向中下游传导，催生出通胀预期升温，由此引发债市偏空预期与股市结构性轮转，国内资本市场与经济基本面或为应对商品价格上涨做出有区别的应对举措。

---

① 该部分内容来源于李湛、阳建辉：《宽松环境下的商品价格上行驱动通胀隐忧》，初稿完成于 2021 年 2 月 24 日。文中部分文字有修改。

第一节 宽松政策刺激经济效果堪忧，埋下通胀隐忧

新冠肺炎疫情冲击宽松政策。以贸易战为具体表现形式的大国间战略博弈，既冲击全球分工产业体系，又冲击国内产业布局、进出口流量及其增长等。为预防或抑制新冠肺炎疫情传播，各国采取被动锁城举措。比如武汉封城、美国洛杉矶紧急封城、英国三次封城、德国预防第三波疫情延长“封城”等，一方面这些举措引导各国或各地区人民被动隔离，另一方面，为预防经济大幅度滑坡，各国都在采取宽松性货币政策，以应对新冠肺炎疫情冲击可能带来的流动性危机。

以美联储为例，自 2020 年 2 月以来，美联储资产负债表增长 81.2%。按 2019 年年末国外部门负债 24.24 万亿美元计算，近 1 年以来美联储先后已累计向市场净投放近 20 万亿美元。相反的，美国 2020 年 GDP 同比下降 2.46%。相对美国超宽松货币政策而言，2020 年国内 M2 同比增长仅 10.1%至 218.68 万亿美元左右，同期社会融资规模同比增长 36.32%至 34.86 万亿美元，GDP 同比为 2.3%。其宽松幅度与释放资金规模远逊于美国，经济效果显著强于美国。

在此量化宽松的环境下，美元指数先后经历剧烈震荡、趋势性下行，最低约达 89.42，一度接近 2018 年以来的低点 88.56，目前累计下跌约 7.21%，处于下行后的震荡调整期。道琼斯工业指

数与纳斯达克指数接连持续创新高，分别上涨 11.46% 与 51.62%（见表 14-1），受新冠肺炎疫情与美联储超量化宽松救市等举措的综合影响，结构上表现出新冠肺炎疫情冲击下的急骤性下跌，量化宽松环境下的震荡上行，并接连创新高，道指与纳斯达克指数最新数据为 31 493.34 与 13 865.36。

表 14-1　2020 年 2 月以来，全球关键资产价格涨跌幅简表

指数名称	累计涨跌幅（%）	商品名称	累计涨跌幅（%）
道琼斯工业指数	11.46	WIND 原油指数	-12.81
纳斯达克指数	51.62	伦敦金现	12.27
上证综指	24.18	比特币	492.16
沪深 300	44.33	美元指数	-7.21
创业板指	70.43	美国十年期国债	-11.26
万得全 A	33.71	中债总全价指数	-2.04

资料来源：Wind 数据库，时间范围：2020-02-01 至 2021-02-19。

美元指数近 1 年跌幅约为 7.21%，参考一篮子货币的人民币汇率（CFETS）同期被动升值 6.82%，基本与美元贬值幅度持平。若量化宽松政策未获得实质性收敛，美元指数或进入震荡调整阶段，但需注意在“美国的货币，别国的问题”逻辑下，一方面世界其他主要经济体的本国货币或有贬值压力，进而引发其他经济体存在国内通胀的隐患；另一方面世界其他主要经济体或对美元形成抛压，美元指数上行或面临着新问题。

此外，宽松政策本身具有诸如 2008 年国内刺激计划所引致的通货膨胀等风险，美联储将核心通胀指标与失业率作为重要参考指标，政策独立性框架下的美联储，若核心通胀与失业率等关键指标超预期，其缩表时间节点或再超市场预期。

第二节　原油步入上行通道，与美元、黄金的经验关系局部失真

原油指数累计下跌 12.81%，新冠肺炎疫情所引导的被动封城等影响需求预期，原油指数近 1 年以来表现出先跌后涨，跌幅最高达 53.67% 至 222.24，截至 2021 年 2 月 19 日，原油指数反弹至 389.60，尚未触及 2020 年局部高点 521.59。从技术层面看，原油已步入上行通道，需注意原油价格上行对中下游行业的“价格传导效应”与“抽血效应”。

黄金的稀缺与保值等属性确保其在市场震荡或急剧下行时，具有相对稳定的价格。这表明，黄金的涨幅会位于股票指数与债券指数，以及美元指数之间，且其震荡幅度远小于全球股票指数，当前伦敦金在前期创新高后，大概率处于震荡下行通道中，但从技术层面看存在 1 700 与 1 400 两个阻力位。

经验表明，黄金、原油与美元存在如下关系：黄金价格因以美

元计价，其价格与美元存在负相关关系。原因主要有二：其一，美元贬值激发其他货币的替代需求，反而推动黄金上涨；其二，作为世界主要货币，美元升值增强投资者信心，相对降低对黄金的避险需求。但自2019年以来，美元与黄金出现局部正相关关系，即美元上涨、黄金上涨，美元下跌、黄金下跌，当前美元指数对黄金走势具有预警作用。此外，黄金与WIND原油价格指数、美元指数与WIND原油指数呈现出局部负相关关系，同样有悖于经验常识。在原油指数剧烈波动的情况下，黄金、美元与原油的价格指数间的关系更显得微妙，黄金与美元，特别市场对美元信心及其保值属性似乎正在发生微妙变化。

第三节　有限供给与缺乏信用背书下的比特币

比特币（Bitcoin，以下简称BTC）在未改变现在规则的情况下，存在供应上限问题。除了散户对BTC的错失恐惧引起的需求增加，推动价格非理性上涨之外，诸如马斯克、微战略公司（MicroStrategy）、杰克·多尔西的Square等为代表的机构投资者为BTC疯狂推波助澜。当前市场一般共识是，BTC将成为传统货币存储的替代品，且认为其投资价值超过黄金。

此外，Paypal 等为 BTC 提供便捷的交易渠道，从 C 端驱动市场需求，在机构与散户狂热的需求情况下，有限的供给与相对无限的炒作需求和全球资产流动需求错配驱动 BTC 疯狂，这是近 1 年以来 BTC 涨幅达 4.92 倍的主要原因。

需注意的是，BTC 虽不断创新，但相对传统货币而言，BTC 的比较优势是以商业炒作为导向与有限供给下的相对稀缺性，这是其持续上涨的根本原因，其上涨逻辑缺乏诸如国家信用背书与实体层面流通等问题，缺乏实体层面的流通，特别是国家信用背书，很难形成“大而不倒”的局面。因此，相对其他资产而言，BTC 价格的疯狂更多是由非理性需求驱动。炒作需求与全球资产流动性需求环境下，BTC 很难对全球基本形势形成实质性冲击。

第四节　通胀预期升温引发债市偏空预期，A 股仍存结构性机会

近 1 年以来，中美十年期国债收益出现普跌，其中，美国十年期国债跌 11.26%，美国十年期国债触底反弹，或缓解美元指数下行压力；中债总全价指数微跌 2.04%，且中债总全价指数接近颈线位置，存在下行风险。在大宗商品价格普遍上涨，商品价格从上游向中下游传导的总体框架下，叠加美元持续量化宽松，或引发

世界主要经济体通货膨胀，受此影响，国内债券收益整体形势不容乐观。

2020 年 A 股市场出现普涨，上证综指、Wind 全 A 以及创业板指等 A 股市场指数涨幅都超 20%，整体震荡上行，局部趋势上行。结构上表现出的基本逻辑为：新冠恐慌冲击下超 3 000 只个股跌停，“宅家不作为”与恐慌中无力环境下的暴力反弹行情，新冠肺炎疫情受控与宽松政策加码下的复苏预期行情，国外疫情全面暴发、比坏逻辑下的相对较好行情以及当前回归正常投资逻辑下的结构轮动行情。若以基本面数据看，Wind 数据显示，全国国有企业 2020 年净利润同比增长-4.5%，GDP 以及净利润等基本面指标难以消化 A 股指数的全面上行，资金向龙头蓝筹集中，中小盘股受冷，基本解释 2020 年 A 股沪深 300 指数表现好于中证 500 与中证 1000 的原因，A 股指数经短期中小盘股向上调整后，或再次进入结构轮动行情，但指数整体稳定。

第五节　疫情受控的环境下，国外风险高于国内风险

当前的美国在新冠肺炎疫情受控之前，若经济持续低迷与失业率维持高位，其持续的宽松或引发全球资产膨胀。超宽松政策所释

放出的货币在传导畅通的环境下，一方面向 BTC 等非国家信用背书货币集聚；另一方面或引发区域或全球性通货膨胀。美元贬值或引导通货膨胀现象向区域或某几个国家集聚。比如 1990 年，日本经济泡沫，源起于美元贬值、日元升值催生出股票价格与房地产价格飙升。2000 年，互联网泡沫源起资本回流美国、美元持续升值，资金涌向互联网等科技股。2007 年的美国房地产泡沫，低息环境下的刺激房地产与信贷消费膨胀。2015 年 A 股在场外杠杆资金引发 A 股市场非理性上涨。经验表明，银根收紧、基本面不及预期、加息周期的到来、杠杆资金的清理等都是击破泡沫的最后一根稻草。

当前美国宽松政策延续、美元贬值、人民币升值、黄金等价格下行、原油等价格上行大概率将产生如下影响：其一，上游商品价格上行，将对中下游商品形成价格传导效应；其二，受利润挤压，上中下游的市场占有率将再次向龙头企业集聚，形成“强者恒强”的局面；其三，价格从上游向中下游传导，形成相对较高的通胀，驱使国内被动做出货币财政政策调整。

但需要注意的是，在动态观察过程中，区分对待原油等商品与原材料价格是阶段性上涨还是趋势性上涨。相对美国等其他经济体而言，国内有较好的经济基本面支撑与庞大消费市场需求，若基本面超预期部分抵消原油等商品所引致的通胀压力，即商品价格上涨未能传导至中下游企业，原油等商品与原材料价格的阶段上涨或只对资本市场形成短期冲击，当前资本市场与基本面失衡的现象或随着经济改善而趋近于新的平衡。

相反，若原油等大宗商品价格趋势性上行，并经价格传导机制向下游传导，叠加人民币升值与国内上中下游价格传导下的通胀抬升，在经济基本面不及预期的情况下，国内出现滞胀，国内政策被动转向调整，基本面不及预期与货币政策收缩双重冲击资本市场。若以疫情受控下的经济复苏角度看，国内滞胀的风险相对较小，但需警惕美国等经济体因宽松政策所留存下来的隐患向国内输入风险，以及大国间战略层面对抗修复是否超预期，其对国内产业链及其结构冲击的破坏程度远高于国内风险。

第十五章 “碳中和”的长期投资机遇展望[1]

第一节 实现“碳中和”的两条路径：“碳减排”与“碳吸收”

当前，“碳中和”已成为全球多国政府的共识，全球范围内明确提出“碳中和”目标的国家超过120个，“减碳”浪潮正逐步形成。为顺应全球“减碳”发展大势，2020年9月22日，中国国家主席习近平在第七十五届联合国大会一般性辩论上发表讲话时提出，中国将采取更加有力的政策和措施推动绿色低碳转型，二氧化

---

① 该部分内容来源于李湛、郑汉林：《“碳中和”的长期投资机遇展望》，初稿完成于2021年3月22日。文中部分文字有修改。

碳排放力争于2030年前达到峰值，努力争取2060年前实现碳中和，首次向全球宣布了中国实现“碳中和”的时间表。此后，习近平总书记在多次重要会议上强调抓紧制定“碳达峰”和“碳中和”的行动方案，使发展建立在高效利用资源、严格保护生态环境、有效控制温室气体排放的基础上，推动我国绿色循环经济进一步加快发展，有效促进生态文明建设。在明确“碳达峰”和“碳中和”时间表的基础上，中央、国家部委以及地方政府纷纷出台推进碳减排和实现“碳达峰”“碳中和”的相关政策规划，保障国家“碳中和”目标实现。随着国家政策大力推动，“碳中和”相关行业迎来发展机遇，并带来中长期的投资机会。而要把握“碳中和”中长期可持续的投资机遇，则必须从“碳中和”的本质出发去寻找。

“碳中和”（Carbon Neutrality）指的是国家、企业团体或个人测算在一定时间内，直接或间接产生的二氧化碳或温室气体排放总量，通过植树造林、节能减排等形式，抵消自身产生的二氧化碳或温室气体的排放量，实现二氧化碳零排放。根据“碳中和”的定义，可以发现“碳中和”的核心要求在于实现二氧化碳零排放，而要实现二氧化碳零排放，则可从“碳减排”与“碳吸收”两个路径去推进。其中，“碳减排”是通过能源结构转型、节能技术使用等举措来降低二氧化碳的排放量，而“碳吸收”则是采用碳汇，碳捕集、利用与封存（CCUS），直接空气碳捕集（DAC）等举措来吸收空气中的二氧化碳。

此外，要有效实现“碳中和”目标，则可从重点治理二氧化碳排放量高的行业入手。根据世界资源研究所（WRI）的数据，世界的碳排放主要来自电力/热力用能（占比为30.4%）、交通用能（占比为16.2%）、制造业用能（占比为12.4%）、农业用能（占比为11.8%）等行业领域。同时，世界资源研究所（WRI）数据显示，中国的碳排放主要来自发热和供电（占比为41.6%）、制造业和建筑业（占比为23.2%）、工业生产过程（占比为9.7%）、交通运输（占比为7.5%）等行业领域，与世界的碳排放来源相一致。因而，在实现“碳中和”的过程中，需重点关注对电力、交通、工业、建筑等行业领域二氧化碳排放的治理，进而为实现“碳中和”目标提供有效支撑。

第二节 “碳减排”路径带来的投资机遇分析

能源结构转型发展，水电、风电、核电和光伏等清洁能源迎来发展机遇。中国要实现“碳中和”目标，到2050年则必须建成一个以新能源和可再生能源为主体的能源结构体系。当前，国内电力市场上火电占比仍较大。中电联数据显示，截至2019年，火电装机容量为119 055万千瓦，占总装机容量的比例为59.2%。随着“碳中和”推进，预计火电装机容量会持续下降，而水电、风电、核电、光伏等清洁能源电力的装机容量占比将显著提升，成为电力市场的主流。国际可再生能源署（IRENA）预测数据显示，到2050年，电力消费中约有86%的电力来自可再生能源。同时，根据国际能源署（IEA）预测数据，光伏、风能在总发电量中的占比将从当前的7%提升至2040年的24%。

“十三五”以来，国内风电、光伏装机容量显著增长。2020年，国内风电、光伏分别新增装机容量71.2 GW、48.2 GW，合计新增装机容量在总的新增装机容量中占比达62.8%，创历史新高。长期来看，国内风电、光伏装机容量仍有较大增长空间，《电力增长零碳化（2020—2030）》预测数据显示，2030年之前风电和光伏的新增装机规模预计为110 GW/年。整体来看，风电、光伏等零碳电力产业将有望显著受益于“碳中和”政策。同时，在“碳中和”背景下，除风电、光伏产业有望显著发展外，水电、核电等清洁能源亦有望得到一定程度的发展，但水电、核电因开发空间有限、安全等问题，未来的发展机遇可能相对较小。

此外，在“碳中和”推进背景下，垃圾焚烧发电、生物质发电等电力供给方式有望得到显著发展，相关领域的投资机遇值得关注。

受益于风电、光伏产业发展，储能行业有望加快发展。风电、光伏新能源受天气影响呈现出间歇性、波动性的特征，需要与之配套的储能产业来解决消纳和稳定性问题。储能技术种类包括物理储能、电化学储能、电磁储能、化学储能四种，目前物理储能中的抽水储能占比较高，未来电化学储能、化学储能中的氢储能有望得到发展，尤其是优势明显的锂电储能，未来发展前景向好。根据《零碳中国·绿色投资：以实现碳中和为目标的投资机遇》报告中的数据，到2050年，电化学储能规模将达到510 GW，较当前电化学储能规模具备广阔的增长空间。

交通领域"碳减排"推进，新能源汽车产业发展前景向好。从交通方式来看，公路交通产生的碳排放量最大，占交通行业总碳排放量的比例超过80%，需要重点推进"碳减排"。推动公路交通的碳排放量下降，当务之急是普及新能源汽车。《新能源汽车产业发展规划（2021—2035年）》提出，到2025年，我国新能源汽车销量占比达20%，较当前的5%显著提升；同时，新能源汽车产业链日趋成熟，为新能源汽车替代传统燃油车提供有效支撑。整体来看，新能源汽车产业将受益于"碳中和"、国家政策推动以及产业链日趋完善成熟，未来有望迎来快速发展。

节能是减少碳排放的重要手段，节能产业受益于"碳中和"推进。工业生产是二氧化碳的来源之一，工业生产过程中的节能举措是减少二氧化碳排放的重要途径。通过应用节能技术和使用节能设备，企业在降低生产成本的同时减少碳排放量，且剩余的碳排放权有望通过在碳交易市场出售带来收益。因而，工业节能、绿色建筑等产业将有望受益于"碳中和"而实现快速发展。

高碳排放行业中的龙头公司，有望受益于"碳中和"推进而实现市场份额提升。为有效推进"碳减排"，钢铁、电解铝、建材等高碳排放行业产能可能会受政策限制，如工信部发言人曾表示："研究制定相关工作方案，确保2021年全面实现钢铁产量同比的下降。”内蒙古自治区发改委发布的《关于确保完成“十四五”能耗双控目标任务若干保障措施（征求意见稿）》指出，从2021年起，不再审批焦炭（兰炭）、电石、聚氯乙烯（PVC）等高耗能产业的新增项目。随着高碳排放产业的产能限制政策推进，新增产能有限且一些高碳排放的落后产能将被淘汰，高碳排放行业供给侧改革进一步推进，行业中的龙头公司市场份额有望进一步提升，相关公司的业绩也有望进一步增长，带来一定的投资机遇。

碳交易市场发展空间广阔，“碳中和”推进加快碳交易市场发展。碳交易市场可将碳排放配额进行市场化交易，有助于促进企业降低二氧化碳排放和使用节能低碳的生产技术。目前，国内碳交易市场日趋完善，市场交易的活跃度不断提升。中国碳交易网数据显示，截至2020年10月，国家核证自愿减排量（Chinese Certified Emission Reduction，CCER）累计交易量达2.56亿吨，碳交易规模持续增长。展望未来，可以预计的是，随着“碳中和”推进，碳交易规模将有望持续扩张，相关运营服务企业有望受益。

第三节　“碳吸收”路径带来的投资机遇分析

“碳吸收”主要是通过碳汇、CCUS、直接空气碳捕集（DAC）

等举措来吸收二氧化碳。其中，碳汇是通过植树造林、森林管理、植被恢复等举措，依靠植物光合作用吸收二氧化碳，并固定在植被或土壤中，从而降低空气中二氧化碳的浓度。CCUS（Carbon Capture, Utilization and Sequestration）指碳捕集、利用、封存，主要是将二氧化碳收集起来进行利用或封存，包括碳捕集与封存（Carbon Capture and Storage，CCS）、碳捕集与利用（Carbon Capture and Utilization，CCU）两类。直接空气碳捕集（Direct Air Capture，DAC）是指从空气中捕集二氧化碳并转化为产品进行封存。

整体来看，“碳吸收”路径下的投资机遇主要在碳汇、CCUS等领域。从技术发展状况来看，现有能源技术路径仍难以实现绝对的零碳排放，因而需要碳汇和 CCUS 来吸收、处理空气中剩余的二氧化碳，这也就为碳汇和 CCUS 相关产业的发展带来机遇。其中，碳汇板块可关注园林生态运营类的企业，CCUS 领域则关注技术水平先进、商业运营能力突出、资本实力强劲的相关企业。

PART 5

债券市场违约风险传导与防范化解研究

第十六章　中国债券市场违约风险现状概况分析

第一节　中国债券市场违约风险总体概况及脉络分析

一、中国债券市场违约风险总体概况

2014 年以前，“刚性兑付”的情况长期存在于中国金融市场，公开市场尚无一例信用债违约事件发生。2014 年 3 月 4 日，协鑫集成发行的“11 超日债”发生违约打破了中国债券市场长期以来存在的“刚性兑付”，成为国内公募债息违约第一单。超日债最终由资产管理公司（AMC）出面协助，引入了江苏协鑫能源有限公司等九家公司组成的战略投资者，债券全部回收。但随着中国债券市场

发展趋于成熟，刚兑打破之后债券市场违约日趋常态化。

自 2014 年至 2021 年 11 月 24 日，中国共有 727 只债券发生违约，违约金额合计 6 800.32 亿元，如图 16－1 所示。其中，2019 年违约债券数量最多，为 188 只，但 2020 年违约金额最大，为 1 757.72 亿元，在总违约规模中占比达 25.85%，主要受新冠肺炎疫情影响，且多家大规模国企债券发生违约。

图 16－1　中国债券市场违约数量与违约金额变化情况

资料来源：Wind，其中 2021 年的数据统计截至 2021 年 11 月 24 日。

从申万行业分布来看，违约债券集中分布于商业贸易、房地产、综合和建筑装饰行业，这四个行业的违约发行人和债券数量分别为 62 家、264 只，占比均超 30%，如图 16－2 所示。从发行主体性质来看，自 2014 年 1 月 1 日—2021 年 11 月 24 日，共有 198 家违约主体，如图 16－3 所示。其中，民企是债券违约的重灾区，共有 139 家，占比约七成，国企有 39 家，占比 19.7%，其他包括外商独资企业、外资企业和中外合资企业等，有 20 家。

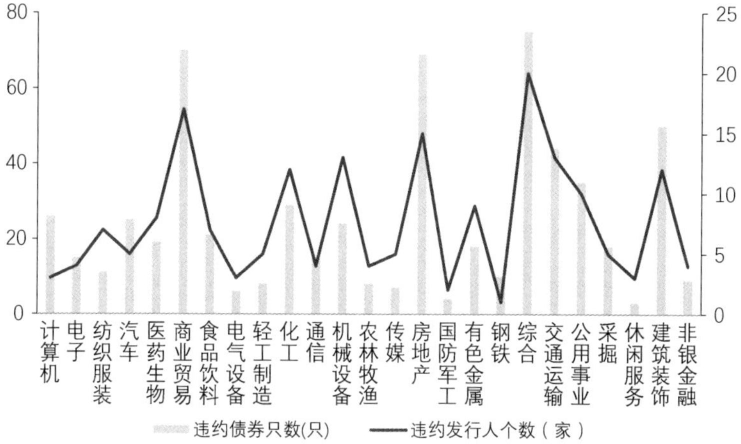

图 16－2　截至 2021 年 11 月 24 日，中国债券违约的行业分布

资料来源：Wind。

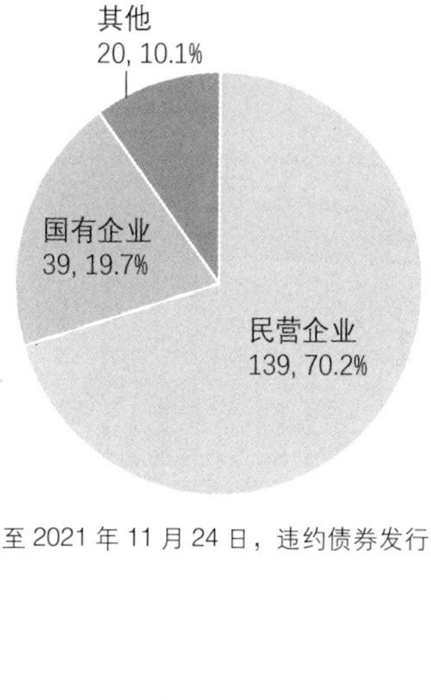

图 16－3　截至 2021 年 11 月 24 日，违约债券发行主体性质分布

资料来源：Wind。

从地域分布来看，违约债券数量排名前五的地区分别为北京市、广东省、辽宁省、浙江省和山东省，对应的违约债券数量分别为 105 只、58 只、52 只、42 只和 42 只，如图 16－4 所示。但从违约债券余额和余额违约率来看，如图 16－5 所示，北京的违约规模独占鳌头，为 1 212.40 亿元，远远高于其他地区，但其余额违约率仅为 0.92%，余额违约率最高的为海南省，高达 43.09%，系海航系企业接连违约所致，违约排名其后的地区分别为辽宁省、河北省、宁夏回族自治区及青海省，分别为 17.08%、13.85%、11.49% 和 10.08%，均超 10%，这些地区发债整体规模小，单家大型企业违约对整体违约率拖累较大。从每年新增违约企业数量分布来看，2019 年新增违约企业数量最多，为 44 家，2020 年紧随其后，为 40 家，如图 16－6 所示。

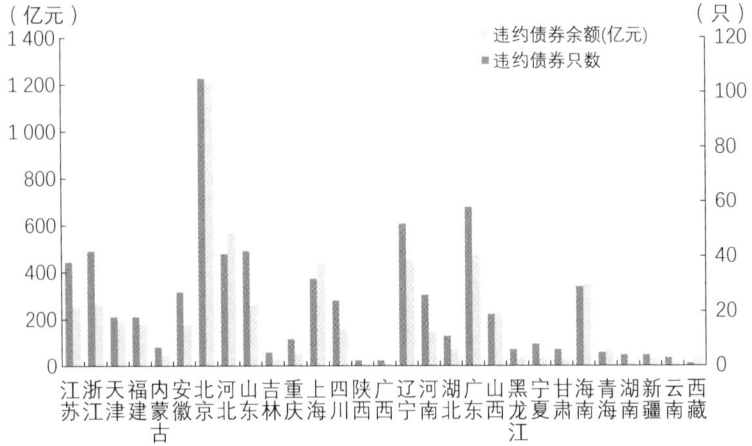

图 16－4　截至 2021 年 11 月 24 日，中国债券违约地域分布

资料来源：Wind。

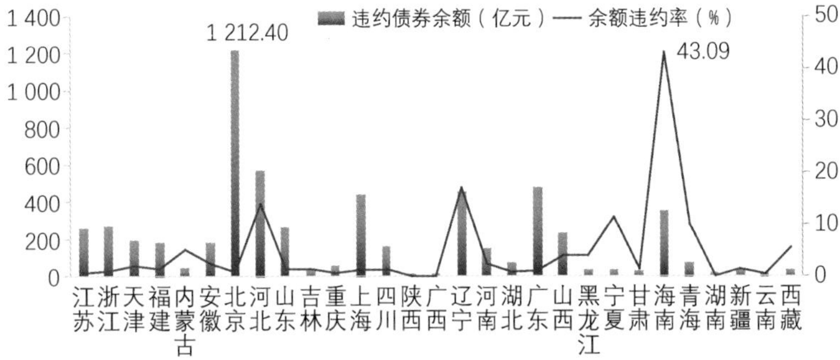

图 16-5 截至 2021 年 11 月 24 日，不同地区的违约债券余额及余额违约率

资料来源：Wind。

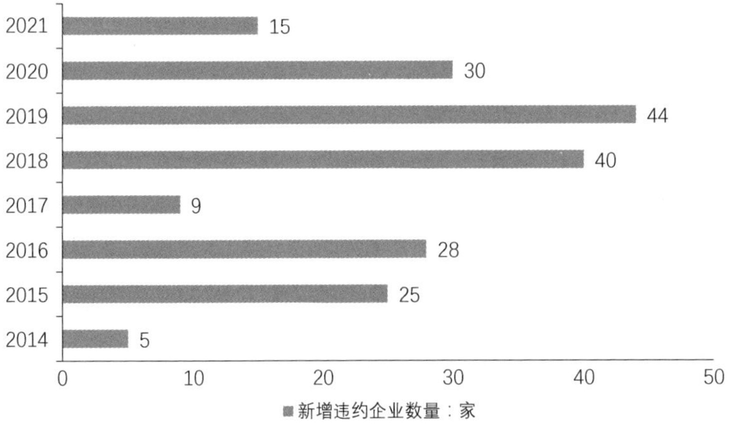

图 16-6 2014—2021 年每年新增违约企业数量

资料来源：Wind，其中 2021 年的数据统计截至 2021 年 11 月 24 日。

二、中国债券市场违约风险发展脉络分析

中国信用债违约始于 2014 年的“11 超日债”，但信用风险的爆发基本贯穿了整个信用债存续进程。在打破刚兑之前经过了反复

的试探，在这个过程中发行人、投资者和监管都在不断地成熟和进化。中国债券市场从个体到行业，从民企到央企，从实体到金融、城投，违约规模和频率逐渐增加，对市场风险偏好、定价乃至制度变革都产生了深刻的影响。

2008 年 10 月，江西铜业股份有限公司下属子公司金瑞期货多头铜期货大幅亏损 10 亿元引发市场关注，但个体信用风险可控。因市场缺乏相关信用违约事件经验，消息出现后，“08 江铜债”暴跌，价格调整，收益率最高上行 200BP，评级利差大幅走阔四个月。此后伴随经济刺激投资计划出台和投资者回归理性，收益率收敛。这次江铜事件是债券市场首例信用风险测试，最终企业顺利度过危机，投资人获得首次垃圾债历练。

在刺激计划下，各地城投累积了大量债务和风险，进入 2010 年，经济出现过热迹象，政府针对城投债出台多项调控政策。2011 年以后，以四川高速、云南公路和上海申虹投资三家为代表的多家城投平台出现信用危机，如表 16－1 所示。行业等级利差自 2011 年 10 月开始走阔五个月，幅度大约 120BP。进入 2012 年，政府出面协调个券偿付，债务刚性兑付，城投平台融资通道再次开启，城投信仰进一步深化。中央层面，城投融资的通道也进一步开启。2012 年 7 月，国家发改委放松发债条件，无论是否进入银监会“黑名单”，只要有地方银监局出具的“非平台证明文件”即可发债，同时，银监会 2012 年的工作要求也从“减存量、禁增量”放松为“缓释存量，控新增”，表现在 2012 年城投发债规模大幅增长。

表 16-1 2011 年出现一些城投信用风险事件，但都被妥善解决

城投信用风险事件	
四川高速	2011 年 5 月，四川高速公路建设开发总公司在债券存续期内无偿划转股权，影响偿债能力，被银行间市场交易商协会严厉惩罚，注销当年剩余发债额度
云南公路	2011 年 6 月，由于 40 条二级公路竣工在即，加上百亿元贷款集中到期，资金压力庞大的云南公路单方面发函知会建行等债权银行，从 2011 年 6 月 20 日起“只付息，不还本”，一时成为舆论关注焦点。事后，云南省政府明确要求该公司撤回公函，并亲自出面协调还款事宜，债券偿付得以解决
上海申虹投资	2011 年 6 月，上海申虹投资因流动性负债调整，向银行要求延长还款期，最终该笔贷款转为以资产抵押的固定贷款

资料来源：Wind。

图 16-7 梳理总结了打破刚兑以来中国债券市场违约风险爆发脉络。2014 年 3 月，“11 超日债”的发行主体因光伏行业遭遇反倾销政策，产能严重过剩，公司盈利大幅恶化并面临高额债务最终违约，公开债信仰被打破。2014 年 3 月李克强总理作政府工作报告时也曾指出：当前中国投资增长乏力，新的消费热点不多，国际市场没有大的起色，稳增长难度加大，一些领域仍存在风险隐患。因上海实力较强，政府有动力化解首只违约公开债带来的舆论压力，防止风险扩散，叠加超日拥有上市公司的壳资源，最终由四大资产管理公司（AMC）之一的长城资管出面协助完成资产重组，引入战略投资者，银行贷款承受减记，债权全部回收。除超日债外，2014 年违约的其他四只债券均为民企私募债，信息披露较少，其中“13 中森债”最终由担保方中海信达代偿利息 1 800 万元；“12 金泰 01”

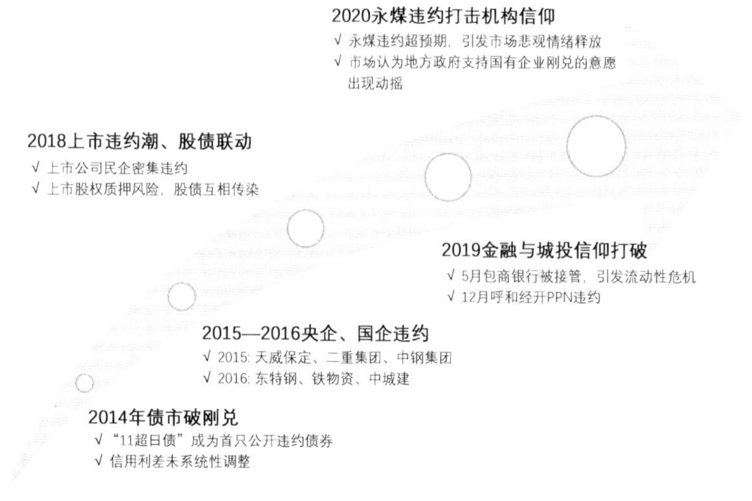

图 16－7　打破刚兑以来中国债券市场违约风险爆发脉络

资料来源：Wind。

“12 津天联”“13 华珠债”后续处置方案不明。

2015—2016 年，央企、国企信用打破，主要集中在过剩产能行业。2015 年 4 月，天威集团成为债市首例破刚兑的央企；2015 年 9 月、10 月，央企二重机械和中钢股份相继违约。2016 年以来，上海云峰、广西有色、东北特钢、华煜集团、川煤集团等国企接连违约，形成新一轮违约潮。2016 年央企子公司中铁物资突然宣布进行资产重组，存续 168 亿元债券暂停交易，债基、货基遭受大额赎回，引发流动性风险。当时解决方式主要有两个层面，一是实体供给侧改革出清过剩产能，优化行业供需格局；二是货币政策配合大放水，实体融资环境极度宽松。从信用市场表现来看，2015 年 4 月天威集团违约后，评级利差保持波动走阔，信用风险逐步被市场定价。随着 2016 年下半年供给侧改革取得一定成效，信用利差开始下降。同时，伴随着货币政策宽松的政策，流动性冲击逐渐得到消纳。

2018 年，股债联动引发了上市民企违约潮，实体、城投、金融各个领域均出现了风险爆破（见表 16－2）。2018 年 4 月末资管新规正式出台，金融供给侧改革提上日程，同时政府债务管控趋严。受此影响，信用风险爆发程度进一步加深，上市民企风险集中发酵。2018 年违约主体几乎全部为民企，且违约民企中 40%为上市企业，主要原因在于：（1）融资环境收缩，金融机构将有限资源集中到央企、国企，民企再融资压力显著增加；（2）2018 年股市大幅调整，股价大跌引发大股东股权质押连续跌破平仓线，上市公司股权质押风险和债权违约风险形成联动，导致债券违约。2018 年发债民企按主体统计的违约率达到 5.54%，AA 评级民企违约率为 6.80%，上市公司违约率 4.71%，已达相对高位。此外，2018 年上市公司股价的大幅调整，极易酿成系统性风险，表现在实体、金融、城投和股市等各个领域都有风险爆发，如海航、安邦、华融和上海华信等大型企业违约，P2P 大规模暴雷，城投非标违约常态化，城商行不良率大幅上涨等。金融机构风险偏好达到历史极低，民企无差别打击面过大，债市融资功能几乎冻结。2018 年下半年以来的信用分化仍在继续，至今，民企信用利差未见明显收敛。民企被抛弃的情形下，风险相对较小的城投行业 2018 年下半年利差下降，表现显著上涨（见图 16－8）。

表 16－2　2018 年城投非标违约爆发

违约时间	所涉城投非标项目
2018－01	中融-嘉润 31 号集合资金信托计划
2018－03	嘉泰 301 号黄冈武穴火车站工业园工程资产管理计划
2018－04	方正东亚・天津市政开发流动资金贷款集合资金信托计划
2018－05	中江国际・金海马 6 号安徽蓝德集团贷款集合资金信托计划
2018－06	联储证券-政融 1 号集合资产管理计划
2018－07	首誉光控黔东南州凯宏资产专项资产管理计划 1 号
2018－07	金城铜仁城市化发展 2 号私募基金
2018－08	国盛资管神鹰 78 号集合资产管理计划
2018－10	中江信托-金马 430 号贷款集合资金信托计划
2018－10	“2017 黔南特旅 1 号-古韵布依特色旅游区建设”定向融资计划
2018－11	乾堃开原城投应收账款资产管理计划

资料来源：Wind。

图 16－8　2018 年民企—国企利差走阔，7 月以后城投利差显著收窄

资料来源：Wind。

2018年7月以后政府救市，主要方式包括宽信用政策、纾困基金和信用风险缓释工具。宽信用政策包括降准、将低等级债券纳入MLF担保品范围、窗口指导、LF支持信贷投放和信用债投资及资管新规过渡期整改要求放松等。2018年10月以后，各层级出台政策以鼓励、引导设立纾困基金，专项救援民企股权质押风险。2018年10月，央行发布《设立民营企业债券融资支持工具，毫不动摇支持民营经济发展》。

2019年，金融信仰、城投信仰被打破，多家大型企业爆发了信用风险。标志性事件分别是2019年5月的包商银行事件和2019年12月的呼和经开事件。2019年5月包商银行被接管，背景是金融供给侧改革进入深水区，银行面临严峻的缺资本、缺负债、资产负债倒挂等问题，城商行与农商行不良率高企。最终个人客户及5 000万元以下的对外和同业客户本息实现全额保障，5 000万元以上部分偿付比例在90%左右。2019年12月，呼和经开回售违约，最终由地方政府妥善解决。与此同时，2019年以来民生投资、青海盐湖、东旭集团和北大方正接连违约，多家大型企业爆发信用风险，“大而不倒”规律失灵，债市破刚兑逐渐深化。

但另一方面，从整体来看，短期维稳、长期风险出清，是比较明确的政策思路。包商银行、呼和经开等个案协调解决的背后，政策层面的整体动作包括：（1）央行持续投放流动性，加强对中小银行的定向支持；（2）随着市场回暖，城投存量债务初步分层化解路径开始清晰：显性债务置换、隐性债务由银行展期、非隐性债务推向债券市场、非标到期压降，AMC 正式进场可参与收购，控增量的同时防范风险（见图 16－9）。

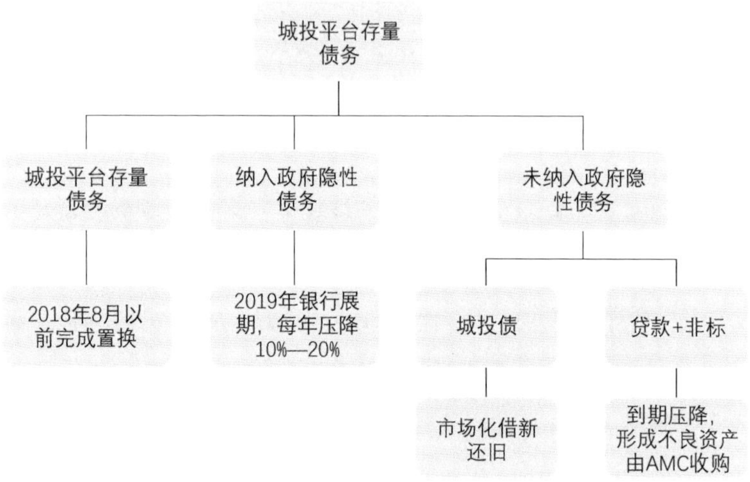

图 16－9　地方政府隐性债务化解脉络

资料来源：Wind。

2020 年，永煤控股 10 亿元短融的意外违约，引发市场悲观情绪快速释放，一方面永煤并非最弱的煤炭类国企，也并非处于最困难时期，另一方面市场认为地方政府支持国有企业刚兑的意愿出现了动摇。10 年国开债在永煤违约后的一周内收益率最大上行 7BP，3 年 AAA 信用债上行约 20BP，随后向事件前的位置收敛。但是，山西国企、河南国企、煤炭债、钢铁债及其他瑕疵国企五类信用债融资持续受到影响。直到 2020 年第二季度，煤炭行业的信心才逐渐恢复，信用利差才逐渐恢复。对于此次违约，央行进行了大额 MLF 操作投放流动性以稳定市场流动性环境，金融稳定委员会表态对违法违规零容忍，缓释了市场信心，同时山西等多地政府承诺兑付债券。

整体来看，中国债券市场违约从金融体系的外围逐步蔓延到核心圈层，2014 年打破刚兑只是一个开始，债市违约矛盾不断变化，应对措施也逐渐进化，如图 16－10 所示。具体来看，2014 年信托违约拉开序幕，债券市场首次出现实质性违约，政策层面上以个案解决为主；2015 年，P2P 接连爆雷，年中出现股灾，国企债券也出现违约，政策层面宽货币的同时供给侧改革出清过剩产能，改善行业供需格局；2017 年，史上最严金融监管拉开序幕，金融供给侧改革上升到中央层面；2018 年，严监管下上市公司股票质押爆雷、安邦保险被接管、AAA 债券出现违约、P2P 平台接连爆雷，下半年政策采取宽信用+纾困基金+信用风险缓释凭证（CRMW）组合拳，试图疏通民企融资途径；2019 年，风险开始扩散到部分小银行，先有包商银行被接管，后有锦州银行陷入财务危机。从非持牌到持牌金融机构，从非上市到上市公司，从小微到龙头，从局部到全局，风险爆雷从过去的星星点点到如今的逐渐释放。与此同时，政策应对措施从个案为主到供给侧改革，再到债券市场微观体系建设趋于完备，如匿名拍卖制度、中国版 CDS 等。破刚兑的历史进程不可逆，政策层面逐渐暴露尾部风险、解决中长期的问题的决心也较为坚定，但避免系统性风险的爆发是底线。

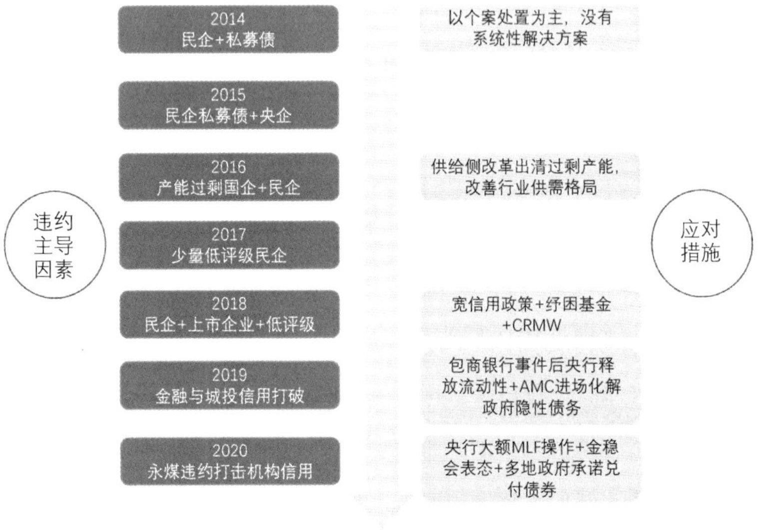

图 16-10　中国债券市场违约进程逐渐深化

三、中国债券市场两轮违约潮概述

自首单违约以来，中国债券市场已经历过两次违约潮：一是2015—2016年间经济下行压力及高杠杆驱动下的信用违约潮；二是2018年至今经济下行压力及金融供给侧改革引发中长期信用收缩下的信用违约潮。此处只对两次违约潮特征进行概述。

2015—2016年间，共计有54家发行主体首次发生信用债违约，两年间累计有83只债券涉及金额515.54亿元发生违约。2014年以来，投资、出口增速降幅较大、地产景气度快速下行及部分行业产能过剩问题出现，宏观经济面临较大下行压力，企业盈利明显弱化，且 2015—2016 年迎来经济刺激投资计划出台以后的第二轮债务到期高峰。

这一轮债市违约潮的特征包括三方面：（1）违约主体中国有企业的占比较高。其中国有企业 11 家，占这一时期全部违约主体的比重约 20%，国有企业发行主体涉及的债券违约额达 264.20 亿元，占此阶段信用债全部违约额的比重约为 51.25%。（2）违约主要集中在光伏、煤炭、钢铁等产能过剩行业。共有 5 家光伏行业发行主体发生违约，5 家钢铁、煤炭行业发行主体发生违约。（3）违约主体集中在非上市公司。54 家主体中仅有重型装备集团股份有限公司、珠海中富实业股份有限公司和中科云网科技集团股份有限公司三家主体为上市公司。

2018 年至今，共有 129 家发行主体首次发生信用债违约，累计有 595 只债券涉及金额 5 864.16 亿元发生违约，信用债违约集中爆发程度远超 2015—2016 年间。2018 年以来，经济下行压力增大，表现在工业企业景气度下降，GDP 增速走低，社融中非标净融资额持续为负。2016 年底的中央经济工作会议提出“把防控金融风险放到更加重要的位置”，2017 年金融整顿的大幕被徐徐揭开，监管机构针对银行、券商和基金等各类银行和非银行金融机构出台一系列监管政策，开启金融去杠杆周期。经济下行压力叠加金融去杠杆，再加上 2020 年以来新冠肺炎疫情这一黑天鹅事件的爆发与蔓延，带来的是前所未有的中长期信用收缩，金融机构风险偏好极低，城投、民企、金融等各领域的尾部风险持续爆发。

这一轮债市违约潮的特征包括三方面：（1）违约主体主要集中在民营企业。其中民营企业 102 家，占这一时期全部违约主体的比重高达 79.07%。（2）违约快速向上市公司扩散。2018 年以来发生违约的上市公司数量明显增加，2018 年共有 15 家上市公司首次发生违约，占当年全部新增违约主体的比重约为 38%；2019 年新增的上市公司违约主体有 16 家，占当年全部新增违约主体的比重约为 38%。（3）违约方式多样化，违约原因复杂化。债券违约涉及有本息违约、回售违约、破产重组违约、本息展期、场外兑付、技术性违约等多种形式；违约主体出现了违规担保、财务造假、实际控制人违规占用等问题，凸显公司治理方面的问题。

第二节　债券市场违约的风险链条分析

债券违约是一系列信用风险按照特定的发展规律层层递进的结果，通常情况下，一只债券违约产生的风险要经历风险萌芽、风险积累、风险爆发和应急处理四个阶段，从而形成一条递进的风险链条，如图 16－11 所示。

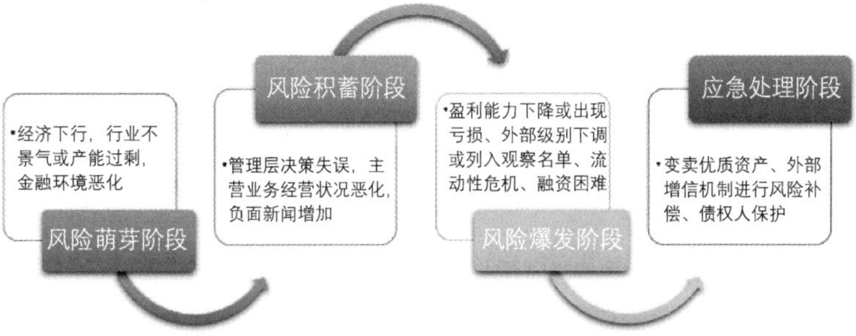

图 16－11　债券信用风险递进阶段

一、风险萌芽阶段：宏观经济下行，行业景气低迷，埋下风险隐患

自市场经济体制建立，经济周期如同四季轮替一样，在市场经济体中周而复始。经济学家凯恩斯在《就业、利息、货币通胀》一书中提出经济周期理论，将经济周期分为衰退期、复苏期、扩张期和紧缩期四个时期。从全球范围来看，周期性行业违约是信用债券违约的共同特性，企业违约的情况往往跟随经济周期的波动而同向变动。中国的债券违约是在全球经济复苏乏力的背景下开启的，债券违约也必然与经济和产业的周期性波动密切相关。中国典型的强周期行业包括大宗原材料、能源、工程机械、房地产、矿产等，弱周期行业包括食品、医药、纺织、教育和公用事业等。通常情况下，在经济上行期，即复苏期与扩张期，强周期行业率先发展繁荣；而在经济下行期，即紧缩和衰退期，强周期行业也首先受到冲击，一些产能落后、对宏观环境依赖性较强的企业开始埋下系统性风险萌芽。

二、风险积蓄阶段：企业经营管理不善，管理层决策失误，风险逐步显性化

经济下行导致部分行业系统性风险增加，对债券违约起到一定的发酵作用，但是真正起到决定性作用的是内部因素。在内部风险诱发因素的作用下，经济下行、行业不景气等系统性外部风险因素逐步转化为盈利能力下降或亏损等实质性内生风险。这些风险诱发因素通常包括企业管理层频繁更换或能力不足导致的经营恶化、企业盲目多元化经营或扩大投资规模导致的流动性紧张等方面。在风险积蓄期，由于信息滞后、财务粉饰等，财务数据往往不能真实反映违约企业的实际情况，但各种负面消息已经不胫而走，企业进入多事之秋。实际上大多数企业在违约前都发生过各类重大负面风险事件，例如，中科云网科技股份有限公司在2015年4月首次发生公开市场公司债违约前曾连续更换包括董事、副总裁、独立董事等在内的多名高层管理人员，并曾于2014年8月因半年报有重大偏差致歉、财务总监辞职，于2014年10月12日公司因涉嫌虚构利润被中国证监会立案调查。

从过程来看，引起债券违约的内部和外部风险因素之间、内部风险因素自身之间往往是相互交织的，在一定程度上体现了债券违约的复杂性。回顾“12湘鄂债”违约事件，其背后既有政策限制下，高端餐饮行业顺周期性特质引起的收入下滑，也有跨行业投资的转型折戟。事实上，湘鄂债并非一味停留在自己的传统业务中，

甚至在2012年限制三公消费来临之前已经开始转型。但从餐饮跨界到环保、影视、互联网行业，其无法在某一业务上集中发力，又丢掉了主营业务的优势，持续亏损。业务转型失败在一定程度上也体现了管理层决策的失误。

三、风险爆发阶段：财务指标恶化，外部压力增加，风险因素之间恶性循环

在依次经历过由外部经济环境因素导致的风险萌芽期和由内部经营因素导致的风险积蓄期，高危企业为了摆脱困境绞尽脑汁，如果依然无法改善经营状况恶化的趋势，则会出现各种财务数据恶化，比如账面利润大幅下滑、流动性指标快速恶化、企业债务杠杆长期走低等。伴随而来的是外部评级下调、银行信贷收紧、融资难度增加等。随着上述不利因素相互叠加，企业的债务偿付压力持续上升，特别是在大规模债务集中到期的情况下，因流动性不足而发生债券违约只是时间问题。

四、紧急处置阶段：变卖优质资产，增信机构进行风险补偿

如果预料到将要发生流动性危机，潜在违约主体通常通过提前变卖公司优质资产获得流动性，如果依然不能获得足够的偿债流动性，则必然发生违约。一旦发生违约，增信机构将是投资人进行风险补偿的最后一根稻草。一般增信机构包括外部增信和母公司增信两类，外部增信机构实力直接决定了主体违约之后的最后一道防线。

然而，这道防线并不能完全被当作缓冲流动性的坚实依靠，现实中私募债经常出现担保公司“担而不保”的情况，严重损害了投资者的利益。例如，湖州金泰科技股份有限公司发行的“12 金泰债”由天津海泰担保有限公司（下称“海泰担保”）提供“不可撤销连带责任担保”，2014 年“12 金泰债”因未能按时足额偿付本息及利息发生实质性违约，海泰担保未能承担代偿责任，本身也因失信被列入“失信被执行人名单”。再如，徐州中森通浩新型板材有限公司因流动资金周转不畅，未能按时兑付其发行的“13 中森债”第一期利息时，其担保人中海信达担保有限公司却以“该债由其江苏分公司私自担保，且担保系在分公司注销后发生，因此担保无效”为由拒绝代偿。

第三节 债券市场违约的特征及案例分析

违约风险的暴露有利于提高债券市场的风险管理能力，刚性兑付打破、风险和收益实现平衡是债券市场走向成熟的必然趋势，然而债券违约的多发性、突发性与复杂性也给监管层和投资者带来困扰，甚至破坏资本市场的稳健运行。针对债券违约的风险链条及阶段，本节结合相关典型案例，总结出债券违约萌芽、积蓄和爆发阶段的五个突出特征，以刻画中国债券市场违约的特性。

一、行业下行、政策调控背景下，企业融资受阻和经营恶化

在宏观经济下行时期，煤炭、钢铁、光伏、化工等产能过剩行业景气度走低，并受到国家去产能政策等多重因素影响，经营规模往往大幅缩水，利润出现亏损，资金链紧张。而部分资金链紧张的企业，随着评级下调，再融资能力受限，投资者往往会选择提前行权，部分发债主体或因回售触发违约。此类发债主体的性质涵盖较广，民企、央企、地方国企均有所涉及。

案例一：**2017 年 3 月 13 日，华盛江泉集团有限公司（以下简称"江泉集团"）发行的"12 江泉债"构成实质违约**。江泉集团主营钢铁等业务，是以管坯为主，热电、贸易、建材建筑、餐饮、运输为辅的集体控股村镇企业，是山东省临沂市最大的钢铁企业。但其所在的临沂市属于环境治理重点区域，2015 年初因污染问题被整治，随着钢铁业务的停产整治，江泉集团下属的焦化、钢铁企业停业集团产能压缩了近 35%，营业收入大幅下滑，出现大幅亏损（如表 16－3 所示）。

表 16－3　2013—2016 年江泉集团营业收入规模及毛利率情况（单位：亿元）

项目	2013 年		2014 年		2015 年		2016 年	
	金额	毛利率	金额	毛利率	金额	毛利率	金额	毛利率
营业总收入	129.02	9.04%	121.24	10.07%	37.68	6.35%	56.15	3.57%
利润总额	3.31	—	2.23	—	-14.27	—	-9.26	—

资料来源：Wind。

此外，“12江泉债”也是一起因投资者回售而触发的违约事件。尽管江泉集团延期10天兑付了回售部分本金，投资者暂未遭受损失，但也引起对回售债券触发信用风险的高度关注。江泉集团自身处于内外交困的局面，在现金流已较为紧张的同时，缺乏再融资能力和外部支持，资金链极为脆弱，部分投资者为锁定利润行使回售选择权，江泉集团无力支付回售债券的本金而触发违约。从江泉集团发行的“12江泉债”违约事件来看，对于煤炭、钢铁等产能过剩的行业而言，尽管2016年行业整体盈利明显有所好转，但部分企业仍然面临较大的去产能及环保压力，在利率上行的背景下，融资成本不断提升，发债融资受阻，短期偿债压力较大，这些内外因素都使得企业经营出现了恶化，进而形成了债券违约。

案例二：**2021年7月12日，四川蓝光发展股份有限公司（以下简称“蓝光发展”）发行的“19蓝光MTN001”因未能按期足额偿付本息构成实质违约**。除了公开市场债务违约之外，还包括银行贷款、信托贷款等形成的债务违约，截至7月12日，公司累计到期未能偿还的债务本息合计45.44亿元。除已违约债券外，蓝光发展目前境内市场存量债券规模105.34亿元，海外存量美元债10.5亿美元。

蓝光发展本身是一家起步于成都区域、以住宅开发为主业的房地产公司，根据公司年报披露，其销售额从2015年的182.72亿元快速扩张至2020年的1 035.36亿元，跻身Top30的千亿级房企。

2020年初，受新冠肺炎疫情影响，房产销售在2—4月几乎停滞，随着国内疫情得到控制，房地产逐渐从冰点上行至局部过热，但在房地产市场整体好转的情况下，蓝光发展销售反弹明显弱于行业，2020年上半年，其累计销售规模483亿元，同比减少16.5%。2020年8月，房地产“三道红线”政策出台，房地产行业融资难度进一步提高，进入2021年后，受华夏幸福违约事件影响，市场对弱资质房企的担忧加剧。为缓解资金压力，蓝光发展将蓝光嘉宝的股权转让给碧桂园，但相比700多亿元的有息债务，股权转让款显得杯水车薪。2021年以来，蓝光发展还通过转让优质项目股权、发行债券等方式筹措资金，但最终效果甚微。从2021年6月开始，大公、中诚信、东方金诚等先后下调公司主体评级。最终，“19蓝光MTN001”于2021年7月12日因未能足额偿付本息，已构成实质性违约。

实际上，2020年以来的违约行业中，房地产行业的违约表现较为突出，规模从小房企到千亿级房企，业态从区域性的房企到全国性的房企，包括泰禾集团、三盛宏业、华夏幸福、协信远创、泛海控股等，房企信用风险边际上升。房地产行业关系国计民生，国家政策调控较多，近年来销售、土地、金融等方面的政策调控总体偏紧，如表16-4所示。2016年提出“房住不炒”以来，地产政策一直保持偏严态势，2020年下半年以来“三道红线”、贷款集中度管理等长效政策陆续推出，2021年7月住建部等八部门提出“力争用三年左右时间，实现房地产市场秩序明显好转”。

表 16－4　地产领域近年监管政策

时　间	会议/文件/部门	主要内容
2016－12－16	2016年中央经济工作会议	中央经济工作会议提出，坚持“房子是用来住的，不是用来炒的”的定位，综合运用金融、土地、财税、投资、立法等手段，加快研究建立符合国情、适应市场规律的基础性制度和长效机制，既抑制房地产泡沫，又防止大起大落
2017－02－28	中央财经领导小组第十五次会议	强调建立促进房地产市场平稳健康发展长效机制，要充分考虑到房地产市场特点，紧紧把握“房子是用来住的，不是用来炒的”的定位，深入研究短期和长期相结合的长效机制和基础性制度安排。要完善一揽子政策组合，引导投资行为，合理引导预期，保持房地产市场稳定。要调整和优化中长期供给体系，实现房地产市场动态均衡
2019－03－15	国新办	1. 房地产政策取向没有变化。一是目的没有变，还是为了解决好群众住房问题。二是责任没有变，不仅没有变，而且更加明确，就是要落实城市主体责任。三是途径没有变，解决群众的住房问题要靠两个体系，一个是市场体系，一个是保障体系 2. 房地产市场平稳健康发展的长效机制正在逐步建立，完善房地产税立法现在已经列入人大立法规划
2020－01－21	住建部	住建部副部长倪虹表示，“解决好大城市住房突出问题”作为2021年度重点任务之一，城市政府要充分认识保持房地产市场平稳健康发展的重要性，坚持“房住不炒”，切实落实城市主体责任
2020－07－24	房地产工作座谈会议	坚持“房住不炒”，坚持稳地价、稳房价、稳预期，因城施策、一城一策……要坚持问题导向，高度重视当前房地产市场出现的新情况新问题，时刻绷紧房地产调控这根弦，坚定不移推进落实好长效机制

续 表

时　间	会议/文件/部门	主 要 内 容
2020-08-20	住建部、央行	为进一步落实房地产长效机制，实施好房地产金融审慎管理制度，增强房地产融资的市场化、规则化和透明度，央行和住建部形成重点房地产企业资金监测和融资管理规则，即传闻已久的“三道红线”
2020-12-16	2020 中央经济工作会议	要坚持“房子是用来住的，不是用来炒的”的定位，因地制宜、多策并举，促进房地产市场平稳健康发展。要高度重视保障性租赁住房建设，加快完善长租房政策
2020-12-31	央行、银保监会	建立银行业金融机构房地产贷款集中度管理制度
2021-03-25	2021 年政府工作报告	坚持“房住不炒”，稳地价、稳房价、稳预期
2021-07-23	住建部等八部门	力争用三年左右时间，实现房地产市场秩序明显好转。坚持“房住不炒”，进一步提高政治站位，增强“四个意识”、坚定“四个自信”、做到“两个维护”……促进房地产市场平稳健康发展
2021-07-30	中央政治局会议	坚持“房住不炒”，稳地价、稳房价、稳预期，促进房地产市场平稳健康发展

短期内，由于房地产企业普遍采用高负债、高周转的经营模式，融资压力是影响房地产企业违约风险的重要因素。“三道红线”和“银行贷款集中度管理”政策约束金融系统向房地产企业融资，受此影响，2021 年上半年房地产企业债券市场净融资额为-401.2 亿元，较去年同期减少约 2 000 亿元。同时，债券融资向高评级主体集中，2021 年上半年 AAA 评级的房地产企业债券净融资额为

501.2 亿元，较 2020 年全年减少约 475 亿元，2021 年上半年 AA 及以下评级的房地产企业债券净融资额为-643 亿元，较 2020 年全年减少近 1 000 亿元，如图 16－12 所示。和债券市场一样，贷款市场也收紧了对房地产企业的融资。2021 年 6 月末，人民币房地产贷款余额同比增长 9.5%，增速比上年末回落了 2.2 个百分点，比同期各项贷款增速低 2.8 个百分点。其中，房地产开发贷款余额增速回落了 3.3 个百分点，个人住房贷款余额增速回落 1.6 个百分点。恒大“商票违约”事件曝光之后，央行等监管部门将“三道红线”试点房企的商票数据纳入其监控范围，要求房企将商票数据随“三道红线”监测数据每月上报，房地产企业融资渠道腾挪空间进一步收窄。由于政策持续打压，2021 年 6 月至 7 月中旬，房地产市场销售和去化势头有所减弱，进一步增强了房地产企业的经营压力。根据市场机构监测，2021 年 7 月 5 日至 7 月 11 日这一周，36 个大城市一手房合计

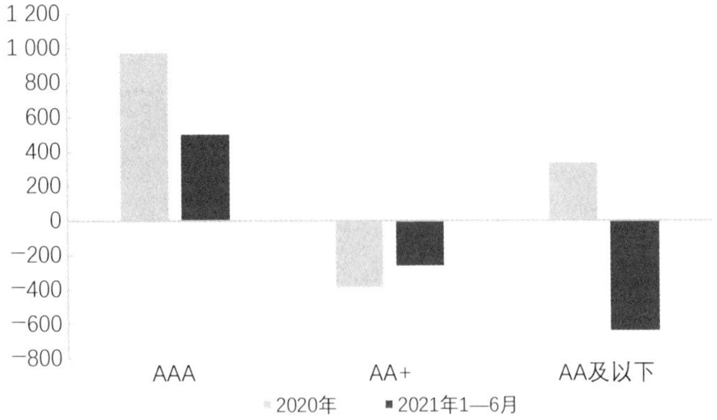

图 16－12　房地产企业债券市场净融资额（亿元）

资料来源：Wind。

成交 3.84 万套，环比下降 13.2%，同比下降 5.52%。其中，一线、二线、三线城市成交数量环比分别下降 23.25%、8.58%、14.83%。房企近期披露的 6 月销售简报也显示，不少房企 6 月销售增速明显放缓。

中长期来看，随着中国劳动人口总量减少、经济趋于下行，中国房价从普涨走向分化，房地产企业也将面临越来越复杂的经营风险。未来的城镇化主要表现为人口逐步向少数发达省份、大都市圈和区域性发达城市集中，中小城市将主要呈现人口流出状态。这种趋势已经在过去 10 年有所体现，第七次人口普查的数据显示，广东、浙江、江苏、山东、河南等省的人口较第六次人口普查时增长 500 万人以上，而黑龙江、吉林、辽宁、山西等省的人口则出现净减少——上述人口净流入的地区，尤其是净流入比例较高的城市，如深圳、广州，房价上涨速度较快；而人口净流出的地区，房价上涨速度慢，甚至近几年有明显的绝对价格下跌趋势。未来较长时间，中国劳动人口将以年均约 0.5% 的速度减少，大城市由于其规模优势和效率优势，在吸引人口流入方面具有显著优势，其房地产市场具有较好的人口和产业支撑。与之相反，中小城市则可能面临人口流出和经济发展乏力的双重影响，其房地产市场将面临持续恶化的局面。在此背景下，在一、二线城市有良好业务布局的房地产企业将有更大的经营优势，其违约风险也相对较低。

整体来看，不管是现金流层面还是业务经营层面，房地产行业均面临较大的不确定因素，房地产行业高速发展、盲目扩张的日子已一去不返。由于决策部署层级高，此轮房地产调控恐不因短期经济增长压力而放松，偏负面的政策抑制可能持续较长时间。在偏负面的政策打压以及房地产市场分化的时代背景下，具有良好风险管理、稳健经营模式、合理债务结构等特征的房地产企业将具有较好的市场优势，而具有对外部融资依赖大、现金流断裂风险较高、非标融资规模占比高且融资期限普遍较短等特征的房企仍将面临风险出清，具有一定违约风险。

二、管理层动荡或频繁变动，企业高层出现舆情风险

在公司的业务发展过程中，管理层的频繁变动将对公司业务发展、产品规划战略、经营效率以及员工凝聚力带来不同程度的冲击。而实际控制人或董事长作为公司首席代言人，其出现舆情风险，包括董事长失联、被监视居住、立案调查等均会对公司生产经营、融资能力及财务状况带来不利影响。这类违约发债主体主要以民营企业为主，因其股东背景较弱，实际控制人及高管一旦出现舆情风险，对公司影响较为重大。

案例一：**2016 年 2 月 15 日，江苏民营企业亚邦投资控股集团（以下简称“亚邦集团”）发行的“15 亚邦 CP001”因公司未能按照约定筹措足额偿债资金，构成实质违约**。亚邦集团董事长许小初被要求协查事件或是导火索。值得注意的是，亚邦集团是上市公司江苏亚邦染料股份有限公司（以下简称“亚邦股份”）的第一大股东，截止 2015 年三季度末共持有亚邦股份总股本的 28.84%。同

时，其董事长许小初是亚邦股份的实际控制人之一。1月25日，亚邦股份发布公告称，公司实际控制人之一、公司董事许小初先生因个人原因，应相关部门要求协助调查。同时，亚邦股份表示，许小初未在公司经营管理层担任任何职务，也未参与公司日常经营活动，其协助调查的事项与公司无关；截至目前，公司生产经营情况一切正常，该事项对公司经营和公司业绩不会产生影响。但在公告发布后的1月26日，亚邦股份的股价即下跌8.17%，此后连跌2天，累计下跌13.42%。自其1月29日又发布公告称许小初已回亚邦集团正常工作，全面履行亚邦股份董事职责后，亚邦股份的股价即出现小幅回升。

然而，在此事影响下，亚邦集团自身的资金链已经出现断层。2月4日，大公国际资信评估有限公司经过进场访谈获悉，许小初协助调查事件对亚邦集团的偿债能力产生了一系列负面影响，导致多家银行进行抽贷。与此同时，亚邦集团持有的亚邦股份总股本28.84%中有91.19%是质押股票，占总股本26.30%，股权质押比例偏高。银行抽贷和压贷导致公司资金链紧张，加上自身偿债来源存在不确定性，信用风险加大，继而到期应兑现的短期融资券也无法按期兑现而违约。

早在2014年7月，就有华通路桥集团有限公司因董事长王国瑞被协助调查而引发该公司4亿元短期融资券——“13华通路桥CP001”出现兑付危机的情况出现，尽管当时由当地政府出手保证了资金兑付，但其暴露出的民营企业的政治舆情风险不容小觑。

三、投资风格激进，业务盲目扩张致使陷入流动性危机

违约企业的另一个重要特征为业务盲目多元化，适当的投资活动有助于企业实现长期发展目标，决定着企业未来的经营业绩和发展前途，然而超过承受能力的激进投资往往适得其反。不成功的业务转型和大规模的激进投资使得企业盈利不佳的同时，资本支出大幅上升、举债和借新偿旧频发、短期债务加速上升，加剧企业债务结构失衡和资金链断裂的风险。企业盈利持续恶化对现金流和净资产的持续侵蚀很容易使企业逐步陷入流动性困境，直至资不抵债，最终暴露违约风险。此外，频发的投资、溢价收购会产生大规模商誉，一旦被收购公司经营不善将使公司面临较大的商誉减值风险，将会严重侵蚀公司资产与利润以及公司经营的稳定性。尤其是公司经营活动现金流流入长期难以覆盖投资活动现金流出时，通过举债筹资弥补投资亏损的方式不可持续，一旦融资渠道受限、现金流断裂，企业将面临无法偿债的风险。

案例一：**2017 年 6 月 20 日，河南信阳市最大民企弘昌管道燃气工程有限公司(以下简称“弘昌燃气”）发行的“13 弘燃气债” 因无法按期发放债券回售资金而构成违约**。弘昌燃气为民营企业，经信阳市政府批准从事城市燃气行业，主营业务城市燃气销售和燃气管道安装具有一定垄断性，但弘昌燃气不满足于燃气销售这一稳定业务，进行了一系列失误的经营战略扩张。2011 年，弘昌燃气先后在燃气电厂、燃气管道、风电设施、二甲醚及甲醇生产项目等领域

大规模投资。从其2014—2015年的财务报表来看，弘昌燃气资产结构中预付款项和在建工程规模很大（如表16-5所示），经营性和非经营性占款均严重，流动性偏弱，债务规模不断攀升。此外，其对外担保规模偏大，由于被担保人贷款违约，部分股权被司法冻结使得弘昌燃气雪上加霜，资金周转困难，违约状况不断。大规模、基金的投资策略、大额的资金占用以及司法诉讼等问题直接导致其资金链断裂，催发了违约。

表16-5 2014—2015年弘昌燃气部分资产构成情况（单位：亿元）

项 目	2014年		2015年	
	金额	占比	金额	占比
预付款项	18.15	26.95%	17.01	23.70%
在建工资	31.11	46.21%	34.49	48.05%
资产总计	67.32	100.00%	71.78	100.00%

资料来源：Wind。

案例二：**2020年10月19日，上海巴安水务股份有限公司（以下简称“巴安水务”）发行的“17巴安债”因可用资金有限，无法按期足额偿付本金及利息，构成实质违约**。伴随着巴安水务的逾期风波，10月16日评级机构中诚信国际已将巴安水务的主体信用等级及“17巴安债”的信用等级由AA下调至BB，紧接着在20日再次将巴安水务的主体信用等级降至B，并将主体继续列入可能降级的观察名单，将“17巴安债”的信用等级由BB降至C。实际上，巴安水务近年一方面资金高度紧张，另一方面却又不断对外投资，投资风格激进，收购后收益不理想，拖累整体利润水平。巴安水务从2012年的4家子公司发展为2019年末合并范围内的50家子公司，数量增长了11.5倍，2020年上半年有30家子公司无收入，说明这些并购而来的公司盈利状况堪忧，收入利润均大幅下滑。

就在2020年8月10日，巴安水务拟以自有资金对全资子公司上海绩驰环保工程有限公司增资5 000万元。相较于子公司增资，巴安水务对外收购投入更多，在多个省份设立、收购污水厂，并且通过关联交易，帮助实际控制人大额套现，发生在2018年、2019年的两次收购均是如此。自2015年以来，巴安水务还多次进行海外并购，收购标的分布在奥地利、德国、瑞士等多个欧美国家。

类似的案例还有上海三盛宏业投资（集团）有限责任公司（以下简称“三盛宏业”），其从2016年开始多元化并购之路，涉足大数据、数字化营销、客户经理、海洋投资、金融投资、城市建设、文旅健康等多领域，不相关的多元化发展大量消耗公司资金，并购收益却不及预期，2019年6月的净利润为-7.66亿元（如图16-13所示），同比下降4 355.56%，净利润跌幅巨大。随后，2020年9月22日，三盛宏业发行的“16三盛04”因未能足额筹措兑付资金，发生实质违约。

四、优质及核心资产剥离或转让，国企信用风险多重暴露

发债主体或其实际控制人可通过资产化转移及资产互换等手段，将优质资产及核心业务从发债主体进行剥离，使其失去对重要

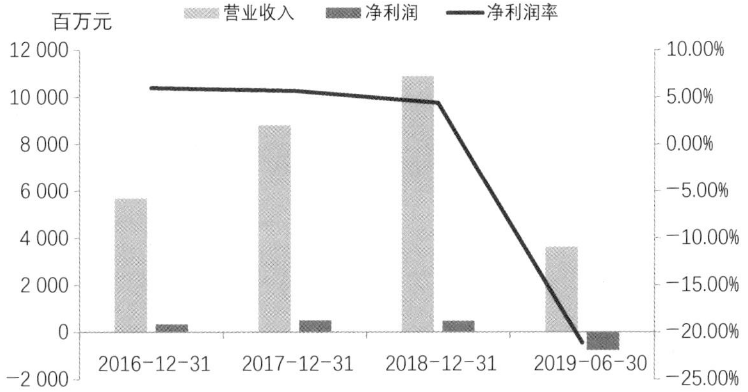

图 16－13 三盛宏业 2016—2019 年的盈利状况图

资料来源：Wind。

子公司（尤其是上市公司）或盈利能力较强子公司的控制权。当发行人转让核心资产时，通常意味着经营状况变化较大，需要引起重视以及考量其对经营情况带来的影响。另一方面，受"刚兑"的惯性思维影响，投资者对国有企业市场化违约风险的认识并不充分，国有企业与地方政府之间的密切关系通常被认为存在着"隐性担保"。在日趋成熟的债券市场环境下，依靠政府、银行或重组等外部力量来兜底债券违约风险的可操作性将越来越难实现。一些具有影响力的企业的违约行为，可能对系统性风险产生较大影响，因为债券市场信息传播较快，一旦发生重大违约事件易引发"羊群效应"，导致市场内部流动性快速消失，带来局部风险和金融安全隐患。

案例一：**2016 年 2 月 24 日，保定天威集团有限公司（以下简称"天威集团"）发行的"11 天威 MTN1"因未能按期兑付本息而**

构成实质违约，为中国第一例违约的“央企+银行间”债券。2008年1月，经国务院批准，中国兵器装备集团公司（简称“兵器集团”）无偿接收保定市国资委持有的天威集团100%股权。债券发行之初，天威集团坐拥“央企”和“AA+评级”双重光环。天威集团原主营输变电业务，后进军光伏和风电新能源等领域。其中，传统的输变电业务在2013—2014年仍能保持10%~20%的毛利率水平。但中国光伏产业供需失衡并过度依赖对外出口，风电业务装机量高而利用率却偏低，天威集团新能源业务持续拖累公司盈利能力，收不抵支，毛利率持续为负。在此背景下，母公司兵器集团为保住上市公司保变电气的壳资源，对天威集团和保变电气进行了资产置换。2013年10月，天威集团公告与保变电气进行资产置换，天威集团以输变电相关业务子公司股权、土地、房屋所有权、商标和专利为代价，置换保变电气光伏、风电新能源相关业务子公司股权。

2013年12月，天威集团公告称保变电气拟向兵器集团非公开发行股份，增发完毕后，兵器集团对保变电气持股比例提高至33.47%，天威集团失去大股东地位，使得天威集团合并范围内资产抗风险能力急剧下降。母公司兵器集团代替天威集团成为保变电气第一大股东，且对天威集团的支持力度明显偏弱。天威集团失去了仍能盈利的输变电业务，反而置入了大幅亏损的光伏新能源业务，最终新能源业务拖垮了天威集团，至今仍资不抵债。投资者也应注意到，当母公司对于重要子公司的实际控制能力有限时，其偿债能力可能较合并报表上反映的情况相差甚远。

案例二：**2020 年 11 月 10 日，永城煤电控股集团有限公司（以下简称“永煤控股”）发行的“20 永煤 SCP003”因公司流动资金紧张未能按期足额偿付本息，构成实质违约，涉及本息金额共 10.32 亿元，为继辽宁国企华晨、盛京能源债券接连出现违约之后的又一家国企债券违约，打破了国企信仰**。永煤控股为河南省国有煤企，母公司为河南省最大国企河南能源化工集团有限公司（以下简称“河南能源”），由河南省国资委 100% 持股。永煤控股原拥有 AAA 评级，随后，信用评级机构将其主体评级下调至 BB，列入可能降级的观察名单，相关债权评级也随之下调。此次 10 亿元超短期融资券违约的同时，触发了河南能源主体名下多只公开债券的交叉违约条款，余额合计 197.1 亿元。

永煤控股的违约既有公司经营层面的业绩失衡、短期债务负担沉重等基本面因素，也有争议性因素，比如货币资金的账面价值和可使用金额之间不匹配，无偿划转优质资产和资产转移是否合理等，引发市场关于“逃废债”的担忧，导致国企信用债恐慌性抛售，市场融资功能受到直接冲击。在巨大的市场压力下，永煤控股于 2020 年 12 月 24 日召开持有人会议，持有人一致同意通过《关于同意发行人先行兑付 50% 本金，剩余本金展期，展期期限与债券原期限一致，展期期间利率保持不变，到期一次性还本付息，并豁免本期债券违约的议案》，一定程度化解了债券偿付危机。2021 年 1 月 14 日，交易商协会发布公告对永煤控股予以公开谴责，并暂停其债务融资工具相关业务 1 年，责令其全面深入地整改，并对董事长、会计负责人做出严重警告等处罚。2021 年 1 月 15 日，银保监会、发改委、央行及证监会联合发布《关于印发金融机构债权人委员会工作规程的通知》，明确打击逃废金融债务的要求，对于拒不采取纠正措施的逃废金融债务企业将实施惩戒措施。

五、公司治理和股权结构瑕疵，民营企业财务造假风险突出

在违约主体中，公司治理风险不容忽视，对于控制人的实际控制权不牢固、股权较为分散的民营公司尤其需注意公司治理结构是否存在瑕疵。民企实际控制人往往对企业有较大影响力，企业的经营及财务管理高度依赖实际控制人，实际控制人的管理风格和个人品格很大程度上也决定了企业的发展方向和潜在风险。当企业与其实际控制人的关联公司在人员、财务、业务等方面混同情况较多时，易受实际控制人及其他关联方风险传导影响，出现财务造假等风险问题。公司治理结构变动较大对公司经营稳定性会产生一定的不利影响，新的董事会熟悉业务需要一定时间，不能及时准确地处理公司经营遇到的问题，向外界传递了消极的信号。民企公司实控人、管理层背景的诚信问题值得关注，当实控人、高级管理者存在道德瑕疵与法制意识淡薄等问题时，其本身就是财务造假的重大隐患，令报表可信度大大下降。

案例一：**2015 年 11 月 12 日，山东山水水泥集团有限公司（以下简称“山水集团”）发行的“15 山水 SCP001”因未能按期兑付本息违约，为中国第一起超短融债券违约事件。**“15 山水 SCP001”

违约的根本原因并非经营恶化传导至财务恶化，而是其母公司中国山水水泥集团有限公司的管理层逼迫股东解决争端，由管理结构瑕疵导致的债务违约。如图16－14所示，山水集团的四大股东分别为天瑞集团、亚洲水泥、山水投资和中国建材，无单一股东持股比例超过30%，实际控制人对公司的控制力较弱。其中，山水投资是山水集团管理人员和员工的持股平台，而另外三大股东——亚洲水泥、天瑞集团和中国建材等大股东均有能力帮助山东水泥完成债券兑付，但大股东忙于争夺董事会控制权，极大削弱了对子公司偿债支持的意愿。

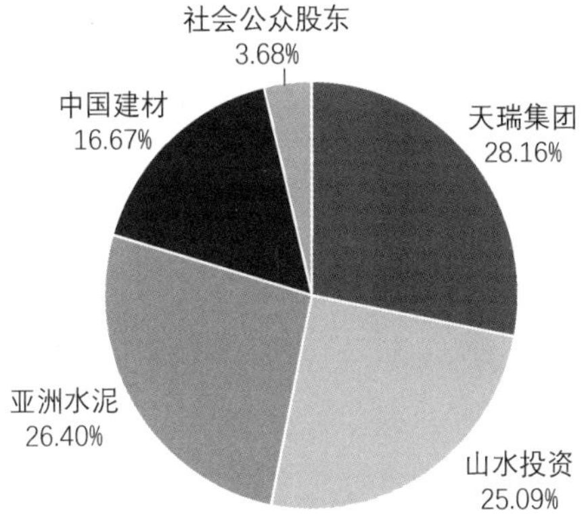

图16－14 截至2017年6月30日，山水集团股东及持股比例情况

资料来源：Wind。

案例二：**2020年2月3日，康美药业股份有限公司（以下简称“康美药业”）发行的“15康美债”未能如期偿付本金及利息，构成实质违约**。官网资料显示，康美药业成立于1997年，2001年在上交所上市，在全国建立了17个中药饮片和医药现代化生产基地，

与超过2 000家医疗机构、20万家药店建立了长期的合作关系，公司布局中医药全产业，以中药饮片为核心，打造了“大健康+人平台+大数据+大服务”的体系，投资多家公立医院，在100多家公立医院开展医药物流延伸配送服务。康美药业位列中国企业500强、全球企业2 000强、广东纳税百强。但实际上，康美药业通过财务不记账、虚假记账、伪造、编造大额定期存单或银行对账单，配合营业收入造假、伪造销售回款等方式，2016—2018年虚增营业收入累计291.28亿元、虚增营业利润累计41.01亿元、虚增货币资金累计886.80亿元，同时，财务报告中存在未按规定披露控股股东及其关联方非经营占用资金的关联交易情况，被证监会出具《行政处罚及市场禁入事先告知书》并对实控人及相关高管采取了10万—90万元的罚款。

第十七章　债券市场违约风险对系统性金融风险的影响分析

第一节　债券市场违约风险与金融危机之间的联系

一、金融危机与系统性风险的概念与定义

自 20 世纪 90 年代以来，金融危机理论层出不穷，随着经济全球化和金融自由化的进一步发展，很多学者开始考虑风险的传染和蔓延，将微观机制和宏观机制的分析纳入统一框架中，强调道德风险、市场预期、信息不对称以及金融系统不稳定性等对金融稳定和金融危机的影响，由此演化出银行挤兑模型、道德风险模型、金融系统不稳定模型、危机传染模型等不同理论。其中，金融系统不稳

定模型更多地强调了金融脆弱性和信息不对称可能对金融稳定性的冲击；危机传染模型开始关注流动性危机通过信息渠道和信贷渠道发生传染的路径①，以及在国际金融危机中，金融机构的多国经营可能造成的市场溢出效应②、蝴蝶效应和羊群效应等③。2008 年全球金融危机的全面爆发，推动金融危机传染理论朝着更加复杂和系统的方向发展。

金融危机的产生通常由于经济系统或金融体系存在某种程度的缺陷，在外部非预期冲击或内部失调情况下出现的金融市场均衡状态的改变（银行挤兑、金融机构破产、货币贬值等）。实际上，金融危机传染是系统性风险的核心。早在国际清算银行（Bank for International Settlements，BIS）1993—1994 年年报中，系统性风险被定义为参与者由于不能履约而引起其他参与者违约，进而发生连锁反应并最终导致范围更广的金融困境的风险④。这个定义强调了危机传染在系统性风险中扮演的角色，并且表明系统性风险包括两个要素：引起市场中参与者丧失正常功效的初始冲击和能够将冲击效应传播到更广的范围或者全部系统的传染机制。因此，产生金融危机传染的风险包括两种类型：一是某些金融冲击使得一部分市场

---

① Allen F, Gale D. Financial Contagion [J]. *Journal of Political Economy*, 2000, 108: 1 - 33.

② IMF. Financial crrisis: Causes and indicators [R]. International Monetary Fund, Washington D.C, 1998.

③ Kaminsky G L, Reinhart C M. Financial markets in times of stress [J]. *Journal of Development Economics*, 2002, 69: 451 - 470.

④ BIS. 64th annual report [R]. Bank for International Settlements, Basel, Switzerland, 1994.

或金融机构同时发生危机而丧失功能的风险；二是一个或一小部分金融机构发生失败或危机，由于机构之间存在的金融联系而扩散和传染到其他的金融机构（Furfine，1999）。

第一类风险的研究往往关注不同金融资产或金融市场因面临的共同风险敞口遭受某些金融冲击而引起集体性危机。有研究指出，衍生品市场的共同风险敞口极大可能成为银行系统发生传染的初始冲击，如2008年全球金融危机[①②]。另有研究表明共同风险敞口的影响或许远大于金融网络内部的传染损失影响[③④⑤]。此类风险研究还包括考察银行在提供流动性时由于挤兑发生导致均衡状态改变[⑥]、区分基于恐慌的和基于理性的挤兑和抛售现象[⑦⑧]等。第二类风险的研究则更多集中在对金融传染过程的探究。由于发生金融危机传

① Haldane A G, May R M. Systemic risk in banking ecosystems [J]. *Nature*, 2011, 469, 351-355.

② Puliga M, Caldarelli G, Battiston S. Credit default swaps networks and systemic risk [J]. *Scientific Reports*, 2015 (4): 6822.

③ 崔海蓉，何建敏.基于复杂网络理论的银行系统性风险研究评述［J］.西安电子科技大学学报（社会科学版），2009，19（4）：12-18.

④ Georg C P. The effect of the interbank network structure on contagion and common shocks [J]. *Journal of Banking & Finance*, 2013, 37 (7): 2216-2228.

⑤ Cabrales A, Gottardi P, Vega-Redondo F. Risk sharing and contagion in networks [J]. *Review of Financial Studies*, 2017, 30 (9): 3086-3127.

⑥ Bertolai J D P, Cavalcanti R D O, Monteiro P K. Bank runs with many small banks and mutual guarantees at the terminal stage [J]. *Economic Theory*, 2019, 68: 125-176.

⑦ Brown M, Trautmann S T, Vlahu R. Understanding bank-run contagion [J]. *Management Science*, 2017, 63 (7): 2272-2282.

⑧ 方意，黄丽灵.系统性风险、抛售博弈与宏观审慎政策［J］.经济研究，2019（1）：41-55.

染的原因和表现形式多种多样，不同文献从不同侧面和理论体系对金融危机及其传染路径进行分析，包括金融机构相互之间的资产负债联系[①,②]、信息溢出网络[③]、不同国家之间的贸易渠道[④]等。

二、债券市场违约风险与金融危机之间的因果机制分析

就债券市场违约风险传染而言，Theochardes 归纳出经济基本面、流动性冲击和投资者信心变化引致的信息传导三种债券市场违约传染机制，并基于 1995—2003 年间美国国债和公司债市场数据，通过实证研究表明信息传导渠道在美国债券市场违约风险传染过程中较经济基本面渠道、流动性冲击渠道表现更为显著[⑤]。有的研究表明美联储加息会通过新兴货币市场国内货币政策影响公司债利率上升，新兴市场企业融资会因此恶化，进而引发债券市场违约[⑥⑦]。

① Amini H, Minca A, Sulem A. Optimal equity infusions in interbank networks [J]. *Journal of Financial Stability*, 2017, 31: 1-17.

② Grigat D, Caccioli F. Reverse stress testing interbank networks [J]. *Scientific Reports*, 2017, 7: 15616.

③ 黄玮强，庄新田，姚爽.基于信息溢出网络的金融机构风险传染研究［J].系统管理学报，2018，27（2）：235-243.

④ 曾志坚，吴汪洋.贸易渠道视角下的金融危机传染研究：基于复杂网络与 SIRS 模型［J].湖南大学学报（社会科学版），2018，32（3）：87-93.

⑤ Theocharides G. Contagion: Evidence from the bond market [R]. Working Paper, Cyprus International Institute of Management, 2007.

⑥ Timmer Y. Emerging market corporate bond yields and monetary policy [J]. *Emerging Markets Review*, 2018, 36 (C): 130-143.

⑦ 郭栋. 美国国债利率对中国债市宏观基金面冲击及两国利率联动时变效应研究——基于 GVAR 和 VAR 模型的实证分析［J]. 国际金融研究，2019，384（4）：55-65.

有的研究指出债券投资者的异质性会导致市场非理性反应[①]。另有学者从资产泡沫角度，基于发行期限、发行主体、发行信用等层面，揭示各类债券泡沫之间的复杂相依结构、泡沫传染效应及传染路径[②③]。

当前机构投资者持有的债券交叉重叠并频繁采用回购杠杆，一旦公司债券出现大规模违约，投资者的抛售变现和恐慌情绪会引起整个金融市场的蝴蝶效应，同时金融市场和实体经济紧密交织，最终会引爆系统性风险导致经济危机。有的研究实证说明客户集中度对债券投资者的风险效应[④]，有的研究发现中国公司债信用利差更多反应了流动性风险溢价[⑤]。债券违约已从最早的私募债市场蔓延到公募债市场，从民营企业债券传染到了国有企业和中央企业债券中偿还能力较为薄弱的债券产品上，但中国债券市场存在政府隐性担保的独有特点。将政府隐性担保定义为债券违约后的政府兜底偿付概率，纳入可违约债券 CIR 仿射模型中考察其在二级市场定价中

---

① 李永，王亚琳，邓伟伟.投资者情绪、异质性与公司债券信用利差［J］.财贸研究，2018，29（3）：100－110.

② 郭文伟.股市泡沫与债市泡沫之关系：此消彼长抑或相互促进？—兼论货币政策及资本市场改革措施的影响［J］.中央财经大学学报，2018，371（7）：28－41.

③ 郭文伟，李嘉琪.债券市场泡沫结构性分化及交叉传染效应研究［J］.金融监管研究，2019，86（2）：66－82.

④ 王雄元，高开娟.客户集中度与公司债二级市场信用利差［J］. 金融研究，2017（1）：130－144.

⑤ 纪志宏，曹媛媛.信用风险溢价还是市场流动性溢价：基于中国信用债定价的实证研究［J］.金融研究，2017（2）：1－10.

的作用，可发现政府隐性担保实际上降低了债券信用风险，政府对国有发债主体债务违约的“帮助”能有效增加二级市场中投资者对于债券偿付能力的预期，进而出现政府隐性担保溢价①。

债券市场违约风险与金融危机之间有着显著的因果机制联系。一方面，金融市场之间的显著联动会导致风险相互传染，而风险传染是系统性风险的核心，系统性风险的爆发则会形成金融危机。从股债危机传染角度来看，大量研究均表明股债之间存在紧密的联动效应②③。其中，胡秋灵和马丽认为，通货膨胀率、利率、货币供应量和投资者情绪等，都会影响股市和债市的波动溢出效应，并存在债市违约风险对股市的单向溢出效应。除了股票市场，债券市场与房地产市场、大宗商品市场等多类金融市场之间均存在着紧密的联系。从债券资产抛售与系统性风险传染角度来看，Mitchell 和 Pulvino 对 2008 年次贷危机时各类信用债券的利差研究发现大量资产抛售现象④，Shleifer 和 Vishny 分析了金融危机时债券等资产抛售过程及对银行、共同基金和对冲基金的影响⑤。从债市违约风险对实体经济影响角

---

① 王博森，吕元稹，叶永新.政府隐性担保风险定价：基于我国债券交易市场的探讨［J］.经济研究，2016，51（10）：155－167.

② 龚玉婷，陈强，郑旭.谁真正影响了股票和债券市场的相关性？——基于混频 Copula 模型的视角［J］.经济学（季刊），2016，15（3）：1205－1224.

③ 胡秋灵，马丽.我国股票市场和债券市场波动溢出效应分析［J］.金融研究，2011（10）：198－206.

④ Mitchell M，Pulvino T. Arbitrage crashes and the speed of capital［J］. *Journal of Financial Economics*，2012，104（3）：469－490.

⑤ Shleifer A，Vishny R. Fire sales in finance and macroeconomics［J］. *Journal of Economic Perspectives*，2011，25（1）：29－48.

度来看，Caballero 等认为，次贷危机前房地产泡沫随着危机爆发转移到债市，但债市的风险积累最终影响实体经济①；Caballero 认为，适当债券投资有利于权益类泡沫挤出，但债权类资产泡沫对经济破坏性更大②。Gorton 和 Ordones 的研究指出，债券投资风险分担弱于股票，债券违约导致杠杆资金链崩溃，引发多米诺式崩塌，给实体经济带来强烈冲击③。另一方面，金融危机的发生将导致企业经营情况加速恶化，驱动债券市场的违约风险快速上行，比如，美国经济大萧条期间债券违约风险高涨，1933—1935 年间的累计债券违约率高达 12.88%，显著高于非金融危机期间的债券违约率④。

三、债券市场违约风险的驱动因素分析

信用利差是刻画信用违约风险的主要指标，早在 1974 年，Merton 就提出了结构化模型，该模型是在 B－S 期权定价模型的基础上构建的信用风险定价模型，其认为当利率上升时，企业债券的信用利差会变小，信用风险也变小⑤。1984 年，又有学者对结构化

---

① Caballero R J, Farhi E, Gourinchas P-O. Financial crash, commodity prices, and global imbalances [J]. *Brookings Papers on Economic Activity*, 2008, 2: 1－55.

② Caballero R J, Krishnamurthy A. Bubbles and capital flow volatility: Causes and risk management [J]. *Journal of Monetary Economics*, 2006, 53 (1): 35－53.

③ Gorton G B, Ordonez G. Collateral crises [J]. *American Economic Review*, 2014, 104 (2): 343－378.

④ Giesecke K, Longstaff F A, Schaefer S, et al. Corporate bond default risk: A 150-year perspective [J]. *Journal of Financial Economics*, 2011, 102 (2): 233－250.

⑤ Merton R C. On the pricing of corporate debt: the risk structure of interest rates [J]. *The Journal of Finance*, 1974, 29 (2): 449－470.

模型进行实证研究，认为该模型会低估企业债券的信用利差，并在此基础上提出了信用利差分解理论[①]。也有学者将讳约看作独立随机事件，服从强度为λ的泊松分布，并建立了简化模型。之后又引入信用评级因素，对模型进行了升级，使其更加合理化。

但后来学者通过研究认为，简化模型在运用的过程中会存在参数不稳定的情况，所以在此基础上引入了税收、利率、流动性这些宏观因素以及企业性质等微观因素，发现这些因素对信用利差及信用违约风险均有影响。如 Collin-Dufresne（2001）将宏观变量引入结构化模型，认为基础利率、债券供应量等宏观指标对债券信用利差的影响更大[②]。任兆璋和李鹏以 2004 年 6 月 30 日为分析日起，计算 18 只债券的信用利差，并分别采用结构化模型和财务比率两种方法对信用利差个体影响因子进行分析，认为存在利差的最大原因在于债券存在流动性不足的情况，并且认为财务比率方法比结构化模型更能解释中国企业债券存在信用利差的现象[③]。李岚和杨长志对中期票据进行研究，认为信用利差与十年国债到期收益率、中期票据月成交的频率、固定资产投资的同比增速、PMI 以及 M2 和 M1 同比增速之差的变化之间存在负相

① Jones E P, Mason S P, Rosenfeld M E. Contingent claims analysis of corporate capital structure: An empirical investigation [J]. *The Journal of Finance*, 1984, 39 (3): 611 - 625.

② Collin-Dufresne P, Goldstein R S. Do Credit spreads reflect stationary leverage ratios? [J]. *The Journal of Finance*, 2001, 56 (5): 1929 - 1957.

③ 任兆璋，李鹏.中国企业债券价差个体性影响因素的实证分析 [J].华南理工大学学报（社会科学版），2006，8（1）：55 - 58+66.

关关系[①]。戴国强和孙新宝基于 Merton 的结构化模型，以 2000 年 2 月—2010 年 9 月上市的债券为研究对象，验证了宏观因素对企业债券信用利差的作用机制，并认为模型的解释力和债券的信用级别成反比关系[②]。Hibbert 通过模型验证，认为股权波动对债券信用利差有正向影响作用，且对信用评级较低的债券的信用利差影响更为显著[③]。谢宇的研究实证检验了在结构化模型中，宏观因素对中期票据的信用利差解释力度较大，且显著性较高[④]。周宏、建蕾和李国平通过对债券发行企业承担的社会责任进行实证研究，认为企业承担的社会责任越多，债券信用利差越小，并且这一现象在民营企业中更加显著[⑤]。此外，张佳琪在原有影响因素的基础上加入了工业增加值、国债利率结构等变量，构建 VAR 模型，实证检验了信用利差与工业增加值和国债利率差负相关[⑥]。朱紫嫣和刘蕾则以 2008—2017 年十年间发行上市的 80 家企业债券为研究对象，构建多元回归模型，在剔除相关性较强的变量后发现，CPI 增长率、广

① 李岚，杨长志.基于面板数据的中期票据信用利差研究［J］.证券市场导报，2010（8）：73－77.

② 戴国强，孙新宝.我国企业债券信用利差宏观决定因素研究［J］.财经研究，2011（12）：61－71.

③ Hibbert A M, Pavilva I, Barber J, et al. Credit spread changes and equity volatility: Evidence from daily data ［J］. *The Finance Review*, 2011 （46）: 357－383.

④ 谢宇.我国中期票据信用利差变动影响因素的实证分析［J］.科学决策，2013（2）：33－55.

⑤ 周宏，建蕾，李国平.企业社会责任与债券信用利差关系及其影响机制——基于沪深上市公司的实证研究［J］.会计研究，2016（5）：18－25.

⑥ 张家琪.我国公司债券信用利差影响因素的实证研究［D］.杭州：浙江大学，2017.

义货币增长率、债券剩余期限与信用利差呈正相关，无风险利率、Z值和主体信用评级与信用利差呈负相关①。

从中美债券市场的发展实践来看，美国债券市场的信用违约与宏观经济高度相关，一般情况下，美国GDP增速上行，则信用利差、违约率下行；反之，则信用利差和违约率上行，回收率下行。中国信用违约则主要与三个层面的因素有关——企业盈利（盈利周期）、融资环境（信用周期）和债务到期压力（债务周期），如图17-1所示。信用违约究其根本是资金链的危机，从微观角度企业现金流分成经营性现金流、投资性现金流和筹资性现金流三种。

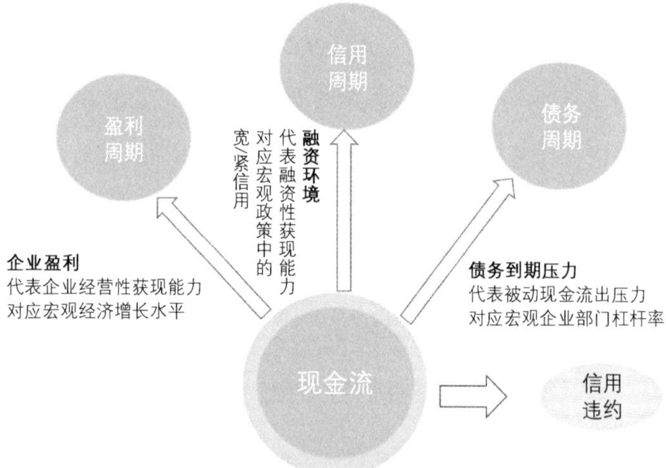

图17-1　中国信用违约的三因素框架

资料来源：Wind。

① 朱紫嫣，刘蕾.债券信用利差影响因素分析——以企业债券为例［J］.红河学院学报，2020，18（1）：153-157.

其中，投资性现金流可以由企业活动控制，如在资金链紧张的情况下缩减投资支出，因此微观层面企业现金流主要由经营活动和筹资活动决定。经营活动体现企业的经营性获现能力，微观层面对应企业盈利，宏观层面对应经济增长水平。筹资活动可以分为两个维度，债务到期压力反映被动现金流出压力，宏观层面对应企业部门杠杆率；融资环境反映筹资性现金流入的能力，宏观层面对应宽信用/紧信用政策和市场的信用风险偏好。

结合信用违约的三因素框架看中国近年来的两次集中违约潮情况，其中，2015—2016 年期间的信用违约潮为盈利周期及债务周期驱动信用违约，主导因素为经济下行压力叠加高杠杆。2014 年以来，投资、出口增速降幅较大，地产景气度快速下行及部分行业产能过剩问题出现，宏观经济面临较大的下行压力，且经济刺激投资计划以后的第二轮债务到期高峰来临。在此背景下，以“11 超日债”违约为标志，债券市场首次打破刚性兑付。

2018 年至今的信用违约潮为信用周期及盈利周期驱动信用违约，主导因素为金融供给侧改革带来的紧信用以及经济下行压力。2018 年以来，经济下行压力增大，表现在工业企业景气度下降、GDP 增速走低，社融中非标净融资额持续为负，如图 17－2 和图 17－3 所示。2016 年年底的中央经济工作会议提出“把防控金融风险放到更加重要的位置”，2017 年金融整顿的大幕被徐徐揭开，监管机构针对银行、券商、基金等各类银行和非银金融机构出台一系列监管政策，开启金融去杠杆周期。经济下行压力叠加金融去杠杆，带来

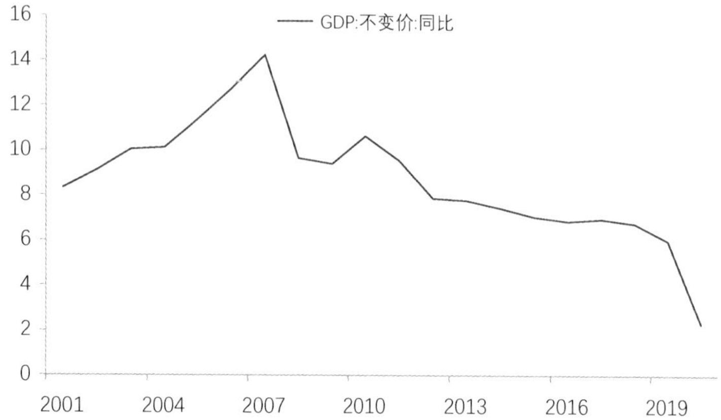

图 17－2 中国 2018 年以来 GDP 增速维持低位

资料来源：Wind。

图 17－3 2018 年以来中国非标融资持续压降

资料来源：Wind。

的是前所未有的中长期信用收缩，金融机构风险偏好极低，城投、民企、金融等各领域的尾部风险持续爆发。2020 年全球新冠疫情的爆发与至今的持续蔓延打破了经济企稳节奏，除了企业销售获现能力受到新冠疫情冲击之外，企业还需要支付工资、税费和必要的固定资产维护支出，以及可能增加的疫情防护、订单交付可能产生的违约金等支出，加大了企业的经营成本及风险。2020 年以来债券市场面临的仍是信用偏好收缩叠加宽信用政策发力的博弈，从三因素框架来看，市场对弱资质主体的规避情绪带来的信用收缩因素仍然存在，虽然宽信用政策密集发力，企业盈利向下与市场风险偏好收缩两个因素的共振导致债券违约风险进一步释放，抗风险能力较弱的民企、低评级等尾部企业在疫情和经济下行压力之下难以避免风险继续出清。

四、美国大萧条及 2008 年金融危机期间美国债券市场违约风险变化

Giesecke 等①对美国 1866—2008 年间的债券违约风险进行了分析，他们的研究提供了大萧条期间的债券违约数据。根据他们的统计，大萧条期间债券违约风险高涨，1933—1935 年间的累计债券违约率高达 12.88%，即 3 年期间债券违约率之和。虽然这一违约率在其统计的债券违约率高峰中仅排名第四，但排名前三的债券违约高峰都发生在 19 世纪，即美国经济金融体系尚未发展成熟的时期。

① Giesecke K, Longstaff F A, Schaefer S, et al. Corporate bond default risk: A 150-year perspective [J]. *Journal of Financial Economics*, 2011, 102 (2): 233-250.

如果不考虑1900年之前的债券违约情况，大萧条期间的债券违约率将排在第一位。大萧条期间共出现两次债券违约高峰。第一次债券违约高峰出现在1931—1935年，违约高峰持续了约5年，期间平均违约率为3.67%，最高违约率为6.73%。第二次债券违约高峰出现在1938—1939年，债券违约高峰持续了约2年，期间平均违约率为2.67%，最高违约率为2.84%。Giesecke等研究数据集更新至2008年，因此对2008年金融危机期间的债券违约风险涉及不多，但Giesecke等也注意到，仅就债券违约率而言，2008年金融危机对债券违约风险的影响较为有限。

Ivashina和Scharfstein对2008年金融危机期间包括债券市场在内的融资过程进行了研究。他们研究发现，在2008年国际金融危机期间，虽然大部分种类的银行借贷规模出现了下降，但大的公司债券发行主体由于面临资本市场融资困境而在其现有信贷额度内大幅增加了银行借贷规模，银行向大企业提供的商业贷款、工业贷款规模出现了显著增加①。Friewald等对包含2008年金融危机期间的债券市场数据进行研究发现，相比于信用恶化，流动性风险是导致债券市场信用风险溢价变化的主要原因，在2008年金融危机中尤其如此，并且流动性风险给投机级债券带来的冲击也更大②。

---

① Ivashina V, Scharfstein D. Bank lending during the financial crisis of 2008 [J]. *Journal of Financial Economics*, 2010, 97 (3): 319-338.

② Friedman M, Schwartz A J. A Monetary History of the United States [M]. Princeton University Press, Princeton, New Jersey, USA, 1963.

债券违约风险与经济金融危机之间存在着密切关系。一方面，经济危机将导致企业经营情况恶化，驱动债券违约风险上行。另一方面，债券违约增多会通过影响债券市场融资功能、债券价值或抵押品贬值等渠道，给经济金融体系带来进一步的冲击。例如，Calomiris 和 Mason 认为，银行持有的企业债券价值贬值是导致大萧条期间银行破产的重要原因①。Giesecke 等发现，债券违约高峰并不会对产出造成显著冲击，但会给物价带来通缩压力，这表明银行危机和债券违约在经济影响方面有着微妙的不同，银行会给产出和物价同时带来压力②。

五、美联储非常规货币政策实施及其对债市违约风险影响分析

（一）非常规货币政策的定义及传导机制

一国货币当局在实施货币政策的过程中，其资产负债表会出现相应的变化。尤其是非常规货币政策，更是会在央行的资产负债表中通过规模、结构和风险敞口上的变化得以体现，而明显有别于利率政策仅是对短期利率的管控。参考徐文舸③，将“非常规货币政策”的概念定义为为了减轻危机对经济所引发的冲击，货币当局通

① Calomiris C W, Mason J R. Fundamentals, panics, and bank distress during the depression [J]. *American Economic Review*, 2003, 93 (5): 1615 - 1647.

② Giesecke K, Longstaff F A, Schaefer S, et al. Macroeconomic effects of corporate default crisis: A long-term perspective [J]. *Journal of financial economics*, 2014, 111 (2): 297 - 310.

③ 徐文舸.解读美联储第四轮非常规货币政策 [J].国际金融，2013 (3): 57 - 62.

过大规模地运用其自身的资产负债表中资产和负债所采取的一揽子货币政策。按照非常规货币政策的基本形式，可以将其大致分为四种不同类型：信贷管理政策、国债管理政策、银行准备金管理政策以及汇率管理政策。这四种政策分别直接作用于四个市场，即信贷市场、国债市场、银行同业拆借市场以及外汇市场，如表 17－1 所示。

表 17－1　非常规货币政策下四种基本形式的多角透视

	作用市场	主要措施	央行资产负债表的变化	危机期间的代表央行
信贷管理政策	信贷市场	购买 AMBS	非常规资产增加	美联储
国债管理政策	国债市场	购买政府国债	常规资产和非常规资产均增加	美联储和英格兰央行
银行准备金管理政策	银行同业拆借市场	设定银行准备金数量的目标	准备金增加	日本央行
汇率管理政策	外汇市场	购买外币计价的有价证券	非常规资产增加	瑞士央行

资料来源：部分参阅了 BIS（2009）。主要措施仅列出有代表性的举措，常规资产和非常规资产以所持国债的期限长短来划分。

特别值得指出的是，“量化宽松（Quantitative Easing）”以及“信贷宽松（Credit Easing）”仅仅是属于非常规货币政策下的某种特殊形式。具体而言，量化宽松是指央行大规模地扩张资产负债表的规模，对其中的资产结构不甚关心，重点关注负债方，把银行准备金余额的数量作为主要的衡量方式；信贷宽松则是指央行以非常规资产（长期国债、AMBS 等期限较长的资产）替换常规资产（以短期国债和国库券为主）的方式，来调节所持资产的结构，重点关注资产负债表的资产方。在整个危机期间，央行表内的资产和负债双方都起着十分重要的作用，资产方能使央行成为私人金融中介的某种替代而介入金融市场来激活几近停滞的市场交易，比如对国债和信贷产品的直接购买，负债方则能为流动性紧张的货币市场提供应急的支持，尤其是银行准备金的增加。

理论上讲非常规货币政策传导机制所发生作用的渠道可归结为两类：资产组合平衡的渠道（Portfolio Balance Channel）和预期渠道（Expectation Channel）。具体而言，资产组合平衡的渠道是在不同类型的金融资产可以部分地互相替代（Imperfect Substitutability）的假设前提下，通过各种金融资产的供应变化，影响相关资产的价格和收益率，进而改变投资者的原有资产组合。这一无套利均衡的思想确实反映在现实的金融市场和投资行为上，但这些变化能在多大程度上影响到实体经济仍有较大的不确定性。预期渠道则是对货币当局所发出信号的某种心理预期的反应。美联储的举措通常是要通过压低不同金融资产的期限溢价、风险溢价以及流动性溢价的方式，来给予居民和企业某种正向的心理预期，并最终提升其对经济复苏的信心。但要保持这种心理上的预期，不能仅仅只局限于金融层面，更多还是需要实体经济上的风向变化，可后者同样也要取决于上述正向的心理预期。也就是说，信心固然一定程度上要比黄金更重要，可是持有黄金才是保有信心的最好保证。总之，资产组合平衡渠道和预期渠道这两类渠道会以各种不同的方式表现出非常规货币政策的效力及其对经济的影响。

（二）美联储推出非常规货币政策的背景

次贷危机使美联储货币政策应对面临两大难题。一方面，次贷危机破坏了金融机构之间正常的信贷机制，使得传统货币政策工具难以应对。2007年7月在一系列金融机构宣布亏损、破产之后，次贷危机开始对金融体系产生冲击，表现为货币市场上流动性紧缩。LIBOR-OIS利差在次贷危机爆发前保持在15个基点左右，2007年8月7日一跃至40个基点，到2007年末一度超过100个基点，2008年新一波金融冲击使其扩大至365个基点。货币市场流动性紧缩带来的高风险溢价导致金融机构之间的信贷机制被破坏。Taylor认为交易对手风险和流动性风险导致了金融冲击。这两类风险所指向的本质在于，由房价下跌、次贷及其证券化资产的价值下降，以及由此带来的结构复杂的证券化信贷资产的定价困难，所共同导致的金融机构资产负债表的高度不确定性使金融机构之间发生信贷紧缩[①,②]。金融机构之间信贷机制破坏意味着传统货币政策工具可能失效。首先，美联储无法通过调节无风险的联邦基金利率来控制风险利率上升。即使降低联邦基金利率至零利率，也无法逆转突升的风险溢价带来的货币市场流动性紧缩。其次，降低再贴现率也不能改变货币市场流动性紧缩的局面。出于对资产状况的担忧，金融机构不可能通过再贴现融资来

---

① Taylor J, Williams J. Further results on a black swan in the money market [R]. Discussion Papers, Stanford Institute for Economic Policy Research, 2008.

② Taylor J, Williams J. A black swan in the money market [J]. *American Economic Journal: Macroeconomics*, 2009, 1 (1): 58-83.

增加对其他金融机构的信贷，而会先用于应对自身的流动性危局。

另一方面，私人部门外部融资额外成本骤增，“金融加速器机制”的破坏作用加大。金融部门通过两个渠道同时影响实体部门：一个是信贷渠道，金融机构可贷资金水平下降冲击实体部门；另一个是资产负债表渠道，资产价格下跌导致可担保资产的价值下降，同时贷款困难，现金流状况恶化，进一步提高外部融资的额外成本。当信贷创造能力受破坏的金融体系和现金流困难的实体经济结合时便产生“金融加速器机制”，包含着巨大的宏观经济风险。金融体系破坏、外部融资额外成本上升以及资产价格暴跌，均使实体经济中的消费、投资、需求和产出、就业受到冲击。实体经济恶化将进一步增加金融机构不良资产，由此形成反馈效应。该反馈效应作用到金融体系，破坏金融体系功能，再作用到实体经济部门，加剧实体经济的恶化，如此形成负向循环效应，放大了宏观经济风险。

为了应对次贷危机和全球金融危机，美联储首先将常规货币政策工具使用至极限，包括：第一，将联邦基金利率降至近乎零利率。截至 2008 年底，美联储 10 次降低联邦基金利率，目标利率水平由 5.25%降至 0—0.25% 区间。第二，再贴现政策十分宽松。首先，再贴现率不断降低至 0.5%。其次，再贴现期限延长。2007 年 8 月 17 日，美联储将再贴现期限从隔夜扩展到最长可达 30 天。第三，对存款准备金支付利息。从 2008 年 10 月 6 日起，美联储开始对法定存款准备金和超额存款准备金支付利息。尽管美联储对传统货币政策工具的使用已至极限，但因金融机构信贷机制破坏，风险溢价高企，货币政策工具操作并未达到预期效果。2008 年 LIBOR-OIS 利差不断创出新高，贝尔斯登、雷曼兄弟等金融巨头相继倒下，实体经济也面临衰退。

（三）美联储主要采用的非常规货币政策工具

1. 利率前瞻性指引

次贷危机后，由于政策利率已于 2008 年底降至零，自 2009 年 3 月，美联储开始宣布将延长超低利率期限，利用非常规的利率前瞻性指引来调整货币政策立场。通过利率前瞻性指引，美联储把政策利率下调并向公众承诺将长期保持政策利率的超低水平，以积极引导长期利率下降。从整体来看，美联储的利率前瞻性指引经历了三个阶段——开放式、时间指引和经济状况参考，如表 17－2 所示。

表 17－2　2008—2015 年 FOMC 声明中的利率前瞻性指引

时　间	描　　　述	类　型
2008－12	疲弱的经济条件可能使联邦基金利率在一段时间内维持较低水平	开放式（表述模糊，仅提供定性信息）
2009－03	疲弱的经济条件使超低利率会“延续一段时间”（For an extended period）	
2010－09	将持续监测经济前景和金融发展，随时准备额外的流动性，以支持经济复苏和通胀水平向既定目标转移	
2011－08	超低利率至少保持至 2013 年年中（at least through mid-2013）	时间指引（给出明确退出时点）
2012－01	超低利率至少保持至 2014 年年末（at least through late 2014）	
2012－09	超低利率至少保持至 2015 年年中（at least through mid-2015）	

续 表

时 间	描 述	类 型
2012－12	如果失业率高于6.5%，未来1—2年内通胀水平预期低于2.5%以及较长期通胀预期稳定的前提下，仍将继续维持超低联邦基金利率水平	**经济状况参考**（给出经济观察指标，明确指出衡量标准）
2013－12	FOMC强化前瞻性指引，称即使失业率跌至6.5%以下，如果预期通胀联储仍继续在2%以下水平，仍将继续维持超低利率	
2014－03	综合评估通胀2%目标以及就业状况来决定是否对当前联邦基金利率进行调整	
2015－04	未来经济将恢复增长。在劳动力市场明显改善，以及通胀率回到2%左右时，会提高利率	
2015－10		

资料来源：根据美联储官方网站报告整理。

2. 资产负债表工具：货币政策工具创新和大规模资产购买计划

为应对危机，美联储通过扩张资产负债表规模向市场注入流动性，即通过设立创新的货币政策工具和长期的资产购买计划实现，并作用于美联储的资产负债表。美联储根据各经济主体信贷紧缩和流动性缺乏的具体情况，针对不同对象推出了不同的创新货币政策工具，如表17－3所示。

表17－3 次贷危机救助过程中美联储推出的各类创新货币政策工具

货币政策工具名称	合格参与者	金额（亿美元）	创新时间
为存款机构以及证券交易商提供流动性的政策工具			
短期信贷拍卖便利（TAF）	存款机构	6 000	2007－12
初级交易商信贷便利（PDCF）	一级交易商	470	2008－03

续　表

货币政策工具名称	合格参与者	金额（亿美元）	创新时间
短期证券贷放便利（TSLF）	一级交易商	2 000	2008－03
为私人部门提供信贷融资的政策工具			
资产支持的商业票据货币市场共同基金流动性便利（AMLF）	存款类机构和银行控股公司	270	2008－09
商业票据融资便利（CPFF）	票据发行人	3 180	2008－10
货币市场投资者融资便利（MMIFF）	货币市场投资者	—	2008－10
定期资产支持证券信贷便利（TALF）	美国公司和投资基金	2 000	2009－01
为 AIG 和花旗集团设立的政策工具			
AIG 初始便利	美国国际集团	1 500	2008－09
AG 新便利	为 AIG 特别成立的有限责任公司 Maiden Lane LLC	—	2008－11
花旗集团资产担保	花旗集团	2 400	2008－11

资料来源：根据美联储官方网站报告整理。

次贷危机以来，美联储共进行了四轮大规模资产购买（即“量化宽松”）以及期限延长计划（也称“扭转操作”）。大规模资产购买计划购买的资产范围主要包括三类：房地美和房利美以及住房贷款银行的机构债券、抵押贷款支持证券（MBS）、中长期国债，如表 17－4 所示。

截至 2010 年 10 月，美联储在危机初期所设立的创新货币政策工具在其资产负债表中的份额已基本降至零水平。在次贷危机的中后期，美联储的资产购买计划对危机救助发挥了更深远的作用。从

表 17－4 次贷危机救助过程中美联储推出的大规模资产购买计划

开始时间	持续时间	购买金额
房利美、房地美以及住房贷款银行的机构债券		
2008－11－25：QE1 开始	2009－03—2010－03	1 000 亿美元
2009－03－19		增加 1 000 亿美元，总购买规模达到 2 000 亿美元
2009－11－04		修改规模为 1 750 亿美元
抵押贷款支持证券（MBS）		
2008－11－25	2009－03—2010－03	5 000 亿美元
2009－03－19		增加 7 500 亿美元，总规模达到 12 500 亿美元
2012－09－14：QE3 开始	2012－09—2014－10	每月 400 亿美元
中长期国债		
2009－03－19	2009－03—2009－09	3 000 亿美元
2010－11－04：QE2 开始	2010－11—2011－06	6 000 亿美元
2011－09－21	2011－09—2012－12	4 000 亿美元
2012－12－13：QE4 开始	2012－12—2014－10	每月 450 亿美元
2013－10－30	2013－10—2014－10	不削减规模，达到每月 450 亿美元
2014－10－31	美联储宣布退出量化宽松（QE）	

资料来源：根据美联储官方网站报告整理。

2008 年 11 月美联储宣布购买机构债券开始，至 2014 年 10 月美联储宣布结束资产购买计划并退出量化宽松，资产购买计划贯穿了持续 6 年的危机救助过程。

（四）美联储非常规货币政策对债券市场违约风险影响

研究表明，美联储利率前瞻指引可改善金融市场环境，一定程度上可降低债券市场违约风险。Femia 等（2013）考察了第二阶段（表 17－2 中的时间指引阶段）前瞻指引对资产价格影响，直接观察数据发现，国债收益率、利率波动性明显降低，股票价格指数上升，金融环境得到改善，为经济增长创造了条件。Campbell 等发现利率前瞻性指引显著影响国债收益率与公司债收益率，并且对公众的宏观经济预期产生影响，联邦基金远期利率的上升意味着美联储预期未来经济会得到改善，在这一判断之下，公众会下调失业率预期，同时上调通胀预期[①②]。Filardo 和 Hofmann 观察发现，第一阶段（表 17－2 中的开放式阶段）前瞻指引实施后，远期利率与长期利率下降最多，第二阶段（表 17－2 中的时间指引阶段）前瞻指引的实施效果越来越弱，在 2011 年 8 月，美联储运用前瞻指引后，2 年期远期利率下降 20 多个基点，在 2012 年 1 月与 9 月实施前瞻指引后，2 年期远期利率下降 5 个基点，均说明了利率前瞻指引改善金融环境的有效性[③]。

量化宽松货币政策的实施，对恢复疲弱经济形势具有显著作用，或可大幅降低债券市场违约风险。美联储通过购买大规模的资产，尤其是机构债券和中长期国债，扩张其资产负债表，调整资产

---

① Campbell J R, Evans C L, Fisher J D M, et al. Macroeconomic effects of Federal Reserve Forward Guidance [J]. *Brooking Papers on Economic Activity*, 2012, 43 (1): 1－80.

② Campbell J R, Fisher J D M, Justiniano A, et al. Forward guidance and macroeconomic outcomes since the Financial Crisis [R]. Working Paper No. WP－2016－7, Federal Reserve Bank of Chicago, 2016.

③ Filardo A, Hofmann B. Forward guidance at the zero lower bound [R]. BIS Quarterly Review, Bank for International Settlements, 2014.

负债表的结构，降低长期债券利率，最终恢复经济。大量实证研究，包括 Neely①、Alon 和 Swanson② 等，均发现 QE 的实施可以大幅降低 10 年期债券利率，推动恢复疲弱经济形势，进而降低债券市场违约概率，减少风险。

但是，利率前瞻指引与资产购买计划削减的共同作用，或加大债券市场违约风险。实际上，长期利率由名义利率的预期路径与期限溢价两部分构成。利率过长时期维持在过低水平，期限溢价的变化会导致长期利率的波动。从美联储的经验来看，资产购买计划影响长期利率的期限溢价，前瞻指引通过政策利率的演变途径影响长期利率，在实施第三阶段利率前瞻指引的过程中，资产购买规模不断削减，导致期限溢价上升。因此，美联储利率前瞻指引与资产购买削减的共同作用可能引起利率剧烈波动，威胁金融稳定，进而可能提高债券市场违约风险。

另一方面，短期政策利率前瞻指引与量化宽松的政策结合会压低固定收益证券的长期收益率。在这种情况下，只能获得最低名义回报的固定收益投资者将转而投资高风险金融工具，资金更倾向于流向套利交易和投机行为，比如垃圾债券、新兴市场债券等，造成投资扭曲。比如，对利率极其敏感的房地产价格可能上升，加大房

---

① Neely C J. The large scale asset purchases had large international effects [R]. Working Paper, Federal Reserve Bank of Chicago, 2011.

② Alon T, Swanson E. Operation twist and the effect of large-scale asset purchases [R]. Economic Letter, Federal Reserve Bank of San Francisco, 2011.

地产市场崩溃风险，影响金融稳定，在金融风险传染机制的作用下，可能推升债券市场违约风险。

第二节 债市违约风险对系统性金融风险的影响分析

一、基于货币政策和信用传导角度的分析

根据信用货币理论，银行体系是货币政策和信用传导的主要渠道①。正是由于这个原因，银行体系是系统性金融风险的主要爆发场所，所有的金融危机归根结底都是银行危机。债券是银行的重要投资对象，债券市场的波动会从经济预期、资产负债表等渠道影响银行信贷行为，进而给货币政策和信用传导带来冲击。需要注意的是，银行信贷决策和债券市场波动之间存在严重的内生性，可能受监管政策、经济形势等共同性因素的影响。

2018 年以来，受经济下行压力持续增大和融资环境收紧下企业风险加速暴露的影响，货币政策整体维持宽松，市场流动性充裕，但由于信用债违约的集中爆发显著降低市场风险偏好，宽货币向宽信用传导的路径存在一定的障碍。一是宽货币向宽信用的传导存在

---

① 孙国峰.信用货币制度下的货币创造和银行运行［J］.经济研究，2001（2）：29－37+85.

一定的滞后性。2018 年以来，央行多次实施定向降准并加大公开市场操作力度以维持市场流动性的充裕，但社会融资规模增速在 2018 年持续走低。在地方政府专项债纳入社融规模以后，2018 年 12 月社融增速为 10.26%，较年初下降 3.17 个百分点，表明货币政策传导存在明显的滞后。主因是企业信用风险的加速暴露叠加金融监管趋严，机构投资意愿降低。二是信贷的总量传导较为通畅，但结构性失衡的现象较为明显。受市场风险偏好低的影响，2019 年以来民营企业债市融资明显走弱，如图 17－4 所示，进入 2020 年，受货币超预期宽松的影响民企债市融资出现一定程度的回暖，自 2020 年 2 月起，民企信用债市净融资额自 2019 年 5 月以来首度回正，2020 年上半年民企债市净融资额 1 303.76 亿元，较 2019 年同期的-1 142.13 亿元大幅改善。但进入 2020 年 7 月以来，直至 2021 年 10 月，债券市场整体走弱，民企信用债市净融资额又再度转负。此外，2019 年，低评级主体的融资同样偏弱，但自 2020 年起，低评级主体融资发生改善，仅 2020 年 3 月单月净融资额达 1 279.01 亿元，而 2021 年 1—10 月 AA 及以下主体评级的信用债净融资额为 2 499.02 亿元，仍保持较高的净增量，如图 17－5 所示。三是政策利率的传导存在障碍，实体融资成本未出现明显的下行。2018 年以来，在货币政策整体维持宽松的局面下，资金利率显著下行，但信用债违约集中爆发导致市场风险偏好显著走低，民营企业信用债信用利差快速走高，显示民营企业的融资成本在疫情的影响下长期处于高位，如图 17－6 所示。

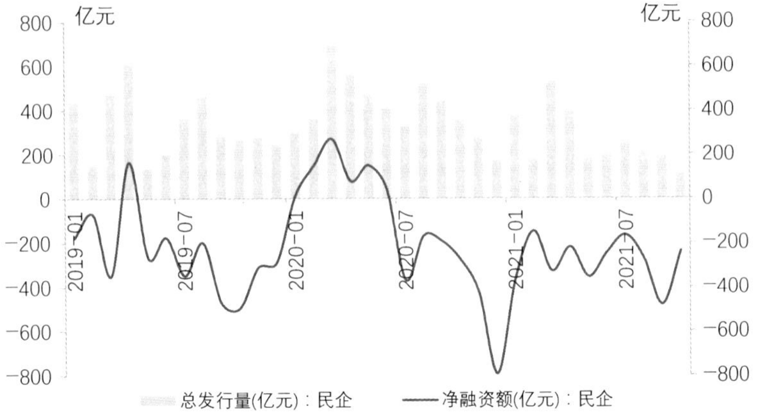

图 17－4　2019 年以来，民营企业债市融资明显偏弱

资料来源：Wind。

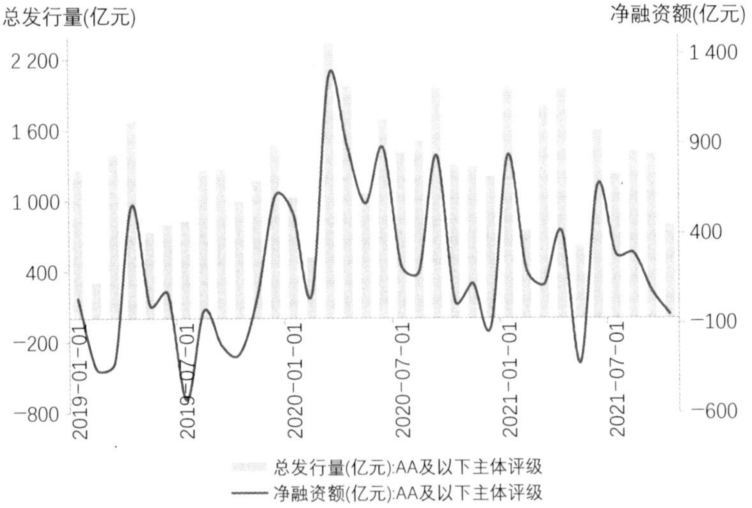

图 17－5　2019 年以来，低评级主体融资由偏弱转向改善

资料来源：Wind。

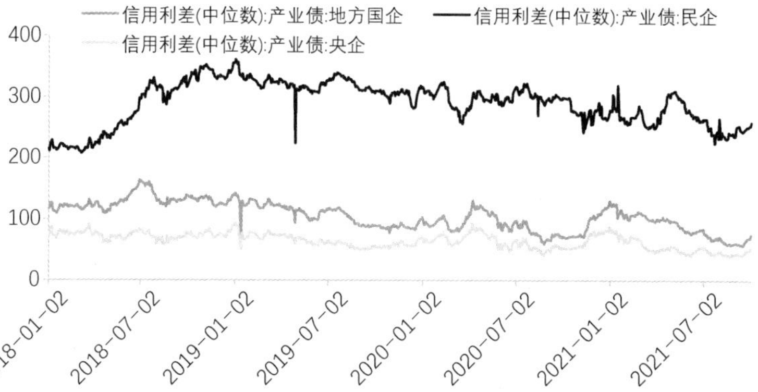

图 17－6　2018 年以来，民营企业信用利差维持高位

资料来源：Wind。

此外，就后新冠疫情时代而言，需要密切关注银行体系对债券市场的风险暴露。至 2020 年 9 月，债券市场收益率已经超过疫情爆发前水平，而由于 LPR 利率下行，银行信贷资产回报率走低，相比于信贷，债券能给银行带来更好的投资回报。自 2018 年，历经 2020 年初疫情爆发，至 2020 年年中，社融存量中的企业债券同比增速从 4.75%一路上涨至 21.40%，较 2020 年 6 月社融存量中的人民币贷款同比增速高 8.10 个百分点，如图 17－7 所示，则意味着债券正成为包括银行体系在内的金融体系的重要配置内容。监管层应监控银行对债券市场的投资内容，包括投资久期、债券评级、投资集中度等，避免债券市场波动成为影响银行信贷决策的重要方面。

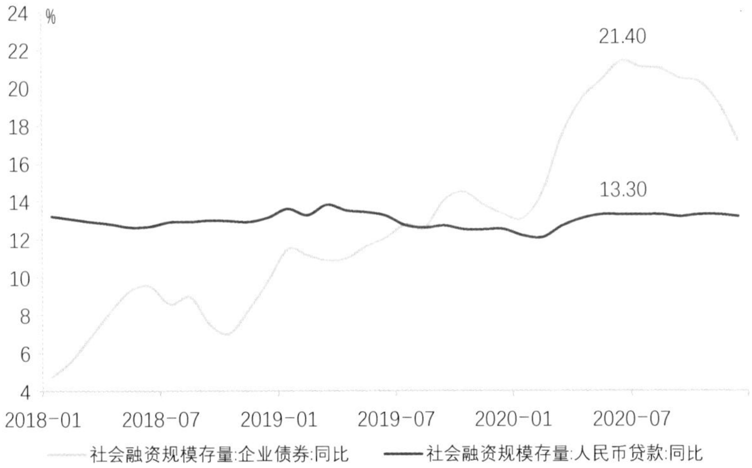

图 17-7 自 2018 年以来，社融存量中的企业债券同比增速一路上涨至高位

资料来源：Wind。

二、基于流动性不足冲击角度的分析

债券市场违约的集中爆发或冲击市场的流动性，引发流动性风险。一方面，信用违约的集中爆发将导致资产被集中抛售。信用违约风险的频繁爆发，会触发投资者对于低等级债券的担忧，造成低评级债券被集中抛售、对应的债券收益率快速上行，加速持有此类债券的金融产品的净值下跌从而增大其赎回压力。而金融产品赎回压力的增大又会进一步导致资产的集中抛售，从而导致整个资本市场资产价格的下跌，形成“价格下跌—净值下降—抛售增加—价格进一步下跌”的负反馈机制。另一方面，债券违约的集中爆发会引发货币市场流动性分层现象的出现。债券违约的集中爆发导致市场

对中小金融机构的信用状况产生担忧，导致部分资质较差的中小金融机构资金融资难度增大，流动性分层现象明显。2019 年 5 月 24 日，中国人民银行和银保监会联合发布公告对包商银行实行接管，释放出了打破同业刚兑的信号。包商银行被接管引发了市场对同业信用风险的担忧，对市场流动性造成了一定的冲击。接管公告发布后首个交易日，同业存单发行遇冷，商业银行融出资金谨慎，金融机构资金需求堆积，银行间市场资金利率大幅上行，部分中小非银机构资金融入困难，如图 17－8 所示。

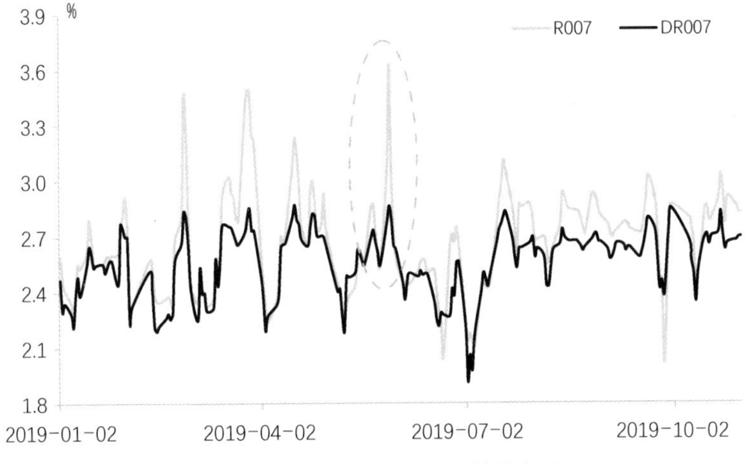

图 17－8　包商银行被监管后资金利率快速上行

资料来源：Wind。

防范化解包括债券市场在内的整个金融体系的流动性风险，是央行宏观审慎监管的重要职能。2020 年 3 月，在全球金融体系剧烈波动、市场出现美元荒的时候，美联储创设多项货币政策工具向金融体系注入流动性，就是为了化解金融体系出现的流动性危机。目前，央行关于流动性风险的宏观审慎监管职能仍主要针对银行体系，但随着债券市场重要性、影响力的提升，有必要将债券市场流动性风险也纳入视野之内。当债券市场出现流动性风险，并且流动性风险向金融体系其他领域蔓延时，央行应及时、果断采取措施，通过向金融体系注入流动性、预期管理等方式平抑金融体系中的流动性冲击。

三、基于预期冲击角度的分析

信用债违约的集中爆发降低市场的风险偏好，进一步加剧企业融资结构性恶化问题的出现。信用债违约增多显著降低了市场风险偏好，体现在两方面：一方面，债券违约的集中爆发会导致投资者对风险资产的配置需求减少，体现在债券市场则是一级市场走弱，推迟和取消发行的债券增多，低评级主体和民营主体发债规模大幅下降；另一方面，债券违约的集中爆发推高了投资者对风险补偿的要求，体现在债券市场则是信用债的发行利率相较于利率债走高，低评级主体和民营主体的发债成本显著上升。因此，债券违约的集中爆发易形成“债券违约—市场风险偏好下降—弱资质主体融资难度增大—债券违约进一步增加”的负向反馈机制以及相对应的悲观预期。

资本市场一旦出现一致性悲观预期，可能导致金融市场出现剧烈波动，进而引发金融风险。2020 年 3 月，新冠肺炎疫情在全球主要经济体快速蔓延，资本市场形成了疫情给经济形势、企业利润带来负面冲击的一致性预期，由于一致性预期的存在，股票市场上抛盘和接盘严重失衡，甚至仅剩抛盘而没有接盘，股票价格出现跳跃式下跌，导致美国股票市场大幅、快速下跌，数次触发熔断。相比之下，2008 年国际金融危机期间，在雷曼兄弟破产之前，金融市场上一直存在次贷危机是否会演变为大型金融危机的非一致性预期（因为就规模而言，次贷市场仅是美国金融市场的一小部分），因此股票市场虽然整体呈下行走势，但下行过程较为连续，并未出现像 2020 年一样的跳跃式下跌。虽然 2020 年 3 月美国股市数次熔断还有俄罗斯和沙特开打价格战导致石油价格大幅下跌、全球金融体系出现美元荒等原因，但整体来看，新冠肺炎疫情爆发导致全球经济下行的一致性预期仍是最主要原因。当然，新冠肺炎疫情爆发导致全球经济下行的一致性预期导致美股数次熔断的同时，给债券市场也带来了重大影响。例如，美银美国 BBB 级企业债期权调整利差在短短 15 天内上行近 300BP，如图 17－9 所示。虽然企业债利差峰值仍不及 2008 年金融危机峰值数据，但在一致性预期影响下，企业债利差上行速度大幅超过 2008 年金融危机期间上行速度。

债券市场违约风险对系统性金融风险的其他传导渠道，如货币政策和信用传导、流动性冲击，实际上都和预期传导有着密切联系。因此，及时切断“债券违约—市场风险偏好下降—弱资质主体融资难度增大—债券违约进一步增加”等一致性悲观预期，可以有效缓解债券市场违约风险对系统性金融风险的其他传导渠道的影响

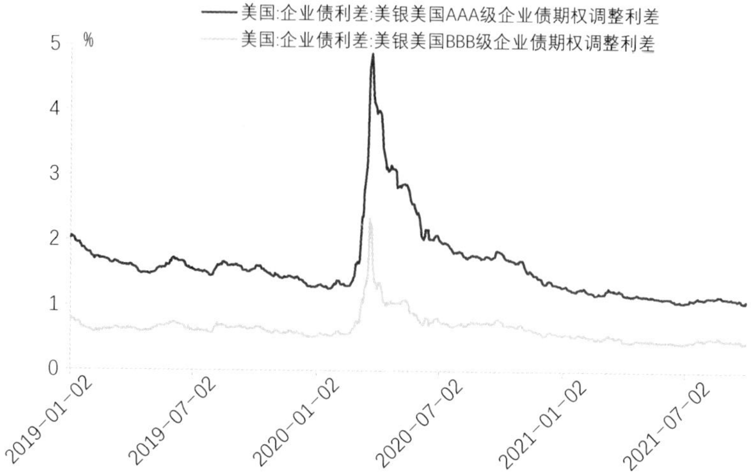

图 17-9　新冠肺炎疫情影响下美国债券市场利差快速上行

资料来源：Wind。

效率，进而扭转债券市场违约风险向系统性金融风险的扩散。包括央行、银保监会等在内的监管机构应充分利用各种政策工具，及时引导市场预期运行在合理轨道上。

第十八章 中国债券市场违约风险防范化解的相关建议

第一节 关于宏观经济政策的对策建议

一、货币政策更加灵活适度，依靠市场化力量推动实体经济融资成本下行

根据文献总结和海外市场经验，短期来看，债券市场违约风险主要和市场流动性相关；长期来看，债券违约风险和企业经营效益密切相关。实施较为宽松的货币政策，一方面可以提升债券市场流动性水平，提高债券发行主体融资便利性；另一方面也可以“放水养鱼”，通过营造良好的宏观经济环境改善企业经营效益。

2020年7月末召开的分析年中经济形势的政治局会议要求，“要保持货币供应量和社会融资规模合理增长，推动综合融资成本明显下降”。至8月中旬，10年期国债收益率已基本上处于疫情爆发前水平，债券市场融资价格如5年期AAA中票收益率则明显高于疫情爆发前融资价格，债券市场上的融资成本已高于疫情爆发前水平。同时，疫情爆发以来央行已经引导1年期LPR利率累计下行30BP，5年期LPR利率累计下行15BP，以LPR为重要定价基准的银行信贷价格出现下行。以信贷资金价格衡量，企业融资成本有明显下降，但以债券市场收益率衡量，企业融资成本则不升反降。信贷资金价格走势和债券收益率走势背离，则反映出两者背后驱动因素的不同。信贷资金价格和银行监管政策、宏观审慎调控政策等有着更密切的联系，而债券市场收益率的市场化程度更高，这表明信贷资金价格下行在相当程度上是监管驱动的，也就是“银行让利”。显然，依靠“银行让利”降低企业融资成本是不可持续的，也违背市场经济“激励相容”的运行规律。应择机进一步实施降准降息，调降央行在货币市场的资金投放价格，提高金融体系流动性充裕水平，依靠市场化力量推动实体经济融资成本下行。

二、提升金融领域改革开放水平，减少央行货币政策制约

纵观近年来的金融政策，对宏观杠杆率的担忧、对宽松货币政策驱使人民币汇率贬值和消耗外汇储备的担忧，以及对以房地产市场为代表的资产泡沫担忧在很大程度上给央行货币政策、银行监管

政策等造成了限制，也限制了货币政策对实体经济的提振能力，降低了货币政策和财政政策的协调效力。虽然中国央行的货币政策总体上称得上“稳健适度”，但灵活性略显不足，受限制较多。

加大金融领域改革开放水平，提升国内资本市场和国际资本市场融合程度，有助于解决宏观杠杆率、房地产市场资产泡沫等对央行货币政策的制约。宏观杠杆率、房地产市场资产泡沫均和国内货币多发但可投资领域较少有关，背后则又是国内资本市场发育程度较低、国内资本市场和国际资本市场隔离等因素。提升国内资本市场和国际资本市场融合程度，可以增加国内人民币资产的投资出路，使得人民币不再局限于房地产、企业债务等少数投资渠道，进而从根本上解决宏观杠杆率偏高、资产泡沫等问题。

第二节　关于债券市场监管层的对策建议

一、推进公司债券发行定价的市场化

从美国等境外发达债券市场来看，公司债券的发行大多采用强制信息披露基础上的注册制，证券监管部门不对公司债券发行进行实质性审查，由市场投资者自行判断公司债券风险。因此，一方面，鉴于中国公司债券主要发行主体为上市公司，透明度和信息披

露基础较好，建议按照公开发行和非公开发行公司给对应投资人及时披露信息；另一方面，建议完善询价制度，询价制度是一级市场发行的关键，核心在于报价与申购挂钩，增强询价的真实性。同时，提高市场询价的广度，债券发行前期需广泛路演，促进公司债券发行利率与市场价格相符合。

二、完善信息披露要求，加大信息披露力度

一是完善信息披露相关法规。在《证券法》中单独规定公司债券发行人的信息披露义务，并制定公司债券信息披露配套规则，结合债券投资者信息需求，明确公司债券相关信息披露的内容、时点，增加企业非财务信息披露要求，进一步严格明确发行人违反信息披露义务的法律责任。二是扩大信息披露主体的范围。将保荐人、信用评级机构、会计师事务所纳入信息披露主体。要求保荐人（或受托管理人）加大对发行人的现场检查力度，对发行人经营状况、财务信息、募集资金用途、信息披露情况及其他对公司有重大影响的信息等进行动态监测，并督促公司予以披露。要求信用评级机构持续关注发行人的信用风险情况，根据公司信用变化情况，及时对公司信用级别进行调整。

三、建立完善司法救济和破产制度

建议明确公司债券相关的司法救济制度，推动完善上市公司破产制度安排，以及时化解债券风险，最大程度保护投资者利益。如

果发行人难以在现有经营策略下还本付息，债权人应当有权要求向法院申请启动破产程序。破产程序中，法庭对公司资产实施保护，保障债权人权益。进入破产程序后，法庭可以根据情况对公司资产进行破产清算或者同意公司债务重组。

一是赋予受托管理人作为特殊诉讼主体代表全体债券人作为原告参与诉讼的权利，有利于解决信用债原告人数众多、权利分散的问题，提高诉讼效率。二是明确《企业破产法》中的细节问题如债券申报、破产申请等，并做出进一步的司法解释。三是推动最高人民法院针对信用债违约出台以下事项的司法解释：（1）建议定性信用债违约诉讼为共同诉讼；（2）建议对信用债诉讼中发生责任竞合的案件，允许投资人就两种责任可以同时提出诉讼请求，法院合并审理；（3）建议撤销相关案件受理牵制程序。

第三节　关于债券市场参与者的对策建议

一、建立科学合理的公司债券风险基金

建立健全的公司债券风险基金制度，有利于防范公司债券违约可能引发的系统性、区域性金融风险，保护公司债券市场个人投资者利益，弥补现有债券信用评级，促进债券市场平稳发展。结合海

外存款保险制度与债券保险业务，对中国建立公司债券风险基金提出以下建议：

一是建立独特的运作模式。在赔偿额度方面，应基于个人投资者保护角度，将上限定在10万元，从而有效保护大多数个人投资者的利益；在偿付对象方面，可参考海外存款保险制度，不区分个人投资者和机构投资者，统一赔偿额度；作为债券增信机构的补充，保持与其有效合作，当债券发行人与债券增信机构无法完成本息支付时，债券风险基金充当投资者的保护者，在赔偿额度内先行向投资者支付本息；在赔付认定方面，为有效控制市场参与方的道德风险，需经专家委员会对公司债券市场系统性风险做出判定后，债券风险基金才可启动对投资者的赔付认定。且债券风险基金只对启动赔付认定后的债券违约向投资者赔偿，对启动赔付认定前发生的债券违约不再赔偿。二是明确管理与监管责任。借鉴期货投资者保障基金的模式，债券风险基金可以由证监会指定中国证券投资者保护基金有限公司作为基金的代管机构，负责基金资金的筹集、管理和使用，并对基金的管理遵循安全、稳健的原则，保证基金的安全。债券风险基金管理机构应当定期编报基金的筹集、管理和使用报告，报送证监会。三是确定基金的合理规模。在充分分析被保障债券的规模、损失程度和债券风险基金的运作方式等因素下，确定合理的基金规模，保障债券风险基金制度顺利运行。债券风险基金资金可来源于四个方面：基金成立之初，国家划拨初始资金；基金成立后，向证券公司收取承销费的一定比例；在允许范围内的投资收益；管理机构追偿或接受的其他合法财产。四是建立风险管理机制。通过建立严格的事前、事中、事后风险管理流程，公司债券风险基金可较为有效防范债券违约引发的系统性和区域性金融风险。

二、加强信用评级机构管理，减少对信用评级依赖度

一是建立多方监控下的信用评级制度。由保荐人和发行人共同组成招标委员会来选择评级机构，并由此保证双方利益，弱化发行人和评级机构的道德风险链条。二是完善外部评级信息披露制度。在必须使用和参考外部评价结果的情形下，要求评级机构及时披露评级活动相关信息。三是建立定期评级回访制度。及时公布回访信息，定期公布各等级债券违约率，揭示债券风险，分析风险原因，最大限度地保护债券持有人。四是建立风险赔偿机制。要求债券评级机构对其在评级过程中的重大遗漏、虚假记载、误导性陈述给债权人造成的损失承担赔偿责任。五是引入评级机构竞争机制。可借鉴国际经验，尝试引入双评级和在评级制度，通过加强评级机构之间的竞争，提高评级结果之间的可比性；或者由独立公正的第三方对现有评级公司的评级方法或结果进行外部评价，形成合理的外部校验机制。六是监管部门根据监管掌握的信息，对信用评级机构进行非现场和现场检查，传导监管压力。建立严格的退出机制，将严重违反职业准则的评级机构逐出评级市场。此外，结合公司债券市场发展的实际情况，建议逐步取消监管规则对评级结果的使用，通

过市场化方式由投资者去选择、使用和认可评级结果。

三、加强投资者教育，大力发展机构投资者

一是加大宣传，提高投资者对公司债券风险、信用评级作用及其在揭示信用违约风险方面的局限性的认识，加强风险警示教育。二是对不同特征和风险特性的债券交易品种做出分类，并区别不同产品认知和风险承受能力的投资者，引导其参与相应类型债券交易。鉴于无担保公司债券以公司信用为基础，最终能否偿付取决于发行人的经营及财务状况，风险相对较高，对无担保债券应设立合格投资者的制度安排。三是大力发展机构投资者。引入大量的合格机构投资者，培育多元化的机构投资者，发挥商业银行在公司债券市场中的作用；推动社保基金和养老基金大规模进入公司债券市场，增强公司债券市场的稳定性。

四、积极采取多种措施，健全投资者保护机制

第一，建议进一步健全债券持有人会议制度。在公司债券持有人会议制度中，建议借鉴其他国家的立法经验，明确以下问题：一是债券持有人会议的组成。不同次发行的或不同种类的公司债券持有人利益基础可能不同，会议成员可限定为同次发行的同种类公司债券持有人。二是债券持有人会议的召集及权限。明确享有召集权的持有人持有债券比例，债券持有人会议可以作出的决议内容，如推迟、减少或者抵销债券本金、溢价或者利息，以及解除或者设立

债券的保证或者担保等重大问题。三是公司债债权人会议决议的认可效力。包括债权人会议有效的出席人数，决议所需表决权比例，表决权行使方法，决议的认可等。四是为保障债券人的合法权益，遏制发行主体损害投资者利益的行为，建议进一步明确债券持有人大会对债券发行人的约束。如：在债券存续期间，债券发行人发生减资、合并、分立或重大资产重组的，应通知受托管理人，受托管理人经债券持有人会议授权，有权要求债券发行人提前偿还全部债券本息、追加担保或指定某项核心资产的优先受益权。

第二，明确债券托管人义务。不管是国内发生的信用案例还是国外成熟市场经验，在债券违约处理过程中，债券托管人扮演着非常重要的角色。作为全体债权人的法定代表人，其有权代表债券持有人采取一切行动包括提起诉讼来强制债务人履行债务，享有不经过咨询债券持有人便可以使债券提前进入本息清偿期的加速偿还权，从而使全体债券持有人的利益得到维护。因此，对债券托管人权利和义务的明确规定尤为重要。建议一是为保证受托管理人的独立性，改由与债券发行人无直接利益关系的金融机构担任。二是明确受托管理人的权限。借鉴成熟市场的做法，明确受托管理人的权限，至少应包括调查权和加速追偿权。三是细化债券受托管理人履责规定，如明确出现可能影响债券持有人重大权益的事项时，召集债券持有人会议的时间；债券受托管理人未能尽职免责时责任追究机制；等等。

第三，追加投资者保护性条款。建议将保护性条款作为标准惯例写入公司债契约中。保护性条款是为了保护公司债券持有人的利益免受侵害，而对公司管理者的行为进行限制。例如：在抵押公司债券中，为了保护这些抵押品，保护性条款可以规定，禁止出售这些抵押品或者进行再抵押；可对公司的红利分配进行限制，防止公司变卖资产并将其收入支付给股东，以保障债券持有人的利益不受侵害。保护性条款还可以包括限制附加债务发行和公司合并等条款。

第四，建立有效的增信机制。建议根据发行人信用等级的不同，设定偿债基金的提取比例。同时不断丰富公司债券的增信方式，除采用已有的保证担保和抵/质押担保之外，可以考虑探索建立公司债券保险制度，适时引入附担保公司债券信托以及优先/次级分层等成熟公司债券市场中较为流行的信用增级方式等，满足债券市场发展的需求，最大限度保护投资者利益。